새로운 패턴으로
따라잡는 미국식 영작문

패턴으로 따라잡는 미국식 영작문

초판 2쇄 인쇄 2018년 2월 1일
초판 2쇄 발행 2018년 2월 13일

지은이 윤영작
펴낸이 서덕일
펴낸곳 문예림

출판등록 2014.12.24 (제2014-73호)
주소 경기도 파주시 회동길 366 (10881)
전화 (02)499-1281~2 팩스 (02)499-1283
전자우편 info@moonyelim.com
홈페이지 www.moonyelim.com

ISBN 978-89-7482-686-4
값 24,000원

새로운 패턴으로
따라잡는 미국식 영작문

윤영작 지음

문예림

2001 년 3 월에 처음으로 〈새로운 패턴으로 따라잡는 미국식 영작문〉을 출판 하였습니다. 그동안 독자 여러분들의 성원에 힘입어 이번에 제 4 차 개정판을 출간하게 되었습니다. 영어에서 가장 중요한 것은 문장입니다. 외국어를 배운다는 것은 그 나라 언어의 문장을 배운다는 말과 똑같습니다. 문법, 독해, 작문, 회화 등 모든 영어공부는 문장에 초점을 두고 해야 합니다.

각종 영어시험이나 여러 형태의 시험문제도 결국은 영어문장을 제대로 이해하고 있는지 아닌지를 묻고 있는 것입니다.

또 한편으론, 영어문장에 대한 이해가 부족하면 배우는 사람들이 종종 혼동스러울 때가 있습니다. 문장은 언제나 변함이 없는데, 영어를 가르치는 분들이 본인의 경험이나 논리를 가지고 각기 다른 식으로 설명을 하기 때문입니다. 이것이 잘못 되었다고 말하고 싶지는 않습니다. 다만, 영어를 배우는 분들이 문장을 제대로 이해하고 있으면 다른 사람의 논리와 설명을 자기 나름대로 소화하여 받아들이기가 쉽고, 본인의 영어실력을 높이는 데도 도움이 됩니다. 영어공부에 있어서 영어문장이 중요하다는 것은 아무리 강조해도 지나치지가 않습니다.

영어문장은 크게 세 파트로 나뉘어져 있습니다. **〈기본문장〉 패턴, 〈기본문장과 수식어가 들어있는 문장〉 패턴**, 그리고 **〈스타일 문장〉 패턴**입니다. 기본문장은 말하고자 하는 내용의 핵심입니다. 내가 무엇인가를 표현할 때는 핵심부터 잡아 놓고, 이를 기본문장으로 표현합니다. 수식어는 기본문장의 내용을 구체화 시키는 역할을 합니다. "I visited my parents to discuss their trip to Niagara Falls."에서 "I visited my parents"가 기본문장입니다. 부모님을 방문한 것은 부모님이 나이아가라 폭포로 여행가는 것에 대해 의논 드리고자 찾아 뵌 것입니다. “to discuss their trip to Niagara Falls”가 수식어에 해당됩니다.

기본문장에 수식어가 많이 붙으면 붙을 수록 문장은 길어집니다. 문장의 변화나 표현에 독특한 느낌을 주기 위해서 쓰는 문장이 있습니다. 이를 스타일 문장이라고 합니다.

패턴이란 말은 “정해져 있는 모양”이라는 뜻입니다. 영어문장의 패턴은 정해져 있습니다.

〈새로운 패턴으로 따라잡는 미국식 영작문〉는 세 파트의 정해져 있는 영어문장의 모양을 공부하도록 디자인된 책입니다. 영어를 잘 하려면 영어의 어떤 부분 하나를 통달하라고 합니다. 그러면 영어를 받아들이기가 쉽기 때문입니다. 그것이 문법일 수도 있고, 듣기일 수도 있고, 단어일 수도 있고, 회화일 수도 있습니다. 저는 여러분께 영어문장을 통달하라고 권하고 싶습니다. 영어문장을 알면 영어가 보입니다. 영어문장을 알면 영어가 재미 있습니다.

영어문장을 알면 영어실력이 빠르게 성장합니다.

윤영작 드림

캘리포니아에서
2012년 10월

c·o·n·t·e·n·ts

PART ONE : 기본문장 패턴

1. 〈존재에 중점을 두고 쓰는 문장〉 패턴

    Pattern 1: S + be 동사 + 부사·부사구 16

    Pattern 2: S + be 동사 + 전치사 18

    Pattern 3: S + be 동사 + 전치사구 20

    Pattern 4: S + be 동사 + 수식어 (구) + 준동사구/접속사 S + V + ~ 24

    Pattern 5: There + be 동사 + 명사 26

    Pattern 6: There + 일반동사 + 명사 28

2. 〈동작에 중점을 두고 쓰는 문장〉 패턴

    Pattern 7: S + 일반동사 (완전자동사) 32

    Pattern 8: S + 일반동사 (완전자동사) + 부사 34

    Pattern 9: S + 일반동사 (완전자동사) + 전치사 38

    Pattern 10: S + 일반동사 (완전자동사) + 전치사구 42

    Pattern 11: S + 일반동사 (완전자동사) + 준동사구/접속사 s + v ~ 46

3. 〈주격보어가 오는 문장〉 패턴

    Pattern 12: S + be 동사 + (대) 명사 50

    Pattern 13: S + 일반동사 (연결동사) + 명사 52

    Pattern 14: S + be 동사 + 형용사 54

    Pattern 15: S + 일반동사 (연결동사) + 형용사 56

    Pattern 16: S + be 동사 + ~pp 60

    Pattern 17: S + 일반동사 (연결동사) + ~pp 62

Pattern 18: S + be 동사 + ~ing 64

Pattern 19: S + 일반동사 (연결동사) + ~ing 66

Pattern 20: S + 일반동사 (연결동사) as + 명사 68

Pattern 21: S + 일반동사 (연결동사) + like ~ 70

Pattern 22: S + 일반동사 (연결동사) + to be ~ 72

Pattern 23: S + 일반동사 (완전자동사) + 준보어 74

Pattern 24: S + be 동사 + to do/동명사 76

Pattern 25: S + be 동사 + 접속사 s + v 78

4. 〈목적어가 오는 문장〉 패턴

Pattern 26: S + 일반동사 (완전타동사) + (대) 명사 82

Pattern 27: S + 일반동사 (완전타동사) + 부정사 (구) 84

Pattern 28: S + 일반동사 (완전타동사) + 동명사 (구) 86

Pattern 29: S + 일반동사 (완전타동사) + 접속사 S + V ~ 88

Pattern 30: S + 동사구 (be 동사 + 형용사/분사 + 전치사) + O 90

Pattern 31: S + 동사구 (동사 + 전치사) + O 92

Pattern 32: S + 동사구 (동사 + 형용사/부사 + 전치사) + O 94

Pattern 33: S + 동사구 (동사 + up + 전치사) + O 96

Pattern 34: S + 동사구 (동사 + 명사 + 전치사) + O 98

Pattern 35: S + 동사구 (동사 + oneself + 전치사) + O 100

Pattern 36: S + 동사 + 목적어 + 전치사/부사 102

Pattern 37: S + 일반동사 + 목적어 (A) + 전치사구 (B) 104

Pattern 38: S + 동사 + 받는사람 + 주는내용 (명사/대명사) 108

Pattern 39: S + 동사 + 받는사람 + 주는내용 (접속사 + s + v ~) 110

Pattern 40: S + 동사 + O + OC (명사) 112

Pattern 41: S + 동사 + O + OC (형용사) 114

Pattern 42: S + 동사 + O + OC (to do~/ 동사원형) 116

Pattern 43: S + 동사 + O + OC (~ing/ ~pp) 118

Pattern 44: S + 동사 + O + OC (to be ~) 120

Pattern 45: S + 동사 + O + OC (as ~) 122

5. 〈가주어·진주어/ 가목적어·진목적어〉 패턴

Pattern 46: It + be 동사 + 형용사/ 명사/ 전치사구 + 진주어 126

Pattern 47: It + 수동태 + 진주어 (접속사 s + v + ~) 128

Pattern 48: It + 일반동사 + 진주어 ~ 130

Pattern 49: It + 일반동사 + O + 진주어 ~ 132

Pattern 50: S + 일반동사 + 가목적어 (it) ~ + 진목적어 134

PART TWO: 수식어 (구·절) 패턴

6. 전치사 (구) 패턴

Pattern 51: about 138

Pattern 52: at 140

Pattern 53: by 142

Pattern 54: from 144

Pattern 55: for 146

Pattern 56: in 148

Pattern 57: into/ onto 150

Pattern 58: on 152

Pattern 59: of 154

Pattern 60: off 156

Pattern 61: over 158

Pattern 62: through/ throughout 160

Pattern 63: to 162

Pattern 64: with 164

Pattern 65: 시간을 나타내는 전치사 166

Pattern 66: 제외, 예외, … 없이 168

Pattern 67: 이유/ 원인 170

Pattern 68: 방향 172

Pattern 69: 위치 174

Pattern 70: ～에 관하여, ～대해서 176

Pattern 71: 양보/ 반대 178

Pattern 72: 전치사의 관용적 표현 180

7. 부정사 (구) 패턴

Pattern 73: 명사 + to do 184

Pattern 74: 형용사/분사 + to do 186

Pattern 75: 문장전체 + to do 188

Pattern 76: 부정사 (구) 관용어 192

8. 동명사 (구) 패턴

Pattern 77: 명사 + 전치사 + ~ing 196

Pattern 78: 형용사/분사 + 전치사 + ~ing 198

Pattern 79: 문장전체 + 전치사 + ~ing 200

Pattern 80: 동명사 (구) 관용어 202

9. 분사 (구) 패턴

Pattern 81: 명사 + ~ing/ ~pp 206

Pattern 82: 문장전체 + ~ing/ ~pp 208

Pattern 83: 분사구 관용어 212

10. 등위절 접속사 패턴

Pattern 84: 등위절 접속사 216

11. 명사절 접속사 패턴

Pattern 85: 명사절 접속사 222

12. 형용사절 접속사 패턴

Pattern 86: who/ whom/ whose 226

Pattern 87: which/ of which 228

Pattern 88: that 230

Pattern 89: ~, + 관계접속사 232

Pattern 90: 전치사 + 관계접속사 234

13. 부사절 접속사 패턴

Pattern 91: 부사절 접속사 "시간" 238

Pattern 92: 부사절 접속사 "장소" 242

Pattern 93: 부사절 접속사 "목적" 244

Pattern 94: 부사절 접속사 "원인 · 결과" 246

Pattern 95: 부사절 접속사 "이유" 248

Pattern 96: 부사절 접속사 "조건" 250

Pattern 97: 부사절 접속사 "대립" 252

Pattern 98: 부사절 접속사 "양보" 254

Pattern 99: 복합관계부사/ 복합관계대명사 256

Pattern 100: 주의해야 할 부사절 접속사 258

PART THREE: Style 패턴

14. SERIES 패턴

Pattern 101: Series 262

15. PAIR 패턴

Pattern 102: 상관접속사 pair 266

Pattern 103: Not pair 268

Pattern 104: 비교급 pair 270

Pattern 105: 관용적 pair 272

16. 반복문 패턴

Pattern 106: 명사의 반복 276

Pattern 107: 명사의 동격 278

17. 수식어문 패턴

Pattern 108: 부사 수식어문 282

Pattern 109: 전치사구 수식어문 284

Pattern 110: 형용사/ 형용사구 수식어문 286

Pattern 111: 준동사구 수식어문 288

18. 강조문 패턴

Pattern 112: "it–that" 강조문 292

Pattern 113: 도치문 294

Pattern 114: 이중 부정문 298

19. 비교급 및 최상급 패턴

Pattern 115: 비교급 기본 302

Pattern 116: 비교급 관용어 304

Pattern 117: "as"를 사용한 비교급 관용어 306

Pattern 118: 부정어를 사용한 비교급 관용어 308

Pattern 119: 주의해야 할 비교급 312

Pattern 120: 최상급 314

20. 가정법 패턴

Pattern 121: 가정법 318

Pattern 122: if-가정법 320

Pattern 123: 주의해야 할 가정법 324

21. 긍정·부정 동의문 패턴

Pattern 124: 긍정·부정 동의문 328

22. 부가의문문 패턴

Pattern 125: 부가의문문 334

모범답안 336

PART I

- 〈기본문장〉은 중심내용을 쓰는 문장 입니다.
- 영어문장의 가장 기본이 되는 문장이라고 할 수 있습니다.
- 영어의 모든 문장은 기본문장을 바탕으로해서 만들어 집니다. 때문에, 기본문장을 익히지 못하면 영어문장을 올바르게 쓸 수가 없습니다.
- "강대국들이 협력 증진을 위해 회의를 개최했다"를 영어로 써보기로 하겠습니다.
- 먼저 이 문장에서 말하고자 하는 중심내용을 파악해야 합니다.
- 이 문장에서 말하고자 하는 중심내용은 "강대국들이 회의를 개최했다" 입니다. 중심내용은 〈기본문장〉 으로 씁니다.
- 중심내용을 제외한 나머지 말은 자동적으로 〈수식어〉가 됩니다.
- 여기서는 "협력증진을 위해서"가 수식어에 해당됩니다. 수식어에 해당되는 내용은 말의 내용에 따라 〈부사, 형용사(구), 전치사(구), 부정사(구), 동명사(구), 분사(구), 절(접속사 s + v+~)〉로 쓰게 됩니다.
- 따라서 중심내용은 "The superpower held a meeting"으로 쓰고, 나머지 말은 수식어로 "to promote cooperation" 으로 쓰게 됩니다. 결과, "The superpower held a meeting to promote cooperation."이라는 완성된 문장을 만들어 내게 됩니다.
- "기본문장" 패턴에는 5가지 문장 패턴이 있습니다.
- 첫째, "He is in the room."으로 〈존재에 중점을 두고 쓰는 문장〉 패턴입니다.
- 둘째, "The traffic accident happened."로 〈동작에 중점을 두고 쓰는 문장〉 패턴입니다.
- 세째, "She is my mother."로 〈주격보어가 오는 문장〉 패턴입니다.
- 네째, "I have a book."으로 〈목적어가 오는 문장〉 패턴입니다.
- 다섯째, "It is good to learn English."로 〈가주어•진주어 패턴〉 입니다.

1. <존재에 중점을 두고 쓰는 문장> 패턴

–"있다.없다" 패턴에 쓰이는 핵심 동사는 〈be동사〉 입니다.

–"He is here."는 "그는 여기에 있다" 이고, "He is not here."는 "그는 여기에 없다" 입니다.

–"He is"가 중심 문장이고, "here"는 수식어 입니다.

–"있다.없다"라고 해서, 꼭 "있다.없다"에 준하는 표현만 이 패턴으로 쓰는 것은 아닙니다.

–"그는 재정적으로 곤란에 빠져있다"를 있다.없다 패턴으로 "He is in financial difficulties."라고 쓸 수가 있습니다.

–"He is"가 기본문장이고, "in financial difficulties"는 수식어구 입니다.

S + be동사 + 부사·부사구

a. **I think. Therefore, I am.**
(나는 생각한다. 고로 나는 존재한다).

b. **Nobody is <u>here</u>.**
(여기에는 아무도 없다)

c. **He is <u>away from home</u>.**
(그는 집에 없다)

 **설명**

- 〈S+be동사+부사〉 패턴 입니다.
- 예문〈a〉에서 처럼, "I am." (나는 존재한다)은 완벽한 문장입니다.
- "I am" 뒤에는 〈부사, 형용사(구), 전치사(구), 부정사(구), 동명사(구), 분사(구), 절 (접속사 s + v+~)〉 등의 "수식어"가 붙습니다.
- 여기서는 "S+be동사" 기본문장 뒤에 수식어로 〈부사〉나 〈부사구〉가 붙는 것을 연습해보겠습니다.
- 이 패턴에 붙는 부사로는 장소 개념을 가진 "here, there, nearby, everywhere" 등이 쓰입니다.
- 부사구로는 "away from ~ (~로 부터 멀리), ahead of ~ (~앞에), prior to ~ (먼저), north of ~ (~북쪽에)" 등이 쓰입니다.

---

a. I'm → "S+be동사"로 "존재에 중점을 두고 쓰는 문장의 기본패턴"

b. Nobody is <u>here</u> → "S + be동사 + 부사"

c. He is <u>away from here</u> → "S + be동사 + 부사구"

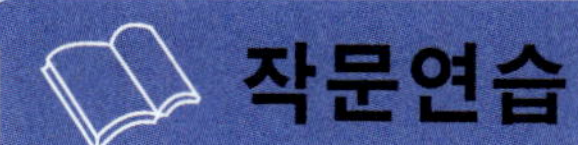 **작문연습**

1. 그들이 저기에 있다.

____

they/ over/ there

2. 네 친구는 나와 함께 여기 있다.

____

friend/ here/ with

3. 네가 찾는 책이 여기 있다.

____

book/ that/ you/ look for

4. 그들은 가까이에 있다.

____

nearby

5. 폭력이 도처에 난무하다.

____

violence/ everywhere

6. 그는 집에서 멀리 떨어진 곳에 있다.

____

far away from

7. 산타바바라는 로스엔젤레스에서 90마일 북쪽에 있다.

____

Santa Barbara/ mile/ north of/ Los Angeles

8. 그녀의 의자는 벽 가까이에 놓여 있다.

____

chair/ close to/ wall

9. 그는 일정보다 앞서가고 있다.

____

ahead of/ schedule

10. 헌법은 다른 모든 법률에 우선한다.

____

constitution/ prior to/ other/ law

S + be동사 + 전치사

a. They are all **in**.
(그들 모두가 안으로 들어왔다)

b. He is **out**.
(그가 외근 중이다)

c. The group meeting is **over**.
(그룹회의가 끝이 났다)

 **설명**

- 〈S+be동사+전치사〉 패턴 입니다.
- 기본패턴 〈S+be동사〉 뒤에 수식어로 "전치사"가 붙는 패턴 입니다.
- 주로 "in, out, on, off, up, down, over, through" 등의 전치사 붙습니다.
- 여기에 쓰이는 전치사는 다양한 의미로 쓰여지기 때문에, 어떤 내용에 어떤 전치사가 쓰이는지 유념해 주시기 바랍니다.
- 전치사는 "형용사" 역할을 하기도 "부사" 역할을 하기도 합니다.
- 명사를 수식하는 말을 형용사라고 하고, 예외가 있기는 하지만 명사 이외에 다른 말을 수식하는 말을 부사라고 합니다.
- 형용사는 명사의 "상태"나 "성질"을 설명하고, 부사는 수식받는 말에 대해 "장소, 정도, 강조, 부정, 빈도, 방법"을 설명 합니다.
- 위의 예문 〈a〉와 〈b〉에 쓰인 전치사는 부사로 쓰였습니다. 그런데 예문 〈c〉에 쓰인 전치사 "over"는 꼭 부사라고 보기에는 무리가 있습니다. 왜냐하면, "over"가 명사 "group meeting"에 대해 "끝이 났다"는 상태를 설명하는 형용사로도 볼 수 있기 때문입니다. 혹자는 부사로 보기도 하고, 혹자는 형용사로 보기도 합니다.
- 대체로, 전치사가 장소의 의미를 나타내면 부사로 보고, 그 외는 형용사로 쓰였다고 보시면 되겠습니다.

a. They are all <u>in</u> → "S + be동사 + 전치사 (부사)"

b. He is <u>out</u> → "S + be동사 + 전치사 (부사)"

c. The group meeting is <u>over</u> → "S + be동사 + 전치사 (형용사)"

Pattern Drill – 2

1. 그가 출근했다.

____
in

2. 그들 모두가 외근했다.

____
all/ out

3. 나는 찬성이다.

____
on

4. 경마가 시작되고 있다.

____
Race/ on

5. 그는 오늘 비번이다.

____
off

6. 요즘 어때?

____
what/ up

7. 컴퓨터가 나갔다.

____
computer/ down

8. 팀은 세 골 뒤지고 있다.

____
team/ score/ down

9. 구경거리가 끝이 났다.

____
show/ over

10. 연예인으로서는 그녀는 끝장났다.

____
entertainer/ through

S + be동사 + 전치사구

a. She wasn't **in the library**.
(그녀는 도서관에 없었다)

b. The computer is **out of order**.
(컴퓨터가 고장이 났다)

c. She is **in love**.
(그녀는 열애 중이다)

d. You are **of service** to us.
(당신은 우리에게 도움이 되었습니다.)

 **설명**

- 〈S+be동사+전치사구〉 패턴 입니다.
- 기본패턴 〈S+be동사〉 뒤에 "전치사+명사" 형태로 "전치사구"가 오는 패턴 입니다.
- 예문 〈a〉 처럼 전치사구 (in the library)가 장소의 의미를 나타내면 "부사" 취급합니다.
- 그 외에 예문 〈b〉, 〈c〉, 〈d〉의 전치사구는 주어를 설명하는 "형용사" 취급합니다.
- 특히 예문 〈d〉의 "of+명사" 전치사구는 형용사 취급합니다. 경우에 따라서는 형용사를 〈of+명사〉로 바꾸어 쓴 경우도 많이 있습니다.
- 예를들어, "He is important"를 "He is of importance"로 바꾸어 쓸 수 있으며, "He is an able man"을 "He is a man of ability"로 바꾸어 쓸 수 있습니다.
- 전치사 "of"는 "인격의 특징"을 두드러지게 하기 때문에 형용사의 의미를 "of+명사"로 나타내는 경우가 많이 있습니다.

---

a. She wasn't <u>in the library</u> → "S + be동사 + 전치사구 (부사 역할)"

b. The computer is <u>out of order</u> → "S + be동사 + 전치사구 (형용사 역할)"

c. She is <u>in love</u> → "S + be동사 + 전치사구 (형용사 역할)"

d. You are <u>of service</u> to us → "S + be동사 + 전치사구 (형용사 역할)"

1. 나의 집은 역 가까이 있다.

____

house/ near/ station

2. 그 마을의 도시계획은 23 페이지에 있다.

____

Plan/ city/ on/ page

3. 그의 여자 친구는 그의 옆에 있었다.

____

by

4. 나는 늘 당신과 함께 있을 것이다.

____

always/ will be/ with

5. 나는 그 때 대학에 다녔다.

____

at/ college/ at that time

6. 그 쟁점은 중요치 않다.

____

issue/ of/ no/ importance

7. 그는 학식있는 사람이다.

____

of/ learning

8. 그녀는 날씬하다.

____

In/ good/ shape

9. 자동판매기가 고장이 났다.

____

vending machine/ out of/ service

10. 그가 해놓은 일은 그의 능력 이하이다.

____

work/ has done/ beneath/ ability

11. 그는 보스의 눈에 벗어났다.

____

out of/ favor/ eye/ boss

12. 행복은 언제나 너에게 달려있다.

____

happiness/ always/ up to

13. 희망은 언제나 아주 목전에 있다.

____

hope/ just/ around/ corner

14. 당신은 제 시간에 왔습니다.

____

on time

15. 당신은 올바른 길로 가고 있다.

____

on the right track

16. 그는 곤경에 빠져있다.

____

in/ trouble

17. 그녀가 위험에 처해 있다.

____

at risk

18. 그들은 서두르고 있다.

____

in a hurry

19. 이 물건은 판매용 입니다.

____

Item/ for sale

20. 승산은 너에게 불리하다.

____

odd/ against

21. 그녀는 오늘 비번이다.

off duty

22. 최근 몇개월 동안 텔레마케팅 사기가 늘고있다.

telemarketing/ fraud/ has been/ on the increase/ in/ recent

23. 그녀가 그와 사랑에 빠졌다.

in love

24. 차관교섭이 지금 진행중에 있다.

loan/ negotiation/ now/ under way

25. 강 위에 다리가 건설 중이다.

bridge/ over/ under construction

26. 여기에 내 명예가 걸려있다.

honor/ at stake

27. 나는 친구들에게 빚을 지고 있다.

in debt/ to

28. 내가 이 프로젝트에 책임을 지고 있다.

in charge of/ project

29. 그녀는 너와 어울리지 않는다.

for

30. 도움의 손길이 오고 있다.

help/ on the way

S + be동사 + 수식어 (구) + 준동사구/접속사 S + V + ~

---

a. No one was there <u>to meet us</u>.
(그곳에는 우리를 마중 나온 사람이 아무도 없었다)

b. He is in prison <u>for violating the law</u>.
(그는 법을 위반해서 감옥에 갇혔다)

c. We were in the living room <u>watching TV</u>.
(우리는 TV를 보면서 리빙룸에 있었다.)

d. I was not there <u>when the accident happened</u>.
(그 사고가 났을 때 나는 거기에 없었다)

 **설명**

- 〈S+be동사+수식어 (부사, 전치사, 전치사구)〉 뒤에 "부정사(구), 동명사(구), 분사(구)" 또는 "접속사 S+V+~"가 붙는 패턴 입니다.
- 이 패턴에 붙는 "부정사(구), 동명사(구), 분사(구)" 또는 "접속사 S+V+~"는 모두 부사 역할을 합니다.
- 부정사는 주로 "미래의 동작"을 나타낼 때 쓰이고, 동명사는 "과거에 일어난 동작"에, 분사는 "현재 일어나고 있는 동작"에 쓰이는 경향이 있습니다.
- 주의 할 것은 동명사가 수식어로 쓰일 때는 "전치사+~ing" 형태로 쓰입니다.
- 앞으로 부정사, 동명사, 분사에 대한 설명이 더 자세히 나옵니다. 여기서는 "S+be동사+수식어 (부사, 전치사, 전치사구)" 패턴 뒤에 부사 역할을 하는 "부정사(구), 동명사(구), 분사(구)" 또는 "접속사 S+V+~"가 붙는다는 것을 염두에 두고 영작을 연습해 주세요.

---

a. No one was there <u>to meet us</u> → "S + be동사 + 전치사구 + <u>부정사구 (부사구)</u>"

b. He is in prison <u>for violating the law</u> → "S + be동사 + 전치사구 + <u>동명사구 (부사구)</u>"

c. We were in the living room <u>watching TV</u> → "S + be동사 + 전치사구 + <u>분사구 (부사구)</u>"

d. I was not there <u>when the accident happened</u> → "S + be동사 + 부사 + <u>접속사 S+V+~ (부사절)</u>"

1. 거기에는 나를 도와줄 사람은 아무도 없었다.

---

no one/ there/ help out

2. 그를 배웅하기 위해 그의 친구들이 공항에 모였다.

---

at/ airport/ see/ off

3. 나는 그 문제를 이야기 할 만한 위치에 있지 않다.

---

no/ position/ discuss/ matter

4. 그는 차량 절도죄로 수감 중이다.

---

in/ jail/ for/ steal

5. 그녀는 탁구를 하면서 레크리에이션 룸에 있다.

---

recreation room/ play/ ping-pong

6. 그 날밤 나는 컴퓨터로 일을 하면서 내 사무실에 있었다.

---

at/ office/ work/ on the computer/ that

7. 이 회사에 오기 전, 나는 CBA 회사에 근무했었다

---

at/ CBA corporation/ before/ come/ to/ company

8. 모든 것이 그가 두고 간 그대로였다.

---

everything/ there/ as/ had left

9. 집이 불타고 있을 때 우리 모두는 거기에 없었다.

---

no one/ there/ when/on fire

10. 온 가족이 무엇을 할지에 관해서 의견이 일치했다.

---

whole/ family/ in/ agreement/ on/ what/ should/ do

PATTERN 05 — There + be동사 + 명사 + (수식어)

a. **There is God.**
   (신은 존재한다)

b. **There are many books on the table.**
   (테이블 위에는 많은 책이 있다)

c. **There are no windows in the house.**
   (집안에는 창문이 하나도 없다)

d. **There is not much sugar left in the pot.**
   (단지에는 설탕이 많이 남겨져 있지 않다)

e. **There is <u>no telling what will happen next</u>.**
   (다음에 무슨 일이 일어날지 말하기란 불가능하다)

 ## 설명

- 〈There+be동사+명사〉 패턴입니다.
- "be동사" 뒤에 오는 "명사"에 대해 존재를 나타내는 "있다·없다"를 표현하는 것입니다.
- "be동사"의 수는 그 뒤에 오는 명사의 수에 따라 달라집니다. 예문 〈a〉처럼, 명사 "God"이 단수인 경우에 be동사는 단수 "is"가 되고, 예문 〈b〉 처럼 "books"가 복수임으로 동사는 "are"가 됩니다.
- "없다"라는 부정 표현은 명사 앞에는 형용사가 와야 하기 때문에 예문 〈c〉처럼 "no"를 써야 합니다.
- 예문 〈d〉와 같이 명사 앞에 "much" 같은 형용사가 쓰여진 경우에는 부사 "not"을 써야 합니다. 명사를 수식할 수 있는 말은 형용사 이고, 형용사를 수식할 수 있는 말은 부사가 되기 때문입니다. "~하는 것은 불가능하다"의 의미를 나타내는 〈There+be+no ~ing〉 형태의 "관용어 표현"이 있습니다.

---

a. There is God → There is + <u>단수명사</u>

b. There are many books → There are + <u>복수명사</u>

c. There are no windows → There are + <u>no</u> + 명사

d. There is not much sugar → There is + <u>not</u> + 형용사 + 명사

e. There is no telling what will happen next → "There+be+no ~ing" 관용어 패턴

작문연습

1. 실없는 소문이 너무 많다.

____

too/ much/ idle/ gossip

2. 많은 사람이 모여 있었다.

____

a large of/ crowd

3. 싸울 가치가 있는 일이 아직 많다.

____

many/ thing/ worth/ fight for

4. 어제 밤에 화재가 났었다.

____

fire/ on

5. 집안에는 전등이 다 꺼져 있었다.

____

all/ light/ off/ in

6. 집만한 곳은 없다.

____

no place/ like

7. 1월은 31일 까지 있다.

____

day/ in

8. 그것에 대해 의심할 바가 없다.

____

no/ doubt/ about

9. 당신이 외국에 갈 기회가 올 것이다.

____

will be/ chance/ for/ go/ abroad

10. 취향을 설명하는 것은 불가능하다.

____

no/ account for/ taste

There + 일반동사 (자동사) + 명사

a. There **lived** a king.
(한 왕이 살았다)

b. There **entered** a woman.
(한 여인이 들어왔다)

c. There **seem to be** some ambiguities in the government's economic policy.
(정부의 경제 정책에는 애매한 점이 좀 있는 것 같다)

 설명

- 〈There + 일반동사 + 명사〉 패턴 입니다.
- "be동사" 대신에 일반동사가 쓰였습니다.
- 본 패턴에 오는 일반동사로는 〈seem to be, appear to be, happen to be, used to be, arise, come, rise, sit, stand, exist, live, follow, grow, occur, fall〉 등이 있습니다.
- "be동사" 대신에 일반동사가 쓰인 경우에는 "있다·없다"의 의미가 아니라, 일반동사의 뜻에 따라 문장의 의미가 달라 집니다.

---

a. There <u>lived</u> a king → There + 일반동사 + 명사

b. There <u>entered</u> a woman → There + 일반동사 + 명사

c. There <u>seem to be</u> some ambiguities ~ → There + 일반동사 + 명사

1. 이곳에 도서관이 있었다.

____

used to be/ library

2. 한 성이 언덕 위에 있다.

____

stand/ castle/ on/ hill

3. 오랜 기간 동안 평화와 번영이 이어졌다.

____

follow/ long/ a period of/ peace/ prosperity

4. 다른 주장이 제기될 수도 있다.

____

might/ emerge/ different/ issue

5. 마을에 예쁘고 착한 소녀가 살고 있었다.

____

live/ pretty/ good/ in/ village

6. 길을 따라 작은 내가 있었다.

____

used to be/ creek/ along/ road

7. 우리가 다시 만날 날이 올 것이다.

____

may/ come/ time/ us/ get together/ again

8. 그들이 아직까지 이해하지 못하고 있는 숨겨진 문제가 있다.

____

lie/ hidden/ problem/ not/ have understood

9. 그녀와 친하지 않는 사람은 없는 것 같았다.

____

seem to be/ anyone/ close with

10. 음악이 치료에 도움이 된다는 일부 증거가 있다.

____

seem to be/ some/ evidence/ helpful / in treatment

새로운 패턴으로
따라잡는 미국식 영작문

2. <동작에 중점을 두고 쓰는 문장> 패턴

– "동작에 중점"을 두고 쓰는 패턴의 핵심동사는 〈일반동사〉 입니다.

– 일반동사에는 여러 종류가 있습니다.

– 이 패턴에 쓰이는 일반동사는 "주어+동사"만으로 의미가 전달되는 동
  사를 말합니다.

– "It will rain today." (오늘은 비가 올 것이다) 는 "주어+동사"만으로 완
  벽한 의미가 전달되고 있습니다.

– 이런 동사를 〈완전자동사〉라고 합니다.

– 따라서 "동작에 중점을 두고 쓰는 패턴"은 "완전자동사"가 쓰이는 것이
  핵심 입니다.

– 보충 설명을 하자면, "He takes a bus for work." (그는 직장에 버스를
  타고간다) 에서 "주어+동사"인 "He takes" 만으로는 의미가 전달되지
  않습니다. "take"는 "take a bus"로 목적어가 와야 의미가 전달됩니다.

– 목적어를 취해야 의미가 전달되는 동사를 〈타동사〉 라고 합니다.

– 여기서는 "완전자동사"의 개념을 이해하기 위해서 타동사를 설명했습니
  다. 타동사에 대해서는 다른 패턴에서 더 자세히 설명 하겠습니다.

S + 일반동사 (완전자동사)

a. **All efforts failed**.
 (모든 노력이 실패로 돌아갔다)

b. **Fire burns**.
 (불이 타고 있다)

c. **He can neither read nor write**.
 (그는 읽을 줄도 쓸 줄도 모른다)

 **설명**

- 〈S + 일반동사〉 패턴입니다.
- "주어와 일반동사" 만으로 완전한 문장이 성립 됩니다.
- 이 패턴에 쓰이는 동사를 "완전자동사"라고 합니다. 주어와 동사 이외에 다른 말이 없어도 완전한 뜻을 전달하기 때문에 하기 때문에 붙여진 이름 입니다.
- 완전자동사는 "수동태 처럼 해석"할 수가 있습니다. 대개 주어가 생물이면 동사를 "능동"으로 해석하고, 주어가 무생물이면 "수동"으로 해석 합니다.
- 〈appear, arrive, come, cry, die, drive, differ, fall, fail, go, hesitate, interfere, listen, live, laugh, matter, occur, rise, remain, swim, sing, walk, work〉 같은 동사들이 대표적인 완전자동사들 입니다.
- 예문 〈a〉와 〈b〉는 주어가 무생물 주어임으로 동사를 "수동"으로 해석합니다.
- 예문 〈c〉는 "neither A nor B" 로 "A와 B 모두 다 아니다" 라는 뜻입니다.

---

a. All efforts failed → 무생물 주어 + 일반동사 (동사를 수동으로 해석)

b. Fire burns → 무생물 주어 + 일반동사 (동사를 수동으로 해석)

c. He can neither read nor write → 생물 주어 + 일반동사 (동사를 능동으로 해석)

 **작문연습**

1. 너의 시대가 올 것이다.

____

time/ come

2. 정직은 지불된다.

____

honesty/ pay

3. 기대하지 않았던 일이 항상 일어난다.

____

unexpected/ always/ happen

4. 술먹고 운전하지 마라.

____

drink/ drive

5. 진실은 때론 마음을 아프게 한다.

____

truth/ often/ hurt

6. 지혜는 결코 쇠퇴하지 않는다.

____

wisdom/ never/ age

7. 많은 심각한 문제가 여전히 남아있다.

____

serious/ challenge/ remain

8. 모든 사람들이 일어서서 크게 환호성을 질렀다.

____

stand/ cheer/ loudly

9. 보름달이 곧 나타날 것이다.

____

full moon/ soon/ emerge

10. 그들은 떨어지고 소멸되며 오래 지속되지 않는다.

____

fall/ perish/ last/ long

S + 일반동사 (완전자동사) + 부사

a. He runs **fast**.
(그는 빨리 뛴다)

b. This document translates **well**.
(이 문서는 잘 번역되었다)

c. The door locks quite **easily**.
(문이 아주 쉽게 잠긴다)

d. The lion came **along**.
(사자가 나타났다)

e. We walked (for) **five miles**.
(우리는 5마일을 걸었다)

 **설명**

- 〈S + 일반동사 + 부사〉 패턴 입니다.
- "S + 일반동사" 뒤에 "수식어"로 부사가 붙는 것입니다.
- 앞서 공부한 기본문장 패턴 "S + be동사" 뒤에 수식어로 붙는 〈부사, 전치사, 전치사구, 부정사(구), 동명사(구), 분사(구), 접속사 S + V + ~〉가 "S + 일반동사" 패턴 뒤에도 똑 같이 옵니다.
- 이 패턴에 붙는 부사로는 "here, home, upstairs" 같은 장소부사, "again, frequently, late, hourly" 같은 시간부사, "greatly, gently, slightly, well, easily" 같은 일반부사, "along, away, back, forward" 같은 보조부사, "miles, ten degrees, hours" 같은 단위부사가 있습니다.
- 예문〈d〉의 "완전자동사+보조부사"는 숙어와 같은 형태입니다.
- 예문〈e〉의 "five miles"는 부사 입니다. "시간, 거리, 길이, 방향, 온도" 등을 의미하는 명사는 "부사"로 쓰일 수 있습니다. 이를 단위부사라고 합니다.

---

a. runs fast → 완전자동사+일반부사

b. translates well → 완전자동사+보조부사

c. locks easily → 완전자동사+보조부사

d. came along → 완전자동사+보조부사

e. walked five miles → 완전자동사+단위부사

1. 나는 잠시 여기에 남아 있겠다.

____

remain/ for a while

2. 그녀는 2층으로 올라갔다.

____

go/ upstairs

3. 나중에 다시 오겠습니다.

____

come/ later

4. 나는 집에 걸어서 갔다.

____

walk

5. 그 밖의 사람은 집에 가도 좋다.

____

rest/ may/ go

6. 풍선이 살랑살랑 공중으로 올라갔다.

____

balloon/ rise/ gently/ into/ air

7. 그녀는 감독관의 질문에 대답하기 전에 약간 망설였다.

____

hesitate/ slightly/ answer/ inspector/ question

8. 남녀간의 질병 발생률은 크게 다르다.

____

incidence/ illness/ differ/greatly/ between

9. 팀은 리그에서 3위를 차지하고 있다.

____

lying/ third/ in/ league

10. 이곳은 등산객의 추락 사고가 빈번하게 발생한다.

____

falling accidents/ hiker/ occur/ frequently

11. 나는 직장에서 늦게 집에 왔다.

____

late/ from/ work

12. 이 곳의 날씨는 시시각각으로 변한다.

____

weather/ vary/ hourly

13. 우리는 얼굴을 맞대고 얘기했다.

____

talk/ face to face

14. 이 천은 구김이 잘 간다.

____

cloth/ wrinkle/ easily

15. 그 모자는 그 옷과 어울리지 않는다.

____

go well/ with/ dress

16. 이 약은 감기에 정말 잘 듣는다.

____

medication/ work/ well/ for a cold

17. 모든 학생들이 시험을 잘 쳤다.

____

student/ do/ well/ on/ test

18. 비행기 조종사는 심리시험에서도 점수를 잘 받아야 한다.

____

airplane pilot/ must/ score/ well/ even/ on/psychological

19. 청중이 갑자기 일어섰다.

____

audience/ suddenly/ stand/ up

20. 열과 햇빛을 피하시오.

____

keep away/ from/ heat/ sunlight

21. 양이 놀라서 달아났다.

---
sheep/ run away/ in fright

22. 우리는 주말에 함께 할 것이다.

---
get together/ on

23. 우리는 돌아가야만 한다.

---
have to/ go back

24. 우리는 투자한 만큼 돌려 받습니다.

---
get back/ as much as/ invest

25. 앞으로 나와 주세요.

---
come forward

26. 그는 이미 수천 마일을 여행했다.

---
already/ had traveled/ thousands of

27. 나는 5분안에 1마일을 달릴 수 있다.

---
can/ run/ mile/ in

28. 회의는 두 시간 지속됐다.

---
meeting/ last/ hour

29. 온도계는 10도 올라갔다.

---
thermometer/ go up/ degree

30. 무릎을 굽히지 말고 이 상태로 10초간 있으세요.

---
stay/ this way/ for/ second/ without/ bend/ knee

S + 일반동사 (완전자동사) + 전치사

a. He **came in**.
(그가 들어 왔다)

b. He **didn't cry out** for mercy.
(그는 자비를 구하기 위해 울지 않았다)

c. The sun **is going down**.
(해가 지고 있다)

d. Prices **are going up**.
(가격이 오르고 있다)

e. The attendance **has fallen off**.
(출석이 줄어들고 있다)

f. The bookcase **fell over** with a bump.
(책장이 쾅하며 쓰러졌다)

g. If they don't agree with me, I'll **fight through**.
(그들이 나와 동의하지 않으면, 나는 끝까지 싸울 것이다)

 설명

- 〈S + 일반동사 + 전치사〉 패턴 입니다.
- 이 패턴에 쓰이는 전치사는 "부사" 역할을 합니다.
- 주로 "in, out, up, down, on, off, over, through"등과 같은 전치사가 많이 쓰입니다.
- 많은 경우에 "완전자동사+전치사" 형태는 "관용어 표현"이 되기 때문에 통째로 외워 두시는 것이 좋습니다.

a. came in → "안으로 들어오다"	b. cry out → "울다"
c. go down → "내려가다"	d. go up → "올라가다"
e. fall off → "줄어들다"	f. fall over → "쓰러지다"
g. fight through → "끝까지 싸우다"	

 **작문연습**

1. 그녀가 들어왔다.

---

in

2. 나는 하루 종일 집에 있었다.

---

stay/ in/ all day long

3. 지붕이 무너질 것만 같다.

---

roof/ may/ fall/ in

4. 방금 정전이 되었다.

---

light/ just/ go out

5. 그들이 방금 나갔다.

---

just/ step/ out

6. 이 얼룩은 지워지지 않을 것 같다.

---

stain/ may/ come/ out

7. 사람이 붐비는 곳에서는 소매치기를 조심해야 한다.

---

must/ look out/ for/ pickpocket/ in/ place/ crowded with

8. 물이 창문 높이까지 올라 왔었다.

---

water/ come up/ to/ level/ window

9. 그녀의 생일이 다가오고 있다.

---

come up

10. 회의는 5시에 해산했다.

---

break up/ at

11. 나는 아침 일찍 일어날 수가 없었다.

____

could/ get up/ early

12. 그는 보스에게 아부중이다.

____

butter up/ on the boss

13. 내 컴퓨터가 고장이 났다.

____

break down

14. 파도가 잔잔해졌다.

____

wave/ settle down

15. 나는 침대 밑을 보려고 몸을 굽혔다.

____

bend down/ look/ under

16. 사거리가 나올 때까지 계속 가세요.

____

keep on/ until/ get to/ intersection

17. 잠시 기다려 주십시오.

____

hold on/ for/ just/ moment

18. 내 모자가 날아갔다.

____

hat/ blow off

19. 안개가 걷혔다.

____

fog/ clear off

20. 페인트가 벗겨졌다.

____

paint/ come off

21. 오늘 아침에 내 알람 시계가 울리지 않았다.

____

alarm clock/ go off

22. 나는 일주일 밖에 머물 수가 없다.

____

could/ only/ stay/ over

23. 그는 중심을 잃고 넘어졌다.

____

tumble over/ loss/ balance

24. 상처가 아물었다.

____

wound/ heal over

25. 우리는 뚫고 나아갈 수가 없었다.

____

could/ get through

26. 비밀이 적에게 새고 있다.

____

secret/ leak through/ to/ enemy

27. 애초에 그 문제는 어떻게 일어 났습니까?

____

how/ problem/ come about/ in the first place

28. 그는 그들에게 길을 터주기 위해 옆으로 비켜섰다.

____

step aside/ give way to

29. 한 발짝 뒤로 물러나 주세요.

____

remain/ step/ behind

30. 연간 기본경비는 영향을 받지 않게 될 것이다.

____

basic /annual expenditure/ fall under

10 S + 일반동사 (완전자동사) + 전치사구

---

a. Birds sing on the tree.
(새들이 나무 위에서 지저귀고 있다)

b. I will go by bus.
(나는 버스로 가겠다)

c. It was raining cats and dogs for an hour.
(비가 한 시간 동안 억수로 내렸다)

d. The book went out of print.
(그 책은 절판 되었다)

e. It proved of no use.
(그것은 소용없는 것으로 판명되었다)

 **설명**

- 〈S + 일반동사 + 전치사구〉 패턴 입니다.
- 기본문장 〈S+일반동사 (=완전자동사)〉에 "전치사구"가 붙는 패턴입니다.
- 이 패턴에 오는 전치사구는 "부사" 역할을 하기도 하고, "형용사" 역할을 하기도 합니다. "전치사구"가 부사 역할을 했느냐, 형용사 역할을 했느냐는 쉽게 구분 할 수가 있습니다.
- 예문 〈 d 〉, 〈 e 〉처럼 전치사구가 주어를 설명하는 관계에 있으면 전치사구를 형용사 취급 합니다. 예문 〈 d 〉에서 "out of print"는 주어 "the book"에 대해 "책이 절판 되었다"고 설명하고 있고, 예문 〈 e 〉는 "of no use"가 주어 "it"에 대해 "그것은 소용없다"고 설명하고 있습니다. 이에 대해서는 다음 장에 나오는 "주어를 설명" 하는 패턴에서 더 자세하게 설명이 됩니다.
- 예문 〈 a 〉, 〈 b 〉, 〈 c 〉처럼 전치사구가 동사를 수식하는 관계에 있으면 부사 취급 합니다.
- 예문 〈 a 〉, 〈 b 〉, 〈 c 〉에 쓰여진 동사를 "완전자동사" 라고 하고, 예문 〈 d 〉, 〈 e 〉의 동사를 "불완전자동사"라고 합니다. 불완전자동사에 대해서는 역시 다음 장에 나오는 "주격보어가 오는 패턴"에서 더 자세하게 설명이 됩니다.

---

a. on the tree → 전치사구 (부사구)　　　b. by bus → 전치사구 (부사구)

c. for an hour → 전치사구 (부사구)　　　d. out of print → 전치사구 (주어를 설명하는 형용사 역할)

e. of no use → 전치사구 (주어를 설명하는 형용사 역할)

작문연습

1. 그는 계속 공직에 머물렀다.

---
remain/ in office

2. 그 상처는 살아가는 동안 내 마음속에 남아 있을 것이다.

---
scar/ will/ remain/ in my heart/ for

3. 지진이 발생하면 책상 밑으로 들어가라.

---
get/ under the table/ when/ earthquake/ occur

4. 현재에 거의 모든 아이들이 유치원에 다닌다.

---
at present/ almost all/ children/ go to/ preschool

5. 그녀가 영화 시간에 맞춰 오지 못할 것 같다.

---
come/ in time/ for

6. 이 양초들은 색상과 향기가 다양하다.

---
candle/ come in/ many/ different/ color/ scent

7. 그들 둘은 사랑에 빠졌다.

---
two/ them/ fall/ in love

8. 이 음식은 내일까지 유효하다.

---
food/ keep/ till/ tomorrow

9. 기계 결함으로 인해 제조업체는 예정된 기일에 맞추지 못했다.

---
manufacture/ fall/ behind schedule/ because of/ mechanical/ failure

10. 이번 여행은 두고두고 즐거운 추억이 될 것이다.

---
trip/ stay/ with/ as/ happy/ memory

11. 우리는 실수를 함으로써 배운다.

____

learn/ by mistake

12. 원숭이 조차도 나무에서 떨어진다.

____

even/ monkey/ fall / out of

13. 번개가 한 장소에서 두 번치는 것은 드문 일이다.

____

lighting/ rarely/ strike/ twice/ place

14. 교육은 집에서 시작한다.

____

education/ begin

15. 그는 자기 학급에서 수석을 차지하고 있다.

____

stand/ first/ class

16. 그들은 그 문제에 대해 확고한 입장에 있다.

____

stand/ on firm ground/ on/ issue

17. 나는 대학을 중퇴했다.

____

drop/ out of

18. 지혜는 우연히 오는 것이 아니다.

____

wisdom/ come/ by chance

19. 비가 몇 주째 계속 내리고 있다.

____

has been/ rain/ for weeks

20. 사람은 빵만으로 살 수 없다.

____

man/ live/ by bread/ only

21. 그들은 걸어서 갔다.

____

go/ by foot

22. 새들은 폭풍 후에 지저귄다.

____

sing/ storm

23. 그늘에 개 한 마리와 고양이가 나란히 누워 있었다.

____

lying/ side by side/ shade

24. 피터가 다니는 학교는 하기방학을 맞이하여 이미 휴교했다.

____

Peter/ already/ has closed/ for

25. 우리는 이와같이 좋은 날씨에 도저히 집에 틀어박혀 있을 수 없다.

____

simply/ stay/ indoors/ in such fine day

26. 그들은 식사 후 위층으로 올라갔다.

____

upstairs/ meal

27. 삶은 예상할 수 없는 방식으로 변화한다.

____

life/ change/ in unpredictable ways

28. 위대한 우정은 무덤까지 계속된다.

____

friendship/ last/ until the grave

29. 배는 보이지 않게 되었다.

____

ship/ go/ out of sight

30. 피아노는 1음정이 높다.

____

sound/ up a tone

S + 일반동사 (완전자동사) + 준동사구/접속사 s + v ～

a. We stopped **to take a break**.
   (우리는 휴식을 취하려고 멈췄다)

b. He left **without saying a word**.
   (그는 말없이 떠났다)

c. We sat **watching the birds** in the water.
   (우리는 물가에 새를 쳐다 보면서 앉아 있었다)

d. She stayed **until we came back**.
   (그녀는 우리가 돌아올 때 까지 남아 있었다)

 **설명**

- 〈S + 완전자동사 + 부정사(구)/ 동명사(구)/ 분사(구)/ 접속사 S + V + ～〉 패턴 입니다.
- 완전자동사 뒤에 수식어로 "부정사(구), 동명사(구), 분사(구), 접속사 S + V + ～"가 온 패턴이며, 모두 부사 취급 됩니다.
- 동작을 표현할 때 대개 "부정사(구), 동명사(구), 분사(구)"를 쓰게 됩니다. 앞서도 언급했지만, "미래의 동작"에는 부정사(구)를, "과거의 동작"에는 동명사(구)를, "현재의 동작"에는 분사(구)를 쓰는 경향이 있습니다.
- 예문 〈a〉처럼 부정사구 (to take a break)는 "휴식을 취하기 위해"라는 미래의 동작을 말하고 있습니다.
- 예문 〈b〉의 동명사구 (without saying a word)는 "그가 떠나기 전 한 마디 말 없이"라는 과거의 동작을 말 하고 있습니다. 동명사(구)가 수식어로 쓰이는 경우에는 〈전치사+～ing〉 형태로 말이 만들어 집니다.
- 예문 〈c〉의 분사구 (watching the birds)는 주절 "we sat"의 앉아 있는 시간과 "새를 지켜 본 시간"은 같 은 시간으로 동시에 일어난 동작입니다. 동시에 일어난 동작을 "현재의 동작"이라고 말하고 있습니다.
- 이에 비해, "접속사 S + V + ～"는 "실제적인 사실"이나 "실제로 일어난 사실"을 표현하는데 씁니다.

---

a. to take a break → 완전자동사 + 부정사(구)

b. without saying a word → 완전자동사 + 동명사(구)

c. watching the birds → 완전자동사 + 분사(구)

d. until we came back → 완전자동사 + 접속사 S + V + ～

 작문연습

1. 그녀는 더 잘 보려고 일어섰다.

____

stand up/ see/ better

2. 누군가가 너를 보러 방문했다.

____

someone/ come/ meet

3. 그는 어머니가 살아 있다는 소식을 듣지 못하고 죽었다.

____

die/ without/ hear/ alive

4. 여성들은 살을 빼는데 너무 극단적이다.

____

go/ too far/ in/ lose/ weight

5. 대부분의 배움은 실수에서 비롯된다.

____

most/ learning/ occur/ from/ make/ mistake

6. 우리는 밤 늦도록 이야기를 하면서 앉아있었다.

____

talk/ far/ into the night

7. 그들은 그가 미쳤음에 틀림없다고 말하면서 마당에 서 있었다.

____

stand/ yard/ say/ must/ crazy

8. 숨이 찰 때 까지 소녀는 뛰었다.

____

run/ until/ out of breath

9. 비가 오더라도 나는 갈 것이다.

____

go/ even if/ rain

10. 마치 그는 그 곳이 자기 소유인 것처럼 행동한다.

____

act/ as if/ own/ place

새로운 패턴으로
따라잡는 미국식 영작문

3. <주격보어가 오는 문장> 패턴

−"주격보어"라는 것은 〈주어를 설명 하는 말〉이라는 뜻 입니다.

−동사 뒤에 주어를 설명하는 말이 와서 문장을 만들어 내기 때문에 이 패턴을 "주격보어가 오는 문장 패턴" 이라고 합니다.

−"She looks happy." (그녀는 행복해 보인다) 에서 "happy"는 주어 "she"가 "happy"하다는 것을 설명하고 있습니다. "He is my teacher." (그는 나의 선생님이다) 에서 "my teacher"는 주어 "he"가 "my teacher"라고 설명하고 있습니다. 이처럼 주어를 설명하는 말을 "주격보어"라고 합니다.

−이 패턴에 쓰이는 동사를 "주어와 주격보어를 연결 한다"고 해서 "연결동사"라고 합니다. 다른 말로 〈불완전자동사〉 라고도 합니다.

−〈be동사〉와 〈일반동사〉가 모두 연결동사인 불완전자동사로 쓰일 수 있습니다.

S + be동사 + (대) 명사

---

a. He is **a big eater**.
(그는 대식가다)

b. This cellular phone is **mine**.
(이 휴대폰은 나의 것이다)

c. This is **he**.
(접니다)

 **설명**

- 〈S + be동사 + (대) 명사〉 패턴 입니다.
- "be동사" 뒤에 주어를 설명하는 말로 "대명사"나 "명사"가 오는 패턴입니다.
- 주격보어인 대명사나 명사는 〈주어와 동격관계〉를 나타냅니다.
- 예문 〈 a 〉는 "He=a big eater"가 되고, 〈 b 〉는 ""This cellular phone=mine"이 되고, 〈 c 〉는 "This=he"의 관계가 성립됩니다. 따라서, 주어와 주격보어가 동격관계를 가질 때 이 패턴을 씁니다.
- "be동사"는 "있다·없다"의 의미를 나타내기도 하고, 주어와 주격보어를 연결해 주는 "… 이다"의 뜻으로 쓰이기고 합니다. 이 패턴에 쓰인 be동사는 후자의 의미로 쓰인 경우이며, 이런 be동사를 "연결동사"라고 하기도 하고 "불완전자동사"라고 하기도 합니다.
- 예문 〈 c 〉에서 주격보어가 목적격 "him"이 아니라 주격인 "he"가 쓰였습니다. 연결동사 다음에는 주격보어가 오기 때문에, 목적격 "him"이 아니라 주격인 "he"가 쓰입니다.

---

a. He is a big eater → 주어에 대해 동격설명 (He=a big eater)

b. This cellular phone is mine. → 주어에 대해 동격설명 (This cellular phone=mine)

c. This is he. → 주어에 대해 동격설명 (This=he)

1. 침착은 훌륭한 장점이다.

____

calmness/ great/ advantage

2. 친구를 사귀는 것은 예술이다.

____

make/ art

3. "미안해요" 라고 먼저 말하는 것이 승리자 이다.

____

the first say/ winner

4. 사람의 인격이 그의 운명이다.

____

man/ character/ fate

5. 교육의 가장 위대한 결과는 관용이다.

____

great/ result/ education/ tolerance

6. 인생은 정서적인 여정이다.

____

emotional/ journey

7. 자신에 대해 좋은 느낌을 갖는 것은 성공의 징조이다.

____

feel/ good/ about/ yourself/ sign/ success

8. 모든 사람은 자기 자신의 성공의 설계자이다.

____

person/ architect/ own/ fortune

9. 화를 보이는 것은 나약함의 징후이다.

____

show/ anger/ weakness

10. 사람은 무언가를 하기 위해서는 무언가가 되어야만 한다.

____

one/ must/ something/ in order/ do

S + 일반동사 (연결동사) + (대) 명사

a. He **became** a famous doctor.
(그는 유명한 의사가 되었다)

b. She will **make** an excellent scholar.
(그녀는 훌륭한 학자가 될 것이다)

c. It **remains** a secret.
(그것은 비밀로 남게 된다)

d. After that event, the young gangsters **turned** good men.
(그 사건 이후로, 젊은 폭력배들은 착한 사람으로 변했다)

 설명

- 〈S + 일반동사 + (대) 명사〉 패턴 입니다.
- "be동사" 대신에 "일반동사" 뒤에 주어를 설명하는 말로 "명사"가 오는 패턴입니다.
- 주격보어인 명사는 역시 〈주어와 동격관계〉를 나타냅니다.
- 이 패턴에 쓰이는 일반동사는 연결동사인 불완전자동사 입니다. 다만, "become, make, remain, turn"이 명사를 주격보어로 받을 수 있습니다.

a. He became a famous doctor → "became+명사" (he=a famous doctor)

b. She will make an excellent scholar → "make+명사" (she=an excellent scholar)

c. It remains a secret → "remain+명사" (it=a secret)

d. the young gangsters turned good men → "turn+명사" (the young gangsters=good men)

1. 그가 떠난 후 그녀는 활기를 잃었다.

become/ mere vegetable

2. 치료를 받고 실제로 잠을 잘 잔 사람은 매우 드물다.

very/ few/ actually/ become/sleeper/ with treatment

3. 인터넷은 필수적인 직업 찾기 수단으로 자리를 잡았다.

internet/ has become/ essential/ job search/ tool

4. 그는 뛰어난 교육자가 될 것이다.

make/ excellent/ educator

5. 그녀는 좋은 아내가 될것이다.

make

6. 그는 평생토록 독신으로 남았다.

remain/ bachelor/ all his life

7. 우리는 단지 구경꾼으로만 있었다.

remain/ mere/ spectator

8. 그들은 여전히 친한 친구이다.

remain/ the best of friends

9. 기부는 박애의 행위로만 남아야 한다.

donation/ should/ remain/philanthropic/ act

10. 그 이후로, 그는 딴 사람이 되었다.

turn/ different

PATTERN 14

S + be 동사 + 형용사

a. The table is **round**.
   (테이블이 둥글다)

b. She is <u>so</u> **pretty**.
   (그녀는 아주 예쁘다)

c. He is <u>too</u> **short**.
   (그는 키가 너무 작다)

d. Father is <u>very</u> **angry**.
   (아버지가 매우 화가 나있다)

e. The water in the bathtub is **full** <u>enough</u>.
   (욕조 안에 물이 충분히 차있다)

 설명

• 〈S+be동사+형용사〉 패턴 입니다.

• "be동사" 뒤에 주어를 설명하는 말로 "형용사"가 오는 패턴입니다.

• 주격보어인 형용사는 주어에 대해 "인격, 감정, 상황, 모양, 크기, 정도, 색상" 등에 대한 〈성질〉이나 〈상태〉를 설명합니다.

• 예문〈a〉,〈b〉,〈c〉,〈d〉,〈e〉의 주격보어인 형용사들은 모두 주어에 대해 성질이나 상태를 설명하고 있습니다.

• 형용사를 수식하는 부사는 다양합니다.

• 예문〈b〉,〈c〉,〈d〉처럼, "so, too, very"는 "정도를 강조"하는 부사입니다.

• "so"는 "긍정적인 면"을 강조하고, "too"는 "부정적인 면"을 강조하는 것이 다릅니다. "very"는 "긍정적인 강조와 부정적인 강조"에 모두 쓸 수가 있습니다.

• 부사 "enough"는 형용사를 수식할 때 예문 e. 처럼, 형용사 뒤에 와서 수식한다는 것에 주의해야 합니다.

---

a. round → 주어에 대해 설명 (모양)

b. so pretty → so + 형용사 (긍정적 강조)

c. too short → too + 형용사 (부정적 강조)

d. very angry → very + 형용사 (긍정·부정강조 모두에 쓰임)

e. full enough → 형용사 + enough

1. 나쁜 사람들은 대개 행복하지 않다.

____

people/ usually

2. 만약 당신이 이해를 한다면 아무것도 어렵지 않다.

____

nothing/hard/ if

3. 바보 조차도 때로는 맞다.

____

even/ fool/ right/ sometimes

4. 하는 것이 말하는 것보다 좋다.

____

doing/ better than/ saying

5. 네가 누구인지 그리고 무엇을 가졌는지에 대해 행복하라.

____

with/ who/ what/ have

6. 누구나 나름대로 독특하다.

____

everybody/ unique/ in his own way

7. 쉽게 얻은 것은 잃기도 쉽다.

____

thing/ easy/get/ lose

8. 내 책을 사용하는데 너는 자유롭다.

____

free/ use.

9. 그는 팀에서 빠졌다는 것을 알고 화가 났다.

____

angry/ find/ that/ out of the team

10. 유감입니다만 저는 이제 가 봐야 합니다.

____

afraid/ must/ go now

S + 일반동사 (연결동사) + 형용사

a. This cake **tastes** good.
(이 케이크는 맛있다)

b. He **got** angry.
(그가 화를 냈다)

c. This plant **grows** best in the shade.
(이 초목은 그늘에서 잘 자란다.)

d. After giving up smoking, he **became** fat and irritable.
(담배를 끊은 후, 그는 살이 찌고 짜증을 낸다)

e. My eyes **feel** really sore.
(눈이 정말로 따갑다)

f. He **remained** silent.
(그는 침묵을 지켰다)

 **설명**

- 〈S + 일반동사 + 형용사〉 패턴 입니다.
- Pattern 14와 같이 주격보어인 형용사는 주어에 대해 "성질"이나 "상태"를 설명합니다.
- 다만, "be동사" 대신에 "일반동사"를 썼습니다.
- 여기서 말하는 일반동사는 연결동사인 "불완전자동사" 입니다.
- 불완전자동사로 쓰이는 일반동사는 "감각·지각"을 나타내는 〈feel, look, smell, sound, taste〉와 "상태"를 나타내는 〈appear, become, come, go, get, grow, fall, keep, remain, run, seem, turn〉 등이 있습니다.

a. tastes good → 불완전자동사 + 형용사

b. got angry → 불완전자동사 + 형용사

c. grows best → 불완전자동사 + 형용사

d. became fat and irritable → 불완전자동사 + 형용사

e. feel really sore → 불완전자동사 + 형용사

f. remained silent → 불완전자동사 + 형용사

1. 밤이 조금씩 길어지고 있다.

____

night grow/ longer/ little by little

2. 아이들을 굶겨서는 안된다.

____

must/ go/ hungry

3. 최고 대학들의 학비가 만만치 않다.

____

tuition/ at the top/ college/come/ cheap

4. 더운 여름에 강과 호수는 녹조현상을 보인다.

____

turn/ green/ in hot weather

5. 그녀는 남편에게 화가 났다.

____

get/ mad/ at

6. 금년의 수출은 작년을 하회한다.

____

year/ export/ fall/ short of/ last

7. 엔진 소리가 심상치 않다.

____

engine/ sound/ right

8. 당신 자신은 그렇게 초라해 보이지는 않는다.

____

look/ too/ shabby/ yourself

9. 나는 그의 앞에서 어렵다.

____

feel/ uneasy/ around

10. 우리는 육식을 피함으로써 건강을 지킬 수 있다.

____

can/ keep/ healthy/ by/ avoid/ meat

11. 그 회사는 작년에 파산했다.

____

go/ bankrupt

12. 날씨가 점점 따뜻해 지고 있다.

____

become

13. 교육비가 매년 치솟고 있다.

____

expense/ get/ higher

14. 음식이 보기 보다는 괜찮다.

____

taste/ better/ it

15. 장래는 좋아 보인다.

____

look

16. 당신의 논평은 무례하게 보인다.

____

appear/ rude

17. 그의 모든 이야기는 매우 기묘하게 들렸다.

____

whole/ sound/ odd

18. 이 식물은 열대지역에서만 잘 자란다.

____

grow/ wild/ only/ in/ region

19. 그는 그녀의 아름다움에 눈이 멀었다.

____

go/ blind/ by

20. 그녀는 날이 갈수록 짜증을 냈다.

____

become/ irritable/ with each passing day

21. 그녀는 나이에 비해 젊어 보인다.

____

for

22. 그 드레스는 당신에게 잘 어울린다.

____

on

23. 그는 독감으로 병이 났다.

____

fall/ with

24. 우리는 아이가 살아 있다고 확신한다.

____

remain/ confident/ that/ alive

25. 저는 제 꿈이 이루어져서 행복합니다.

____

feel/ that/ come/ true

26. 그녀는 자기가 올바른 결정을 했다고 확신했다.

____

Feel/ sure/ that

27. 나는 이렇게 많은 사람들이 곤란을 당하고 있는 데 무관심할 수가 없다.

____

cannot/ remain/ indifferent/ when/ suffering

28. 나는 음악을 듣는 동안 잠이 들었다.

____

fall/ asleep/ while

29. 일이 잘못되어 가더라도 화를 내지 마시오.

____

get/ upset/ although/ go

30. 규칙적으로 충분한 수면을 취한다면 당신은 낮 시간 동안에 졸지 않습니다.

____

keep/ awake/ during the daytime hours/ if/ get/ on a regular basis.

S + be 동사 + ~pp

a. He was **annoyed** that they hadn't turned up.
(그들이 나타나지 않아 그는 짜증이 났다)

b. They were **tired**.
(그들은 피곤해 있었다)

c. We're **excited** about the long holiday weekend.
(우리는 연휴에 대해 흥분해 하고 있다)

d. I'm **relieved** to find you.
(너를 찾아서 안심이 된다)

e. I was too **embarrassed** to admit that I was scared.
(내가 겁에 질려 있었다는 것을 인정하는 것이 당황스럽다)

 **설명**

- 〈S + be동사 + ~pp〉 패턴입니다.
- "be동사" 뒤에 주어를 설명하는 말로 "~pp" (=과거분사)가 오는 문장입니다.
- 동사를 "~ing" 형태나 "~pp" 형태로 고친 것을 분사라고 합니다.
- 예문 〈a〉의 과거분사 "annoyed"는 동사 "annoy" (짜증나게 하다)를 ~pp로 고쳐서 과거분사로 만든 것입니다. "~ing"로 고쳐서 "annoying" 으로 하면 현재분사가 됩니다.
- 분사는 "상태의 성질 (=형용사)"과 "동작의 성질 (=동사)"를 동시에 갖고 있습니다. "~ing" 형태는 형용사의 성질로는 "상태"를 나타내고, 동사의 성질로는 "능동·진행"을 나타냅니다. "~pp"는 형용사의 성질로는 "상태"를 동사의 성질로는 "수동"을 나타냅니다.
- 예문 〈b〉의 "tired"는 동사형이 없습니다. "tired" 자체는 형용사입니다. 단어 자체가 "~ing"나 "~pp" 형태로 끝나는 형용사를 분사 취급하기도 합니다.

---

a. was annoyed → be동사 + 과거분사 (수동)

b. were tired → be동사 + 과거분사 (수동)

c. we're excited → be동사 + 과거분사 (수동)

d. I'm relived → be동사 + 과거분사 (수동)

e. was too embarrassed → be동사 + 과거분사 (수동)

1. 돈은 나누어 갖기 위해 만들어 졌다..

made/ shared

2. 사람은 거의 무엇이든 할 수 있도록 디자인 되었다.

designed/ be able to/ do/ almost/ anything

3. 우정은 말하는 것 대신에 들음으로써 얻어진다.

friendship/ gained/ by/ listen/ instead of/ talk

4. 로마는 하루 아침에 세워지지 않았다.

Rome/ built/ in a day

5. 우리는 무엇인가에 대해 재주를 갖고 있다.

gifted/ for something

6. 행복은 생활에서 일어나는 작고 간단한 것에서 찾을 수 있다.

found/ in/ small/ simple/ thing/ that/ happen/ life

7. 당신이 아무것도 기대하지 않으면 당신은 실망하지 않을 것이다.

disappointed/ when/ expect/ nothing

8. 당신이 하는 것은 당신이 무슨 꿈을 꿀 수 있느냐에 의해 제한된다.

what/do/ limited/ by/ what/can/ dream

9. 치료될 수 없는 것은 견뎌야 한다.

what/ cured/ must/ endured

10. 승인되지 않은 차량은 차 주인의 경비로 견인된다.

unauthorized/ vehicle/ towed away/ at/ owner/ expense

PATTERN 17

S + 일반동사 (연결동사) + ~pp

a. You **sound** surprised.
(네 말은 놀란 것처럼 들린다)

b. The audience **remained** seated.
(관중들은 그대로 앉아 있었다)

c. She **gets** frightened when he shouts at her.
(그가 그녀에게 소리칠 때 그녀는 놀란다)

d. They **looked** astonished when I announced I was pregnant.
(너를 찾아서 안심이 된다)

e. I **felt** encouraged by their promise of support.
(지원 약속을 받자 나는 고무 되었다)

 설명

- 〈S + 일반동사 + ~pp〉 패턴 입니다.
- 예문 〈a〉에서 〈e〉까지, 과거분사 "~pp"가 주어에 대해 "수동의 상태"를 설명 합니다.
- "be동사" 대신에 일반동사가 쓰여졌다는 것 만 제외하고 Pattern 16과 같습니다.
- 일반동사는 불완전자동사로 "pattern 15"에서 말한 동사 〈feel, look, smell, sound, taste, appear, become, come, go, get, grow, fall, keep, remain, run, seem, turn〉 등이 그대로 쓰입니다.

---

a. sound surprised → 불완전자동사 + ~pp

b. remained seated → 불완전자동사 + ~pp

c. gets frightened → 불완전자동사 + ~pp

d. looked astonished → 불완전자동사 + ~pp

e. felt encouraged → 불완전자동사 + ~pp

1. 실이 풀어졌다.

string/ come/ untied

2. 그것을 들으니 안심이 된다.

feel/ relieved/ hear

3. 너는 정말 휴식을 취하고 편안해 보인다.

really/ look/ rested/ relaxed

4. 수입에는 변화가 없다.

revenue/ remain/ unchanged

5. 그런 그룹에 연루되지 마라.

get/ involved/ such

6. 트럭이 눈길에 쳐 박혔다.

get/ stuck

7. 당신은 진행상황에 대해 계속 안내를 받게 될 것이다.

keep/ informed/ progress

8. 교통정보를 위해 1035 WWBM 채널에 계속 고정하세요.

keep/ tuned/ to/ for/ traffic updates

9. 그의 훌륭한 리더쉽은 직원들에 의해 간과 되지 않았다.

leadership/ go/ unnoticed/ staff

10. 강은 오염되었고 물고기는 독살되었다.

become/ polluted/ fish/poisoned

PATTERN 18

S + be 동사 + ~ing

a. He is **boring**.
   (그는 따분한 사람이다)

b. The trip was **tiring**.
   (그 여행은 힘들었다)

 **설명**

- 〈S + be동사 + ~ing〉 패턴 입니다.
- 주격보어가 "~ing" (현재분사)로 오는 문장입니다.
- "Pattern 16"에서 설명한 바와 같이, 현재분사 "~ing"는 형용사의 성질로는 "상태"를 나타내고, 동사의 성질로는 "능동·진행"을 나타냅니다.
- 이 패턴에서는 "~ing"가 주어에 대해 "상태"를 설명합니다. "능동·진행"을 나타내는 경우는 다음 장 패턴에서 설명됩니다.
- 과거분사와 현재분사가 전달하는 의미가 다르다는 것을 살펴 보겠습니다.
- 예문 〈a.〉에서 "He is boring"은 "그 사람은 재미없는 따분한 사람이다"라는 것을 말하고 있는 것이고, "He is bored"하면 "bored"는 수동의 의미를 나타내고 있기 때문에 "그사람은 심심해 하고 있다" 라는 의미를 전달합니다.
- 예문 〈b〉에서, "The trip was tiring"은 "여행 자체가 힘든 여행이었다"라는 것을 말하고 있는 것이고, "He was tired" 하면 "그 사람이 피곤한 상태에 있다"는 것을 의미합니다.
- 또 하나 주의 해야 할 것은, "The trip was tired"라고는 할 수가 없습니다. 사람만이 "tired" 함을 느낄 수 있는 것이지 무생물인 "trip"이 피곤함을 느낄 수는 없기 때문입니다. "He was tiring" 역시 맞지가 않습니다. 사람 자체에 대해 "그 사람이 피곤함" 이라고는 표현하지 않기 때문입니다.
- 따라서 과거분사와 현재분사가 어떤 의미를 전달 하느냐에 따라, 사람에게 어울리는 말인지 무생물에게 어울리는 말인지를 잘 구분해서 분사를 써야 합니다.

---

a. He is boring → be동사 + 현재분사

b. The trip was tiring → be동사 + 현재분사

1. 나는 그가 자기의 약속을 지키지 않은 것에 대해 놀라지 않는다.

____

surprised/ keep/ promise

2. 모기 등살에 우리는 잠을 잘 수가 없다.

____

mosquitoe/ so/ annoying/ can/ sleep

3. 그것은 기품이 부족하다.

____

it/ lacking/ in grace

4. 명단에 내 이름이 빠져 있었다.

____

missing/ list

5. 직장에서의 새 임무가 만만치 않을 것이다.

____

task/ at/ work/ may/ challenging

6. 긴 여정은 피곤했다.

____

long/ journey/ tiring

7. 그녀의 날카로운 목소리는 짜증이 난다.

____

shrill/ voice/ irritating

8. 그 노래 가사가 애절하게 가슴에 와 닿았다.

____

song/ lyric/ pathetically/ touching

9. 그의 연설은 용기를 줄 뿐만 아니라 자극적이었다.

____

speech/ exciting/ as well as/ encouraging

10. 그 증거가 너무나 강력하여 그는 그것을 받아들여야만 할 것 같은 기분이 들었다.

____

evidence/ so/ compelling/ feel/ constrained/ accept/ it

S + 일반동사 (연결동사) + ~ing

a. The job **looked** overwhelming at first.
(그 일은 처음에 압도적인 듯이 보였다)

b. **Keeping** everything straight **get** confusing.
(모든 것을 바르게 유지하는 것은 혼란스럽다)

c. He keeps **looking for a job**.
(그는 계속해서 직업을 찾고 있다)

d. She went **shopping**.
(그녀는 샤핑하러 갔다)

 설명

- 〈S + 일반동사 + ~ing〉 패턴 입니다.
- 동사는 불완전자동사인 일반동사가 오고, 주어를 설명하는 말로는 현재분사인 "~ing"가 오는 패턴입니다.
- 앞에서 언급한 것 처럼, 현재분사 "~ing"는 "상태"나 "능동·진행"을 나타냅니다.
- 예문 〈a〉의 "overwhelming"이나 예문 〈b〉의 "confusing"은 상태를 나타내고 있고, 예문 〈c〉와 〈d〉의 "looking for"와 "shopping"은 능동·진행을 나타내고 있습니다.
- 특히, 예문 〈c〉와 〈d〉에 불완전자동사로 쓰인 "keep"과 "go"가 "~ing" (현재분사)를 만나면 능동·진행을 나타냅니다. "keep"과 "go"의 의미 자체가 진행의 말을 받는 것이 자연스럽기 때문입니다.

---

a. looked overwhelming → 불완전자동사 + ~ing (상태)

b. get confusing → 불완전자동사 + ~ing (상태)

c. keeps looking for a job → 불완전자동사 + ~ing (능동·진행)

d. went shopping → 불완전자동사 + ~ing (능동·진행)

1. 전망은 고무적이다.

____

prospect/ look/ encouraging

2. 그는 매력있어 보였고 함께 있으면 즐겁다.

____

seem/ charming/ fun/ with

3. 그 시스템은 혼란스러워 보인다.

____

system/appear/confusing

4. 소비자들은 갈수록 까다로워지고 있다.

____

consumer/ become/ increasingly/demanding

5. 우리는 빨리 움직이는 것이 좋겠다.

____

had better/ get/ moving

6. 나는 마음을 진정시키고 싶으면 운전을 나간다.

____

go/ driving/cool off

7. 배가 떠 있는 것은 선체를 미는 물의 힘 때문이다..

____

boat/ remain/ floating/ due to/ force/water/ push/on the hull

8. 개스 값이 계속 오를 것이다.

____

gas/ price/ keep/ going up

9. 사사건건 너하고 계속 싸울 수는 없다..

____

can/ keep/ fighting/for/ every/ inch/ everything

10. 어머니는 여러 해 동안 잃어버린 아들을 찾아 다녔다.

____

keep/ looking/ for/ lost/for/year

PATTERN 20

S + 일반동사 (연결동사) as + 명사

a. The Lion King **ranks as** one of Disney's fan's favorites.
(라이온 킹은 디즈니의 팬들이 가장 좋아하는 영화 중 한 편으로 자리잡고 있습니다)

b. This painting **counts as** a masterpiece.
(이 그림은 걸작으로 간주된다)

c. He **acted as** chairman.
(그는 의장처럼 행동했다)

 **설명**

- 〈S + 일반동사 as + 명사〉 패턴 입니다.
- 동사로는 〈일반동사+as〉 형태이고, 주격보어가 〈명사〉로 오는 패턴입니다.
- "function as, appear as, rank as, act as, count as, serve as, work as"가 "일반동사+as" 형태로 오는 동사들 입니다.
- "as" 뒤에 오는 명사가 "자격·지위·직능·역할" 등을 나타낼 때 주로 이 패턴을 씁니다.
- 주어와 주격보어인 명사는 "동격"이 됩니다.
- 예문 〈c〉처럼, "as" 뒤에 오는 명사가 사람의 직책을 나타내는 경우에는 관사가 생략되기도 합니다.

---

a. ranked as an officer → rank as + 명사 (지위)

b. counts as a masterpiece → count as + 명사 (자격)

c. acted as chairman → act as + (무관사) 명사 (직능)

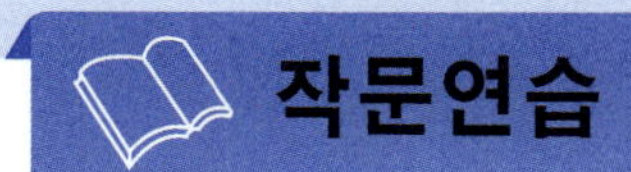

작문연습

1. 그 소파는 침대로도 쓰인다.

---

sofa/ also/ function as/ bed

2. 새 현금 자동 인출기는 기대 만큼 작동되지는 않았다.

---

automatic teller machine/ function as/ expected

3. 그는 한 TV 쇼에 게스트 스타로 출연 했다.

---

appeare as/ guest star/ on/show

4. 그녀는 증인으로 내일 법정에 출석할 것이다.

---

appear as/ court/ witness

5. 무모한 망상은 증거로 간주되지 않는다.

---

madcap/ delusion/ count as/ evidence

6. 그 작품은 걸작으로 취급받고 있다.

---

work/ count as/ masterpiece

7. 이 컵은 설탕그릇으로 알맞다.

---

cup/serve as/sugar/ bowl

8. 그녀는 우리의 통역을 맡았다.

---

act as/ interpreter

9. 그것은 분명히 그의 최고 승리로 치지는 않는다.

---

certainly/ rank as/win

10. 한국은 초고속 인터넷 서비스의 보급률에서 세계 1위를 차지하고 있다.

---

rank as/ leader/ in availability/ high–speed internet/ service

S + 일반동사 (연결동사) + like ～

a. John looks like his father.
(존은 그의 아빠를 닮았다)

b. I don't feel like doing anything tonight.
(나는 오늘 밤 아무일도 하고 싶지않다)

c. He sounded like (that) he had a cold.
(그의 말투는 감기가 걸린 사람의 말투처럼 들렸다)

 **설명**

- 〈S + 불완전자동사 + like ～〉 패턴 입니다.
- 동사 "seem"을 비롯하여 감각·지각동사 "feel, taste, smell, sound, look" 등이 주로 이 패턴의 동사로 쓰입니다.
- "동사+like" 뒤에는 〈명사〉, 〈～ing〉, 〈접속사 S + V + ～〉가 올 수 있습니다.
- 예문 〈a〉는 "like" 뒤에 "명사"가 온 경우이고, 예문 b.는 "～ing"가 예문 c.는 "접속사 S + V + ～"가 오는 경우를 보여 준 것 입니다.
- "like" 뒤에 오는 "～ing"는 동명사 취급합니다.
- "like" 뒤에 "접속사 S + V + ～"가 올 때, 접속사가 "that"으로 오면 예문 〈c〉와 같이 "that"은 생략할 수가 있습니다.

---

a. looks like his father → like + 명사

b. feel like doing anything → like + ～ing (동명사)

c. sounded like (that) he had a cold → like + (that) s + v + ～

1. 이것은 장미꽃 같은 향기가 난다.

it/ smell/rose

2. 그 사람의 말투는 좋은 사람 같다.

sound/ guy

3. 나는 기분이 좋다.

feel/myself

4. 이것은 치킨 맛이다.

it/taste

5. 너무 살이 많이 찐 것 같다.

seem/gain/ a lot of/ weight

6. 외출하고 싶은 마음이 없다.

feel/ go out

7. 비는 계속 올 듯하다.

rain/ look/ last

8. 끝이 안보이는 것 같다.

feel/ spin/ wheel

9. 오늘 날씨가 눈이 내릴 것 같이 보인다.

look/ snow

10. 너는 나를 피하는 것 같다.

seem/avoid

S + 일반동사 (연결동사) + to be ～

a. They **seems to be** in the bank.
(그들은 은행에 있는 것 같다)

b. He **turned out to be** our enemy.
(그는 우리의 적으로 판명되었다)

c. The report **proved to be** false.
(그 보도가 거짓이라는 것이 드러났다)

d. Things **appear to be** going well.
(언뜻 보기에는 일이 잘 되어가고 있는 것처럼 보인다)

e. They **seem to be** promoted equally.
(그들은 일률적으로 승진되는 것 같다)

 설명

• 〈S + 불완전자동사 + to be ～〉 패턴 입니다.

• 〈turn out, prove, seem, appear, remain, happen, grow, tend〉 등의 동사가 "동사 + to be" 형태로 쓰입니다.

• "to be ～"의 "be"는 "is, are, was, were" 등의 "원형동사" 입니다.

• 앞에서 "be동사"가 문장의 본동사로 쓰이는 패턴을 배웠습니다. "존재에 중점을 두고 쓰는 패턴"을 보면 〈S + be동사〉가 기본문장이 되고, 그 뒤에는 "부사" 혹은 "전치사구" 등의 수식어가 붙을 수가 있었습니다. "주격보어가 오는 문장 패턴"에서는 "be동사" 뒤에 주어를 설명하는 말로 "(대)명사, 형용사, 분사"가 오는 패턴을 공부 했습니다.

• "to be ～"의 "be"는 "존재에 중점을 두고 쓰는 패턴"과 "주격보어가 오는 문장 패턴"에 본동사로 쓰인 "be동사"와 똑같은 역할을 합니다. 때문에, "동사 + to be ～" 다음에는 "부사, 전치사구, 명사, 형용사, 분사"가 올 수가 있습니다.

---

a. seems to be in the bank → to be + 전치사구

b. turned out to be our enemy → to be + 명사

c. proved to be false → to be + 형용사

d. appear to be going well → to be + ～ing (현재분사)

e. seemed to be promoted equally → to be + ～p.p. (과거분사)

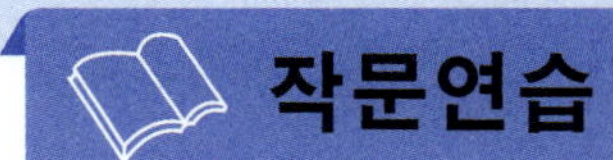

1. 나는 마침 그곳에 있었다.

____

happen

2. 그녀는 마침 사무실에 있었다.

____

happen

3. 그는 여전히 냉소적이었다.

____

remain/cynic

4. 그는 진정한 친구로 판명되었다.

____

prove/ truthful

5. 그들의 시도는 성공적인 것으로 판명되었다.

____

attempt/ prove/ successful

6. 그는 끝까지 충성을 지켰다.

____

remain/ faithful/ to the last

7. 금년 겨울에는 감기로 고생하는 사람이 적은 것 같다.

____

few/ seem/ suffer from/ cold

8. 너는 파티를 즐기고 있는 모양이군.

____

seem/ enjoy/ party

9. 너는 아무데도 가고 있는 것 같지 않다.

____

seem/ go/ anywhere

10. 그녀는 의기소침해 보였다.

____

appear/ depressed

S + 일반동사 (완전자동사) + 준보어

a. He died **a lonely man**.
(그는 외롭게 죽었다.)

b. She came back **safe**.
(안전하게 그녀가 돌아왔다)

c. Tom sat **reading the book**.
(책을 읽으면서 탐이 앉아 있었다)

d. They returned **satisfied with the result**.
(결과에 만족하고 그들이 돌아갔다)

e. She was found **an idiot**.
(그녀는 멍청이라고 판명됐다)

f. He was dead **infected**.
(그는 감염 되어서 죽었다)

 **설명**

- 〈S + 완전자동사 + 준보어〉 패턴 입니다.
- "완전자동사"가 "주격보어"를 취하는 문장입니다.
- 예문 a., b., c., d에 쓰인 동사 "died, came, sat, returned"는 모두 "동작에 중점을 두고 쓰는 문장 패턴"에 쓰인 "완전자동사"들 입니다.
- 〈S+완전자동사〉가 기본문장으로 그 다음에는 부사나 전치사구 등 수식어가 붙게 됩니다. 그런데, 예문처럼 완전자동사 뒤에는 "명사, 형용사, 분사"가 와서 주어를 설명하는 상황이 벌어졌습니다.
- 이 때의 "명사, 형용사, 분사"를 〈유사보어〉 또는 〈준보어〉 라고 지칭합니다.

---

a. died a lonely man → 완전자동사 + 준보어 (명사)

b. came back safe → 완전자동사 + 준보어 (형용사)

c. sat reading the book → 완전자동사 + 준보어 (현재분사)

d. returned satisfied with the result → 완전자동사 + 준보어 (과거분사)

e. was found an idiot → 불완전자동사 + 분사 + 준보어 (명사)

f. was dead infected → 불완전자동사 + 형용사 + 준보어 (과거분사)

1. 그는 거지로 죽었다.

____

die/ beggar

2. 그는 백만장자가 되어 고향에 돌아왔다.

____

come back/ millionaire

3. 그녀는 잠들지 않은채 누워 있었다.

____

lie/ sleepless

4. 그녀는 젊어서 결혼했다.

____

marry/ young

5. 그들 모두 조용히 앉아 있었다.

____

quiet

6. 아이들이 뛰어서 방으로 들어왔다.

____

come/ run

7. 그는 무일푼으로 고향에 돌아왔다.

____

return/ broke

8. 그는 고아로 태어났다.

____

orphan

9. 그는 정신 이상이라는 이유로 무죄가 되었다.

____

find/ guilty/ by reason of/ insanity

10. 인간은 동등하게 태어났다.

____

men/creat/ equal

S + be 동사 + to do/동명사

---

a. My hobby is **to collect stamps**.
  (나의 취미는 우표를 모으는 것이다)

b. My hobby is **collecting stamps**.
  (나의 취미는 우표를 모으는 것이다)

c. He is **to come** to the party tonight.
  (그는 오늘밤 파티에 참석할 예정이다)

d. We are **to obey the traffic laws** for safety.
  (우리는 안전을 위해서 교통법규를 지켜야 한다)

e. She was **to be forced** to remain silent.
  (그녀는 침묵하라고 강요 받았을 수도 있다)

f. He was **never to go back home** to New York.
  (그는 뉴욕에 있는 집으로 돌아갈 수 없는 처지에 놓였다)

 **설명**

- "be 동사" 뒤에 주격보어로 〈부정사〉나 또는 〈동명사〉가 오는 문장입니다.
- 예문 〈a〉와 〈b〉에서 보는 바와같이 "be 동사" 다음에 "부정사(구)"를 써도 좋고 동명사(구)를 써도 좋습니다. 의미는 똑 같습니다.
- 그리고, 부정사(구)나 동명사(구) 둘다 "my hobby=to collect stamps"와 "my hobby=collecting stamps"으로 주어에 대해 동격관계를 설명합니다.
- 동격관계가 아닐 때, 예문 〈c〉에서와 같이 "to do~"는 주어에 대해 〈예정〉의 의미를 나타내거나, 〈d〉와 같이 〈의무〉의 의미를 나타내거나, 〈e〉와 같이 〈가능〉의 의미를 나타내거나, 〈f〉와 같이 〈운명〉의 의미를 나타냅니다.

---

a. My hobby is to collect stamps → be + to do~ (주어와 동격관계)

b. My hobby is collecting stamps → be + 동명사 (주어와 동격관계)

c. He is to come to the party tonight → be + to do~ (예정)

d. We are to obey the traffic laws for safety. → be + to do~ (의무)

e. She was to be forced to remain silent. → be + to do~ (가능)

f. He was never to go back home to New York. → be + to do~ (운명)

1. 가장 확실한 방법은 자기 자신이 스스로 그것을 하는 것이다.

____

Surest/ way/ do/ it

2. 보는 것이 믿는 것이다.

____

see/ believe

3. 사랑은 사랑받기를 원하는 것이다.

____

love/ want

4. 상업은 상품을 사거나 팔거나 혹은 교환하는 것이다.

____

commerce/ buy/ sell/ exchange/ goods

5. 그녀가 하고 싶어 하는 전부는 하루종일 음악을 듣는 것이다.

____

care for/ listen to

6. 내가 가장 좋아하지 않는 것은 약속에 늦는 것이다.

____

what/ like/ most/late/ appointment

7. 기차가 곧 도착할 예정이다.

____

arrive

8. 그가 비난을 받을 사람이다.

____

blame

9. 공원에서는 사람을 찾아 볼 수가 없었다.

____

no one/ see

10. 그들은 다시는 만나지 못했다.

____

never/ meet

S + be 동사 + 접속사 s + v ~

a. The problem is **that I'm short of money**.
(문제는 내게 돈이 부족하다는 것이다)

b. That is not **what I mean**.
(제가 말씀드린 것은 그런 뜻이 아닙니다)

 설명

- 〈S + be 동사 + 접속사 S + V + ~〉 패턴 입니다.
- "be 동사"가 주격보어로 〈접속사 S + V + ~〉를 받는 문장입니다.
- 주어와 "접속사 S + V + ~"는 언제나 동격관계에 놓이게 됩니다.
- 예문 〈a〉에서 보는 것 처럼 "the problem=I'm short of money"가 됩니다.
- 예문 〈b〉 역시 "that=not what I mean"의 관계입니다.
- 이 패턴에 쓰이는 "접속사 S + V + ~"를 "명사절"이라고 하는 데, 명사절을 이끄는 접속사는 "that"을 비롯하여, "when, where, who, what, how, why"가 쓰입니다.
- 그 외에 "what+명사"나 "which+명사" 혹은 "how+형용사"가 명사절 접속사로 쓰입니다.
- 명사절 접속사는 "Pattern 85"에서 더 자세히 설명 됩니다.

---

a. that I'm short of money → 주어를 설명하는 명사절

b. what I mean → 주어를 설명하는 명사절

1. 이것이 바로 내가 이야기 하는 바이다.

____

this/ what/ talk about

2. 난처한 것은 가게 문이 모두 닫혔다는 것이다.

____

trouble

3. 내 제안은 거리에 더 나무를 심자는 것이다.

____

suggestion/ plant/ more

4. 문제는 이 마을에는 의사가 없다는 것이다.

____

problem/ village

5. 문제는 언제, 어떻게 우리가 그것을 실행하느냐 하는 것이다.

____

question/ when/ how/ carry out

6. 이유는 내가 매우 외떨어진 곳에서 살고 있다는 것이다.

____

reason/ remote/ isolated area

7. 유일한 확실한 것은 아무것도 확실하지 않다는 것이다.

____

only/ certain/ nothing

8. 문제중의 하나는 얼마나 많은 통보시간이 주어져야 하는 것이다.

____

issue/ how much/ notice/ time/ should/ give

9. 월요일이 내가 가장 바쁠 때이다.

____

busiest

10. 진실은 우리가 내놓은 이론가운데 많은 것들이 가짜라는 것이다.

____

truth/ theory/ come up with/ bogus

새로운 패턴으로
따라잡는 미국식 영작문

4. <목적어가 오는 문장> 패턴

– 동사 뒤에 〈목적어〉가 오는 것이 이 패턴의 핵심 입니다.

– "주어가 하는 동작의 대상"을 "목적어"라고 합니다.

– "I met Judy at the school cafeteria." (나는 학교 구내 식당에서 쥬디를 만났다) 에서 "Judy"는 주어 "I" 가 한 동작 "met"의 대상으로 목적어가 되는 것 입니다.

– "met"과 같이 목적어를 취하는 동사를 "타동사"라고 합니다. 또 타동사란 "목적어를 취하는 동사" 라고 말할 수 있습니다.

– 목적어가 오는 패턴에서는 "4 가지"가 중요 합니다.

– 첫째는 "목적어"로 오는 〈말의 모양〉들을 알아야 합니다.

– 둘째는 "목적어"를 취하는 〈동사구 (=동사숙어)〉의 종류를 알아 두어야 합니다.

– 세째는 〈목적어+목적어〉로 "목적어가 두 개" 오는 경우를 알아야 합니다.

– 네째는 〈목적어+목적보어〉로 "목적어 뒤에 목적어를 설명하는 말"이 붙는 경우를 알아야 합니다.

– 목적어를 하나만 취하는 타동사를 〈완전타동사〉라고 하고, 목적어를 두 개 취하는 동사를 〈수여동사〉라고 합니다. 그리고, 목적어와 목적보어를 취하는 동사를 〈불완전타동사〉라고 합니다.

26 S + 일반동사 (완전타동사) + (대) 명사

a. I love **music**.
   (나는 음악을 사랑한다)

b. You must keep **your promise**.
   (너는 네가 한 약속을 지켜야만 한다)

c. They like **me**.
   (그들은 나를 좋아한다)

d. She killed **herself**.
   (그녀는 자살했다)

e. He **lived** a good **life**.
   (그는 훌륭한 삶을 살았다)

 **설명**

• 동사가 《(대)명사》를 목적어로 취하는 문장입니다. 목적어를 취하는 동사를 "완전타동사"라고 합니다.

• 예문 〈b〉의 경우, 목적어 "promise" 앞에 주어의 소유격인 "your"가 붙어 있습니다. 누구의 약속인가를 분명히 하는 것입니다. 이처럼 목적어 앞에는 누구의 소유인가를 분명히 하기 위해서 소유격이 붙는 경우가 많이 있습니다.

• 예문 〈c〉와 〈d〉는 목적어로 대명사가 온 경우 입니다. 대명사로 목적어가 올 때는 예문 〈c〉와 같이 목적격 대명사가 옵니다.

• 예문 〈d〉에는 재귀대명사가 목적어로 쓰였습니다. 주어가 하는 동작의 대상이 "주어자신 일때"는 "재귀대명사"를 목적어로 쓰게 됩니다.

• 예문 〈e〉는 "완전자동사"가 목적어를 받은 경우입니다. 완전자동사는 목적어를 받을 수 없지만, 완전자동사 〈live〉의 동족어인 명사 〈life〉는 완전자동사의 목적어로 올 수가 있습니다. 완전자동사〈fight〉의 유사어 〈battle〉도 목적어로 쓰일 수 있습니다.

---

a. I love music → S + 완전타동사 + 목적어 (명사)

b. You must keep your promise → S + 완전타동사 + 목적어 (소유격+명사)

c. They like me → S + 완전타동사 + 목적어 (목적격 대명사)

d. She killed herself → S + 완전타동사 + 목적어 (재귀대명사)

e. He lived a good life → S + 완전자동사 + 목적어 (live 의 동족어)

1. 배움은 눈덩이 효과를 일으킨다.

learning/ has/ snowball/ effect

2. 독서는 충만한 사람을 만들고 글쓰기는 정확한 사람을 만든다.

reading/ make/ full/ writing/ exact

3. 당신이 당신의 인생을 선택한다.

choose

4. 지혜는 태도와 견해에 영향을 끼친다.

wisdom/ influence/ attitude/ opinion

5. 잘 조절된 부모가 잘 조절된 아이를 양육한다.

well-adjusted/ raise

6. 당신이 되고자 하는 사람을 분명히 규정하라.

clearly/ define/ person/ want

7. 소인배는 소인배 일을 한다.

small/ person/ do/ thing

8. 당신에게 마음의 상처를 준 사람들을 용서하라.

forgive/ those who/ hurt

9. 그녀는 망신 당했다.

disgrace

10. 그는 지난밤 이상한 꿈을 꾸었다.

dream/ strange

PATTERN 27

S + 일반동사 (완전타동사) + 부정사 (구)

a. He decided **to sell his automobile**.
(그는 자기의 자동차를 팔 것을 결심했다)

b. I forgot **to see you**.
(나는 너를 만나기로 한 것을 잊었다)

c. I don't like **to smoke** now.
(나는 지금 담배를 피고 싶지 않다)

d. **This radio** needs **to be fixed** (=fixing).
(이 라디오는 수리해야 한다)

 **설명**

• 〈S + 일반동사 + 부정사(구)〉 패턴으로 목적어가 부정사(구)로 오는 경우 입니다.

• 예문 〈a〉, 〈b〉, 〈c〉, 〈d〉와 같이 주어가 하는 동작의 대상이 아직 이루어 지지 않은 〈미래의 동작〉일때 목적어로 부정사(구)가 오게 됩니다. 부정사(구)는 기본적으로 미래의 동작을 나타내기 때문입니다.

• "It's nice to meet you (너를 만나서 반갑다)" 경우에 "to meet you"가 미래는 아니지만 부정사를 썼습니다. 미래 뿐만 아니라 〈순간적인 동작〉인 상황에도 부정사를 쓸 수 있습니다. 그런데, 정확히 따지자면 "to meet you"가 순간적인 동작이라고 할지라도 실제로는 과거의 동작입니다. 과거의 동작에는 동명사가 쓰이기 때문에 "It's nice meeting you"라고 해도 맞는 문장 입니다

• 예문 〈d〉는 주어가 무생물이고, 동사로 "deserve, need, want, require" 등이 쓰이고, 목적어로 동작이 요구될 때, 목적어를 "부정사"로 써도 좋고 "동명사"로 써도 좋습니다. 다만, 부정사로 쓸 때는 〈to be + ~pp〉로 수동태로 써야 합니다.

---

a. He decided to sell his automobile → S + 동사 + 부정사 (미래의 동작)

b. I forgot to see you → S + 동사 + 부정사 (미래의 동작)

c. I don't like to smoke now → S + 동사 + 부정사 (순간적인 동작)

d. This radio needs to be fixed (=fixing) → S + need + 목적어 (to be + ~pp 또는 ~ing)

1. 우리가 걱정하는 것들은 일어나지 않는 경향이 있다.

thing/ worry about/ tend

2. 당신이 맞을 때, 당신은 당신의 성질을 지킬 수 있다.

when/ right/ can/ afford/ keep/ temper

3. 우리는 거부를 극복하는 것을 학습해야 한다.

have to/ learn/ cope with/ rejection

4. 당신의 꿈을 포기하는 것에 결코 동의하지 마라.

never/ agree to/ surrender

5. 모든 인간은 행복하기를 바란다.

men/ wish

6. 그는 아무리해도 진정하려 하지 않았다.

refuse/ put down

7. 당신에 대해서 결코 부정적으로 생각하지 않도록 노력하라.

try/ never/ think/ negative/ thought/ yourself

8. 그녀는 그의 말을 못 들은 척 했다.

pretend/ hear

9. 나는 가까스로 생활을 꾸려 나간다.

barely/ manage/ keep/ pot/ boiling

10. 우리 집은 수리해야만 한다.

deserve/ renovate

S + 일반동사 (완전타동사) + 동명사 (구)

a. She admitted **making a mistake**.
(그녀는 실수를 했다고 시인했다)

b. I forgot **seeing you**.
(전에 너를 만난적이 있었던 것을 잊었다)

c. He enjoys **smoking**.
(그는 담배 피는 것을 즐긴다)

d. **This radio** needs **fixing** (to be fixed).
(이 라디오는 수리해야 한다)

 설명

- 〈S + 일반동사 + 동명사(구)〉 패턴으로 목적어가 동명사(구)로 오는 경우 입니다.
- 동명사는 주로 〈과거의 동작〉을 표현할 때 쓰이고, 그 외에 〈습관, 경향, 일반적인 사실〉에 대한 동작을 나타낼 때도 쓰입니다.
- 예문 〈a〉와 〈b〉의 "making a mistake"와 "seeing you"는 과거에 일어난 동작입니다.
- 예문 〈c〉의 "smoking"은 "습관"의 동작을 가리키고 있습니다.
- 앞 장에서 언급한 바와 같이, 예문 d.는 주어가 무생물이고, 동사로 "deserve, need, want, require" 등이 쓰이고, 목적어로 동작이 요구될 때, 목적어를 부정사로 써도 좋고 동명사로 써도 좋은 경우입니다.

---

a. She admitted making a mistake → S + 동사+ 동명사 (과거의 동작)

b. I forgot seeing you → S + 동사+ 동명사 (과거의 동작)

c. He enjoys smoking → S + 동사+ 동명사 (습관)

d. This radio needs fixing → S + need + 목적어 (~ing 또는 to be + ~pp)

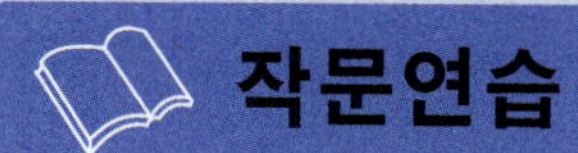 **작문연습**

1. 만약 그 것이 잘 되가지 않으면, 그 것을 그만둬라.

____

work/ stop/ do

2. 나는 단지 좋은 조력자가 되지 못하는 것이 두렵다.

____

only/ fear/ helper

3. 그는 간신히 사고로 인한 죽음을 면했다.

____

narrowly/ escape/ kill/ accident

4. 그녀는 오랫동안 한 곳에 머물기를 싫어한다.

____

hate/ stay/ long/ same/ place

5. 성공적으로 산다는 것은 너의 목표를 추구해 나가고 있다는 의미이다.

____

living/ successfully/ mean/ pursue/ goal

6. 너는 여분의 일을 하는 것을 결코 후회하지 않을 것이다.

____

never/ regret/ do/ extra/ work

7. 그는 그녀를 그의 팔에 안는 것이 즐겁지도 않았다.

____

even/ enjoy/ have/ in his arms

8. 그녀는 미소 짓지 않을 수가 없었다.

____

could/ help/ smile

9. 그는 내가 늦은 것을 용서해 주지 않았다.

____

excuse/ late

10. 내 컴퓨터는 손 볼 필요가 있다.

____

need/ mend

S + 일반동사(완전타동사) + 접속사 S + V

a. We think **that he is a great statesman**.
   (우리는 그가 훌륭한 정치가라고 믿는다)

b. I don't know **what I have to do** about it.
→ I don't know **what to do** about it.
   (나는 그것에 대해서 어떻게 해야 할지 모르겠다)

c. He admitted that he had made a mistake **to his teacher**.
→ He admitted **to his teacher** that he had made a mistake.
   (그는 자신이 실수했다는 것을 그의 선생님에게 시인했다)

d. He urged that we **accept** the offer.
   (우리가 그 제의를 받아들여야 한다고 그는 주장했다)

 **설명**

- 완전타동사의 목적어로 〈접속사 S + V ~〉가 오는 패턴입니다.
- 과거든, 현재든, 미래든 간에 "어떤 사실"에 대한 내용을 쓸 때는 저절로 "접속사 S + V ~" 말을 쓰게 됩니다.
- 예문 〈b〉는 "접속사 S + V ~"를 "접속사 + to do~"로 바꾸어 쓸 수 있다는 것을 보여주는 경우 입니다. 주절의 주어와 접속사 뒤에 나오는 주어가 같은 경우에 "접속사 + to do~"로 바꾸어 쓸 수 있습니다.
- 동사와 직접적으로 연관되는 "to+사람"은 주절의 동사와 접속사 사이에 위치해야 합니다.
- 주절의 동사가 "제안·충고·주장·요구·명령·결정" (suggest, advise, recommend, insist, urge, demand, require, request, order, decide) 등을 나타낼 때, "접속사 S + V ~"의 동사는 예문 d.와 같이 〈동사원형〉이나 〈should+동사원형〉으로 써야 합니다.

---

a. We think that he is a great statesman → S + V + 목적어 (접속사 S+V+~)

b. I don't know what to do about it → 목적어 (접속사 + to do~)

c. He admitted to his teacher that ~ → S + V + "to 사람" + 접속사 S+V+~

d. He urged that we accept the offer → S+urged+접속사 S+"동사원형" 또는 "should + 동사원형"

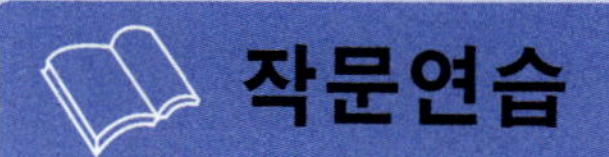 **작문연습**

1. 우리는 모든 아이들이 동등한 지능을 갖고 태어 난다고 믿는다.

---

believe/ be born with/ equal/ intelligence

2. 돈을 가졌다고 해서 그녀가 행복하다는 뜻은 아니다.

---

have/ mean

3. 어른들은 대개 아이들이 어떻게 생각하고 느끼는지 잊고 있다.

---

adult/ usually/ forget/ how

4. 시간이 얼마나 중요한지 아는 사람은 별로 없다.

---

very/ few/ how

5. 그는 혼자 있을 수 있다는 것이 어떤 것인가를 이제 방금 알게 되었다.

---

just/ learn/ what/ it/ alone

6. 당신은 그녀가 무슨 영화를 좋아하는지 아십니까?

---

know/ what

7. 나는 도대체 어디로 가야 할지를 몰랐다.

---

where/ the hell/ go

8. 그는 그것을 읽어 본 적이 없다고 나에게 실토했다.

---

confess/ had read

9. 그녀는 그것을 참을 수 없었다고 나에게 말했다.

---

tolerate/ it

10. 나는 우리가 그의 충고를 따를 것을 제안한다.

---

suggest/ follow/ advice

S + 동사구(be동사 + 형용사/분사 + 전치사) + O

---

a. He **was forgetful of** his duties.
(그는 자신의 의무를 잊었다)

b. I **am concerned about** his health.
(그의 건강이 걱정이다)

c. Helen is going to **get married to** her schoolmate.
(헬렌은 자기의 동기생과 결혼할 예정이다)

d. He **is good at** making things.
(그는 만드는 일에 재주가 있다)

 **설명**

- 〈S + 동사구 (be+형용사·분사+전치사) + O〉 패턴 입니다.
- 지금부터 "동사구" 또는 "동사숙어"가 목적어를 받는 패턴이 시작됩니다.
- 이 패턴에서는 동사구가 〈be 동사+형용사+전치사〉 또는 〈be 동사+분사+전치사〉로 오는 경우입니다.
- 예문 c. 처럼 "be 동사+형용사+전치사" 또는 "be 동사+분사+전치사" 동사구의 "be 동사"는, 내용에 따라 "be 동사"를 일반동사인 "get"이나 "become"으로 대치할 수 있습니다.
- 예문 d.와 같이 동사구의 목적어가 동작으로 오는 경우에 동명사(구)를 씁니다. 부정사(구)는 오지 않습니다.
- "be 동사+형용사+전치사" 또는 "be 동사+분사+전치사"는 많은 경우에 앞서 배운 Pattern 14 의 "S+be 동사+형용사"와 Pattern 16 의 "S+be 동사+현재분사"와 Pattern 18 의 "S+be 동사+과거분사" 패턴에 "전치사"가 붙어서 동사구가 된 형태입니다.

---

a. He was forgetful of his duties → S + 동사구 (be+형용사+전치사) + O

b. I am concerned about his health → S + 동사구 (be+분사+전치사) + O

c. Helen is going to get married to her schoolmate → S + 동사구 (get+분사+전치사) + O

d. He is good at making things → S + 동사구 + O (동명사구)

1. 우리는 그의 용기를 존경한다.

　　　　　　　　　　　　　　　　

be respectful of/ courage

2. 그녀는 근무시간에 대해 만족해했다.

　　　　　　　　　　　　　　　　

be satisfied with

3. 그는 정치 만화가로 잘 알려진 인물이다.

　　　　　　　　　　　　　　　　

well/ known as/ cartoonist

4. 당신이 계약으로부터 해제되었을 때, 우리에게 연락하시오.

　　　　　　　　　　　　　　　　

be released from/ contract/ contact

5. 개는 먼거리의 소리를 들을 수 있다.

　　　　　　　　　　　　　　　　

be capable of/ hear/ distance/ sound

6. 우리는 종종 우리 자신의 결점을 알아보지 못한다.

　　　　　　　　　　　　　　　　

often/ be blind to/ defect

7. 그의 어머니는 자녀들에게 엄하게 대했다.

　　　　　　　　　　　　　　　　

be hard on

8. 나는 아버지의 병환을 매우 걱정하고 있다.

　　　　　　　　　　　　　　　　

very/ be concerned about/ illness

9. 그는 그녀와 10 년이 넘게 결혼생활을 해오고 있다.

　　　　　　　　　　　　　　　　

get married to/ over

10. 그는 자기의 개인적 한계에 대해 깨닫게 되었다.

　　　　　　　　　　　　　　　　

more/ become aware of/ personal/ limitation

S + 동사구 (동사 + 전치사) + O

a. What do you **think about** the conference yesterday?
(어제 회의에 대해서 어떻게 생각하십니까?)

b. She **thought of** a good plan.
(그녀는 좋은 계획을 생각해냈다)

c. He had a cup of tea **waiting for** me.
(그는 나를 기다리면서 차를 마셨다)

d. She will **wait on** the table.
(그녀는 식사 시중을 들 것이다)

e. I **looked through** my note before the exam.
(나는 시험을 보기 전에 노트를 훑어 보았다)

f. The committee **looked into** the population problem.
(위원회는 인구문제를 검토하였다)

 설명

• 〈S + 동사구 (동사+전치사) + O〉 패턴 입니다.

• 여기서는 〈동사 + 전치사〉로 오는 동사구 숙어를 공부해 봅니다.

• 같은 동사라도 뒤에 오는 전치사에 따라 의미가 달라 집니다.

---

a. think about → 동사구 (동사+전치사) "… 에 대해 생각하다"

b. think of → 동사구 (동사+전치사) "… 을 생각해 내다"

c. wait for → 동사구 (동사+전치사) "… 를 기다리다"

d. wait on → 동사구 (동사+전치사) "시중들다"

e. look through → 동사구 (동사+전치사) "… 살펴보다, 훑어보다"

f. look into → 동사구 (동사+전치사) "…를 조사하다, 검토하다"

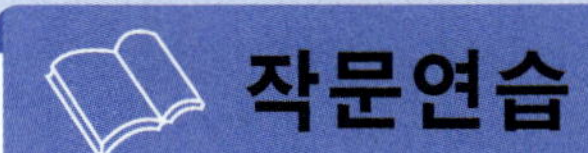

1. 그는 원래의 자기 입장을 고집할 것이다.

____

stick to/ original/ position

2. 두 작가는 영화의 대본을 공동 작업으로 썼다.

____

collaborate on/ script/ film

3. 나는 오랫동안 그녀로 부터 소식을 듣지 못하고 있다.

____

hear from

4. 많은 사람들이 그 업무직에 지원했다.

____

apply for/ position

5. 나는 그를 설득시키지 못했다.

____

fail in/ persuade

6. 그는 우리의 요구에 응하였다.

____

comply with/ request

7. 그녀의 남편은 얼마 전에 폐결핵으로 죽었다.

____

die of/ consumption/ a little while ago

8. 그는 그의 선생님을 방문했다.

____

call on

9. 그는 자기의 사업을 아들에게 물려주었다.

____

turn over/ business

10. 나는 그 문제를 고려해 보겠다.

____

see about/ matter

S + 동사구(동사 + 형용사 / 부사 + 전치사) + O

a. The world is gradually **running short of** oil.
(세계의 석유는 점점 고갈되고 있다)

b. Please **make certain of** the departure time.
(출발 시간을 확인해 주시오)

c. He **went away with** my money.
(그는 내 돈을 가지고 달아났다)

d. They **got down to** business.
(그들은 사업을 착수했다)

 설명

- 〈S + 동사구 (동사+형용사/부사+전치사) + O〉 패턴 입니다.
- 동사구가 〈동사+형용사+전치사〉 또는 〈동사+부사+전치사〉로 오는 경우 입니다.
- 예문 〈a〉와 〈b〉는 "동사+형용사+전치사" 형태의 동사구 입니다.
- 예문 〈c〉와 〈d〉는 "동사+부사+전치사" 형태의 동사구 입니다.
- "동사+형용사+전치사" 형태의 동사구는 run short of (…이 동이나다), make certain of (반듯이 …을 하다), speak ill of (… 를 나쁘게 말하다), make light of (…을 경시하다), keep clear of (..를 피하다), think little of (..을 경멸하다) 등이 있습니다.
- "동사+부사+전치사" 형태의 동사구에는 go away with (…을 갖고 도망치다), get down to (… 을 시작하다), look forward to (…를 학수 고대하다), look back on (…을 회상하다), turn away from (…을 저버리다), come down with (걸리다), do away with (…을 제거하다) 등이 있습니다.

---

a. run short of → 동사구 (동사+형용사+전치사) "... 이 부족하다"

b. make certain of → 동사구 (동사+형용사+전치사) "... 을 확인하다"

c. go away with → 동사구 (동사+부사+전치사) "... 를 가지고 달아나다"

d. get down to → 동사구 (동사+부사+전치사) "... 를 착수하다"

작문연습

1. 다른 사람들을 나쁘게 말하지 마시오.

____

speak ill of

2. 다른 사람들의 문제를 경시하기는 쉽다.

____

easy/ make light of

3. 나는 그녀를 만날 가능성이 있는 상황은 어떤 경우라도 피하려고 노력했다.

____

keep clear of/ situation/ might/ possibly

4. 나는 외국인을 경멸하는 사람들을 싫어한다.

____

think little of/ foreigner

5. 나는 곧 당신 만나기를 기대하고 있습니다.

____

look forward to

6. 그녀는 과거를 회상했다.

____

look back on/ past

7. 어려움에 처해 있는 친구를 저버리지 마라.

____

turn away from/ in need

8. 나는 독감에 걸린 것 같다.

____

come down with/ flu

9. 우리는 그러한 나쁜 습관을 없애야 한다.

____

Should/ do away with/ habit

10. 딸꾹질은 시간이 지나면 자연스럽게 멈춰진다.

____

hiccups/ naturally/ go away with

S + 동사구 (동사 + up + 전치사) + O

a. I **look up to** my parents.
   (나는 나의 부모님을 존경한다)

b. He walks so fast that I can't **keep up with** him.
   (그가 걸음을 너무 빨리 걸어서 나는 그를 따라 잡을 수가 없다)

c. This year's good harvest will **make up for** last year's bad one.
   (금년의 풍작은 작년의 흉작을 만회할 것이다)

 설명

- 〈S + 동사구 (동사+up+전치사) + O〉 패턴 입니다.
- 동사와 전치사 사이에 전치사 〈up〉이 끼어서 동사구가 된 형태 입니다.
- 이때의 "up"은 부사 취급됩니다.
- 예를 들어, 예문 〈 a 〉의 "look up to"에서 "up"은 부사로 취급되고, "to"는 전치사가 됩니다. 예문 〈 b 〉, 〈 c 〉 모두가 다 똑같습니다.
- 그런데, 이 동사구들의 모양은 맨 끝에 있는 전치사를 빼버리면, "look up, keep up, make up"으로 그 자체가 또 동사구 입니다.
- 여기에 전치사가 또 붙어서, "look up to, keep up with, make up with"로 또 다른 동사구가 만들어진 것입니다.
- "동사+up+전치사" 동사구에는 look up to (…를 우러러보다), keep up with (…에 밝다), make up for (벌충하다), make up to (알랑거리다), come up to (…까지 다다르다), stand up to (대항하다), live up to (..에 부응하다), catch up with (따라잡다), put up with" (참다), keep up with" (따라가다), make up with (화해하다), take up with (…에 대해 이야기 하다) 등이 있습니다.

---

a. look up to → 동사+부사(전치사)+전치사 "... 를 존경하다"

b. keep up with → 동사+부사(전치사)+전치사 "... 를 따라잡다"

c. make up for → 동사+부사(전치사)+전치사 "만회하다"

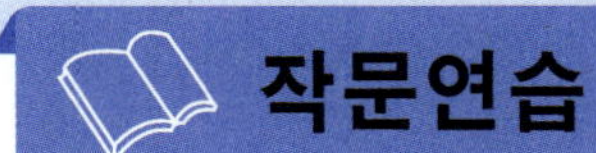

1. 나는 보스에게 알랑거리는 것을 좋아하지 않는다.

---

make up to

2. 물이 마루에까지 달했다.

---

come up to

3. 그는 폭력배들에게 용감히 대항했다.

---

stand up to/ gangster

4. 국회에서 한 그의 연설은 우리의 기대에 부응하지 못했다.

---

speech/ live up to/ expectation

5. 나는 곧 당신을 뒤따라 갈 것입니다.

---

catch up with/ in a minute

6. 나는 두통을 참을 수가 없다.

---

could/ put up with/ headache

7. 당신은 세계 정세에 정말 어둡군요.

---

really/ keep up with

8. 당신에게 상의드리고 싶은 문제가 있습니다.

---

matter/ would like/ take up with

9. 당신만 좋다면, 당신과 화해를 하고 싶다.

---

would like/ make up with/ let

10. 아무것도 잃어버린 시간을 대신 할 수는 없다.

---

nothing/ can/ make up for

S + 동사구 (동사 + 명사 + 전치사) + O

---

a. Her friends **take advantage of** her generosity.
(그녀의 친구들은 그녀의 관대함을 이용하고 있다)

b. One should not **make fun of** those who have made a mistake.
(남이 실수를 한다고 해서 놀리면 안된다)

c. He **has a** good **sense of** humour.
(그는 훌륭한 유머 감각이 있다)

d. **Make the best of** your time.
(당신의 시간을 최대한으로 유효하게 쓰시오)

 설명

- 〈S + 동사구 (동사+명사+전치사) + O〉 패턴 입니다.
- 동사구가 "동사+명사+전치사"로 오는 경우인데 더 자세히 살펴보면, 이 동사구의 모양은 〈동사+추상명사+전치사〉 또는 〈동사+a 명사+전치사〉 또는 〈동사+the 명사+전치사〉의 형태가 동사구로 오게 됩니다.
- 예문 〈a〉와 〈b〉는 "동사+추상명사+전치사" 형태의 동사구 이며, 예문 〈c〉는 "동사+a 명사+전치사" 형태의 동사구, 예문 〈d〉는 "동사+the 명사+ 전치사" 형태의 동사구 입니다.
- "have, make, take, give, keep" 등의 동사가 "동사+명사+전치사" 형태의 동사구를 만들어 냅니다.

---

a. take advantage of → 동사구 (동사+추상명사+전치사) "~를 이용하다"

b. make fun of → 동사구 (동사+추상명사+전치사) "~를 놀리다"

c. have a sense of → 동사구 (동사+a 명사+전치사) "~감각을 갖고있다"

d. make the best of → 동사구 (동사+the 명사+전치사) "~를 최대한으로 이용하다"

1. 그는 그녀의 일생에 큰 영향을 주었다.

---

great/ have influence on

2. 너는 너의 친구들의 흠을 들추어 내지 말아야 한다.

---

should/ find fault with

3. 그녀는 계속 그와 교제하고 있다.

---

keep company with

4. 그녀가 어제 사내아이를 낳았다.

---

give birth to

5. 그가 하는 말에 신경 쓰지 마라.

---

pay attention to/ what

6. 그녀는 패션감각이 있다.

---

have an eye for

7. 우리의 목적은 세계의 기아를 근절시키는 것이다.

---

goal/ put an end to/ hunger/ around

8. 내가 표를 사러갈 동안 가방 좀 봐주시겠습까?

---

will/ keep one's eye on/ suitcase/ while/ go/ get

9. 그는 자기의 동업자를 비난함으로써 자신의 잘못을 변명했다.

---

make an excuse for/ fault/ blame/ partner

10. 만일 당신이 그에게 진실을 말한다면, 당신은 그의 기분을 상하게하는 위험이 따른다.

---

run the risk of/ hurt/ feeling

S + 동사구(동사 + oneself + 전치사) + O

a. She quickly **adapted herself to** the new environment.
(그녀는 빠르게 새 환경에 적응하였다)

b. On long car journeys, I **occupy myself with** solving math puzzles.
(긴 자동차 여행중에, 나는 산수퍼즐 풀기를 하느라 바쁘다)

c. He **attaches himself to** the Democratic party.
(그는 민주 당원이다)

 **설명**

- 〈S + 동사구 (동사+oneself+전치사) + O〉 패턴 입니다.
- 동사와 전치사 사이에 〈재귀대명사〉 (oneself)가 들어가 있는 동사구 입니다.
- 이 동사구의 특징은 "주어 스스로가 … 하다" 라는 상황을 보여줍니다.
- 예문 〈 a 〉에서 처럼, 주어 "she" 스스로가 "new environment" (새 환경)에 "adapt" (적응하다) 하는 상황을 보여주고 있습니다.
- 예문 〈 b 〉에서는, 주어 "I" 스스로가 "바쁜 시간을 보내고 있다" 라는 상황을 묘사하고 있습니다.
- 예문 〈 c 〉 역시 주어 "He" 스스로가 "attach" (들러붙다) 하는 상황을 보여주고 있습니다.
- 동사와 전치사 사이에 들어가는 재귀대명사는 주어의 인칭과 일치해야 합니다.
- "동사+oneself+전치사" 동사구에는 〈indulge oneself in (…에 빠지다), devote oneself to (…에 몰두하다), pride oneself on (…을 자랑하다), express oneself in (…를 표현하다), confine oneself to (…에 틀어 박히다), apply oneself to (…에 전념하다), addict oneself to (…에 빠지다), commit oneself to (…에 몸을 맡기다), help oneself to (자유로이 먹다)〉 등이 있습니다.

---

a. adapted herself to → 동사구 (동사+oneself+전치사) "~에 적응하다"

b. occupy myself with → 동사구 (동사+oneself+전치사) "~를 하느라 바쁘다"

c. attaches himself to → 동사구 (동사+oneself+전치사) "~에 들러붙다"

1. 그는 노름에 빠졌다.

---

indulge oneself in/ gambling

2. 그는 영어공부에 몰두했다.

---

devote oneself to

3. 그녀는 요리 솜씨를 자랑한다.

---

pride oneself on/ skill/ in

4. 그는 훌륭한 영어로 자기 생각을 말했다.

---

express oneself in/ good

5. 나는 일주일 내내 집에 틀어 박혀 있었다.

---

confine oneself to/ all/ through

6. 그는 새로운 업무에 전력을 기울였다

---

apply oneself to/ task

7. 그들은 음주에 젖어 있었다.

---

addict oneself to

8. 그들은 신에 대한 신앙에 몸을 맡겼다.

---

commit oneself to/ belief/ on

9. 너는 서가에 책을 마음대로 이용해도 된다.

---

can/ help oneself to/ shelf

10. 우리는 환경에 익숙해지지 않았다.

---

accustom ourselves to/ surroundings

S + 동사 + 목적어 + 전치사/부사

a. He turned off the radio.
→ He **turned** the radio **off**.
(그는 라디오를 껐다)

b. I **have** a lecture **on** this afternoon.
(나는 오늘 오후에 강의가 있다)

c. Please **put** that chair **back** where it was.
(그 의자를 원래의 제자리에 갖다 놓으세요)

 설명

- 〈S + 동사 + O + 전치사/부사〉 패턴 입니다.
- "S + 동사 + 전치사 + O"에서 전치사가 "부사" 역할을 할 수 있는 경우에는 "S + 동사 + O + 전치사"로 바꾸어 쓸 수 있습니다.
- 예문 〈 a 〉와 같이 "He turned off the radio"를 "He turned the radio off"로 바꾸어 썼습니다. 그것은 전치사 "off"가 부사 역할을 하기 때문입니다.
- 전치사 "in, out, up, down, on, off, over, through"는 부사로도 쓰이기 때문에 "S + 동사 + O + 전치사" 문장 패턴에 자주 쓰입니다.
- 처음부터 "S + 동사 + O + 전치사"로 써야 하는 경우도 있습니다. 예문 〈 b 〉는 "I have on a lecture this afternoon."을 "I have a lecture on this afternoon."으로 바꾸어 쓴 것이 아니라 처음부터 "I have a lecture on this afternoon."으로 써야 합니다.
- "S + 동사 + O + 부사" 형태도 있습니다. 예문 〈 c 〉에서 "back"은 부사 입니다. 부사 "away"와 "back"은 "S + 동사 + O + 부사" 패턴에 많이 쓰입니다. 예를 들어, "put it away, throw it away, call me back, get it back, give it back, pay him back, put it back" 등입니다.

---

a. He turned the radio off → S + V + O + 전치사 (부사)

b. I have a lecture on → S + V + O + 전치사 (부사)

c. Please put that chair back → V + O + 부사

1. 당신은 외투를 벗으시는 것이 좋을 것입니다.

had better/ take +O+ off

2. 나는 방을 말끔히 청소했다.

clean + O + out

3. 그는 많은 고난을 겪었다.

hardship/ go + O + through

4. 이 계속되는 축축한 기후는 나를 짜증나게 하고 있다.

continual/ wet weather/ get + O + down

5. 심판은 그에게 아웃을 선언했다.

call + O + out

6. 그녀는 새 옷을 입었다.

have + O + on

7. 지원이 필요하다면, 우리는 너를 도와줄 것이다.

back + O + up/ support

8. 그여자 전화번호 적어 두었니?

get + O + down

9. 여러분들은 당신의 아이들을 난로가에 가까이오지 못하도록 해야 합니다.

should/ keep + O +away/ lighter

10. 나는 너에게 할부로 돈을 갚을 수 있다.

can/ pay + O + back/ on the installment plan

S + 일반동사 + 목적어 (A) + 전치사구 (B)

a. They provided **us** with a lot of information.
(그들은 우리에게 많은 정보를 제공했다)

b. Nothing can stop me from **pursuing my life in music**.
(어느 것도 음악에 대한 나의 꿈을 단념시킬 수는 없다)

c. My friend **introduced** his sister **to** me.
(친구가 나에게 자기 누이를 소개했다)

d. He **gave** some money **to** me.
(그는 나에게 약간의 돈을 주었다)

e. He **asked** a question **of** me.
(그는 나에게 질문을 던졌다)

f. My mother **made** a cake **for** me.
(어머니는 나를 위해 케익을 만들어 주셨다)

 **설명**

- 〈S + 동사 + 목적어 (A) + 전치사구 (B)〉 패턴 입니다.
- 예문 〈 a 〉의 "provided us (A) with a lot of information (B)"와 같이 목적어가 "A"가 되고 전치사 뒤에 나오는 내용이 "B"가 되는 형태입니다.
- 목적어로는 "사람"이 오기도 하고, "무생물"이 오기도 합니다.
- 예문 〈 b 〉처럼 "stop A from B" (A 에게 B 하는 것을 금지하다) 라고 하는 상황에 쓰이는 동사 〈stop, prohibit, prevent, ban, forbid, keep, restrain, hinder〉를 "금지동사"라고 하고, 전치사 "from" 뒤에는 동명사 (~ing)를 씁니다.
- 예문 〈 c 〉와 같이 〈introduce, suggest, explain, propose, supply, describe, announce, present〉 등의 동사들은 전치사 "to"를 동반 합니다.
- 예문 〈 d 〉처럼, 〈award, give, make, show, sell, send, tell, read, lend, pass, offer〉 등과 같이 어떤 방향을 나타내는 동사도 전치사 "to"를 동반 합니다.
- 예문 〈 e 〉처럼, 〈ask, beg, inquire〉 같은 동사들은 전치사 "of"를 씁니다.
- 예문 〈 f 〉처럼, "~를 위해 ~하다"라는 상황에 쓰이는 동사 〈buy, call, make〉 등의 경우에는 전치사 "for"를 쓰게 됩니다.

1. 하늘은 그녀에게 기지와 지성을 주었다.

endow + O + with/ nature/ wit/ intelligence

2. 그녀는 나의 죽은 여동생을 생각나게 한다.

remind + O + of

3. 조심성이 없다고 어머니께서 나를 꾸짖었다.

scold + O for/ carelessness

4. 그는 나에게 의사를 부르러 보냈다.

send + O + for

5. 제인은 나에게 내일 열릴 회의를 통보해 주었다.

Jane/ inform + O + of/ hold

6. 정부는 우리의 자유를 강탈했다.

deprive + O + of

7. 그 소식에 그는 약간 짜증이 났다.

put + O + in/ a bit of/ paddy

8. 회사는 그에게 계속 급료를 지급하고 있다.

keep + O + on/ pay–roll

9. 내가 늦은 것에 대해 용서해 주십시오.

excuse + O + for

10. 세관은 나의 재산에 세금을 부과했다.

customs/ impose + O + on/ property

11. 쓸데없는 일에 정력을 낭비하지 마라.

waste + O + on/ energy/ something/ unpractical

12. 그는 5 짜리 지폐를 1 불짜리 5 장으로 바꾸었다.

change + O + into/ single

13. 그녀는 편지를 모두 상자속에 보관했다.

keep + O + in

14. 악덕 고리대금업자가 모든 소유물을 그에게서 빼앗아 갔다.

take + O + from/ predatory lender/ possession

15. 그녀는 옷에 대해 많은 돈을 소비한다.

spend + O + on

16. 이 길을 따라가면 지하철역이 나옵니다.

will/ lead + O + to

17. 나의 프린터를 당신의 컴퓨터에 연결해도 될까요?

can/ connect + O + to

18. 의사는 질병의 원인을 알려지지 않은 바이러스의 탓으로 돌렸다

attribute + O + to/ cause/ illness/ unknown/ virus

19. 나는 그가 화를 내는 것에 대해 비난할 수가 없다.

can/ blame + O + for

20. 아버지는 내가 자동차 운전하는 것을 하지 못하게 했다.

prohibit + O + from

 **작문연습**

21. 폭설로 인해 우리는 외출 할 수가 없었다.

____

heavy/ prevent + O + from

22. 그는 자기의 문제를 카운셀러에게 설명했다.

____

describe + O + to

23. 그는 Sara 에게 프로포즈 했다.

____

propose + O + to/ marriage

24. 팀장은 문제를 초보자들에게 설명했다.

____

team manager/ explain O + to/ beginner

25. 그는 사건의 진상에 관한 모든 것을 나에게 말했다.

____

tell + O + to/ fact/ case

26. 그는 회견을 기자에게 허락했다.

____

give + O + to

27. 그는 돈을 달라고 나에게 구걸했다.

____

beg + O + of

28. 당신에게 부탁 좀 해도 될까요?

____

can/ ask + O + of/ favor

29. 그녀는 커피를 우리 모두에게 내놓았다.

____

make + O + for

30. 그는 택시를 나를 위해 불렀다.

____

call + O + for

S + 동사 + 받는사람 + 주는내용(명사 / 대명사)

a. He gave **me some money**.
(그는 나에게 약간의 돈을 주었다)

b. He asked **me a question**.
(그는 나에게 질문을 던졌다)

c. My mother made **me a cake**.
(어머니는 나를 위해 케익을 만들어 주셨다)

d. She told **me nothing**.
(그녀는 나에게 아무것도 말하지 않았다)

e. Please bring **me** back **those books**.
(나에게 그 책들을 돌려주시오)

 **설명**

- 〈S + 동사 + 목적어 (받는사람) + 목적어 (주는내용)〉 패턴 입니다.
- 다시 말해서, 이 패턴은 목적어가 두개 오는 패턴입니다. 앞에 오는 목적어를 "간접목적어"라하고 뒤에 오는 목적어를 "직접목적어"라고 합니다. 여기서는 간접목적어를 "받는사람"이라고 표현했고 직접목적어를 "주는내용"이라고 표현했습니다.
- 여기서는 직접목적어 (=주는내용)가 "명사"나 "대명사"로 오는 형태를 살펴봅니다.
- 이 패턴에 쓰이는 동사를 "수여동사"라고 부르기도 합니다. "Pattern 37"에서 소개한 "award, give, show, sell, send, tell, read, lend, pass, offer, ask, beg, inquire, buy, call, make" 등의 동사 모두는 수여동사 입니다.
- 예문 〈 e 〉는 "S+bring+받는사람+back+주는내용"으로 간접목적어와 직접목적어 사이에 부사 (back)이 들어가 있는 형태의 문장입니다.

---

a. gave me some money → 수여동사 + 받는사람 + 주는내용 (명사)

b. asked me a question → 수여동사 + 받는사람 + 주는내용 (명사)

c. made me a cake → 수여동사 + 받는사람 + 주는내용 (명사)

d. told me nothing → 수여동사 + 받는사람 + 주는내용 (대명사)

e. bring me back those books → 수여동사 + 받는사람 + 부사 + 주는내용 (명사)

1. 선생님이 그들에게 그 질문에 대한 대답을 말씀하셨다.

tell/ answer/ question

2. 생일 축하 드립니다.

wish

3. 그는 그녀에게 일자리를 주겠다고 제의했다.

offer

4. 그는 그 여자에게 사탕 한 상자를 보냈다.

a box of sweets

5. 그는 당신에게 한 가지도 보여 주지 않을 것이다.

Show/ a thing

6. 나는 기꺼이 당신에게 그 돈을 빌려 드리겠습니다.

be willing to/ lend

7. 아버지는 나에게 새 컴퓨터를 한 대를 사주셨다.

buy

8. 소금 좀 집어 주시겠습니까?

could/ pass/ salt

9. 그는 나를 위해 책 한 꾸러미를 만들었다.

make O + up/ a parcel of

10. 그들은 국민들에게 그들의 자유를 되돌려 주었다.

give + O + back

S + 동사 + 받는사람 + 주는내용 (접속사+s+v~)

a. She didn't tell me **where her mother bought it**.
(그녀는 그녀의 어머니가 그 것을 어디서 샀는지 말해 주지 않았다)

b. Please advise me **which is the best way**.
(어느 것이 가장 좋은 방법인지 충고해 주십시오)

c. He told me **(that) he had been ill**.
(그는 줄곧 몸져누워 있었다고 말했다)

d. He showed me **where to go**.
(그는 내가 갈 곳을 안내했다)

e. He taught them **how to built a canoe**.
(그는 그들에게 카누를 건조하는 방법을 가르쳤다)

f. She asked me **what clothes to take**.
(그녀는 나에게 무슨 옷을 입어야 할지를 물었다)

 설명

• 《S + 수여동사 + 받는사람 + 주는내용 (접속사 + S +V~)》 패턴 입니다.

• 직접목적어인 주는내용이 "접속사 S + V + ~" 형태로 오는 경우입니다.

• 예문 〈c〉의 접속사 "that"은 뜻이 없는 접속사로 생략하기도 합니다.

• 예문 〈d〉, 〈e〉, 〈f〉는 "접속사 S + V + ~" 형태를 "접속사 + to do ~"로 바꾸어 쓴 것입니다. 주절의 주어와 접속사 뒤에 나오는 주어가 같기 때문입니다.

---

a. where her mother bought it → 주는내용 (접속사 + S + V + ~)

b. which is the best way → 주는내용 (접속사 + S + V + ~)

c. (that) he had been ill → 접속사 "that" 생략   d. where to go → 주는내용 (접속사 + to do ~)

e. how to built a canoe → 주는내용 (접속사 + to do ~)

f. what clothes to take → 주는내용 (접속사 + to do ~)

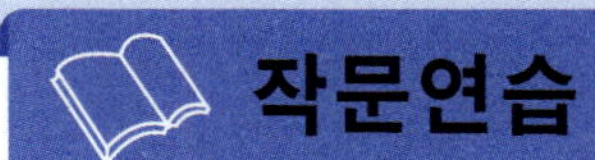 **작문연습**　　

1. 우리는 비서에게 디렉터가 5 시 전에는 돌아올 수 있는지 아닌지에 대해 물었다.

　　secretary/ whether/ would/ back

2. 나는 당신에게 내가 오늘 오겠다고 말했다.

　　would

3. 나는 당신에게 그 소란은 이제 시작일 뿐이라는 것을 경고해야만 하겠다.

　　must/ warn/ turmoil/ has begun/ only

4. 이것이 무엇인지 부디 저에게 말씀해 주십시오.

　　tell/ what/ this

5. 나에게 당신 가방속에 무엇이 들었는지 보여주시오.

　　show/ what

6. 나는 그에게 기차가 언제 떠나느냐고 물었다.

　　leave

7. 나는 그들에게 그것을 어떻게 작동하는지를 보여 주었다.

　　how/ operate

8. 내가 당신에게 그것들을 찾아내는 방법을 말해 주겠다.

　　how/ find

9. 경찰이 나에게 야구장 입장권을 어디서 구입해야 하는지를 알려주었다.

　　policeman/inform/ get/ admission ticket/ ballpark

10. 그는 나에게 나의 돈을 어느 곳에 투자하는 것이 좋을지를 알려 주었다.

　　advise/ where/ invest

S + 동사 + O + 목적어를 설명하는 말 (명사)

a. The troops left **the city a ruin**.
(군대는 그 도시를 폐허로 만들었다)

b. We elected **him president**.
(우리는 그를 위원장으로 선출했다)

c. They **called** him James.
→ He was called **James** (by them).
(그는 제임스라고 불리었다)

 **설명**

- 《S + 동사 + O + 목적어를 설명하는 말 (명사)》 패턴 입니다.
- "Pattern 40" 부터 "Pattern 45" 까지 목적어 뒤에 〈목적어를 설명하는 말〉이 오는 패턴이 설명됩니다. 목적어를 설명하는 말을 〈목적보어〉 (objective complement) 라고 합니다. 흔히 줄여서 "OC"라고 표시합니다.
- "Pattern 40"에서는 목적보어가 〈명사〉로 오는 경우를 살펴봅니다.
- 목적보어가 "명사"로 올 때 목적어와 목적보어인 명사는 "동격관계"를 갖습니다.
- 예문 〈a〉에서 처럼, 목적어인 "the city"와 목적보어인 명사 "a ruin"은 동격관계로 "the city=a ruin"이 성립됩니다.
- 예문 〈b〉에서 목적어인 "him"과 목적보어인 명사 "president"는 동격관계로 "him=president"가 성립됩니다. 목적보어가 "president, manager, chairman" 등 직책을 나타낼 때 부정관사 "a"는 생략할 수 있습니다.
- 목적어와 목적보어를 받는 동사를 "불완전타동사"라고 합니다. 예를 들어서 "We elected him" (우리는 그를 선출했다) 하면, 완전한 의미가 전달되지 않고 불완전합니다. "him" 뒤에 "president" 처럼 목적어를 설명하는 말이 와야 의미가 전달됩니다. 따라서, 목적어와 목적보어를 받는 동사를 "불완전타동사"라고 합니다.
- 예문 〈c〉는 수동태 동사 (was called) 뒤에 "명사" (James)가 오는 경우 입니다. "S+동사+O+OC (명사)" 문장을 "수동태" 문장으로 바꾸어 쓴 문장입니다.

---

a. the city a ruin → 목적어 + 목적어를 설명하는 말 (명사)

b. him president → 목적어 + 목적어를 설명하는 말 (명사)

c. He was called James → S + 수동태 + 명사

1. 우리는 그를 천재라 부른다.

____

genius

2. 우리는 그를 지배인으로 임명했다.

____

appoint/ manager

3. 나는 항공술을 나의 전문 직업으로 삼았다.

____

make/ aviation/ profession

4. 행복을 습관으로 만들어라.

____

make/ habit

5. 나는 머지않아 그를 훌륭한 교사가 되게 할 것이다.

____

have/ before long

6. 우리는 그를 우리 클럽의 회장으로 뽑았다

____

choose

7. 나는 그가 훌륭한 음악가라고 생각한다.

____

think/ great

8. 그는 대통령으로 선출되었다.

____

elect

9. 아기의 이름을 John 이라 지었다.

____

name

10. 그 배를 'Mayflower'호 라고 명명했다.

____

name

S + 동사 + O + OC (형용사)

a. It nearly drove **him** **mad**.
   (그것은 그를 거의 미칠 지경으로 몰아넣었다)

b. Lincoln set **free** the slave.
   (링컨은 노예를 해방시켰다)

c. She shot the man **dead**.
   (그녀는 그 남자를 쏴 죽였다)

 **설명**

- 〈S + 동사 + O + 목적보어 (형용사)〉 패턴 입니다.
- 목적어를 설명하는 말로 〈형용사〉가 오는 패턴입니다.
- 앞서 설명 했듯이 형용사는 "명사"나 "대명사"에 대해 "인격, 감정, 상황, 모양, 크기, 정도, 색상" 등을 설명하는 말입니다.
- 예문 〈a〉에서 목적보어인 형용사 "mad"은 목적어 "him"의 "감정의 상태"를 설명합니다.
- 목적보어인 형용사가 목적어 앞에 놓이는 경우가 있습니다. 목적보어인 형용사를 "강조"하거나 "목적어가 긴 경우"에 "주어+동사+형용사+목적어"로 씁니다.
- 예문 〈b〉는 "free"를 강조하기 위해 "Lincoln set the slave free"를 "Lincoln set free the slave"로 쓴 경우 입니다.
- "원인"과 "결과"의 관계를 나타내는 경우도 있습니다. "S + 동사 + O + 목적어"가 원인이 되고, 목적보어인 형용사가 "결과"를 나타냅니다.
- 예문 〈c〉에서 "She shot the man"이 원인이 되고 목적보어인 "dead"가 결과를 나타냅니다.

---

a. him mad → 목적어 + 목적보어 (형용사)

b. set the slave free → 목적보어 (형용사) + 목적어

c. She shot the man dead → 원인·결과 관계

1. 커피를 준비해 주시오.

____

get/ ready

2. 그것으로 모든 것이 명백해진다.

____

make/ clear

3. 우리는 집이 불길에 휩싸여 있는 것을 보았다.

____

ablaze

4. 저는 연한 커피를 좋아합니다.

____

weak

5. 이 코트는 너를 따뜻하게 해줄 것이다.

____

Will/ keep

6. 사랑은 모든 것을 가능하게 한다.

____

make/ all things

7. 그들은 다과회를 베풀 식탁을 준비해 놓았다.

____

make/ ready/ refreshment

8. 그녀는 우리의 성공을 가능하게 했다.

____

make

9. 경찰은 살인 용의자를 쏴 죽였다.

____

shoot/ murder suspect/ dead

10. 나는 문을 발로 차서 열었다.

____

kick/ gate/ open

42

S + 동사 + O + OC (to do~/ 동사원형)

---

a. We would like **her to come** to the party.
   (우리는 그녀가 파티에 와주기를 바란다)

b. I let her **go**.
   (나는 그녀가 가도록 내버려 두었다)

c. We saw him **go out**.
   (우리는 그가 나가는 것을 보았다)

d. I helped him **(to) move**.
   (나는 그가 이사하는 것을 도왔다)

 **설명**

- 〈S + 동사 + O + 목적보어 (부정사 또는 동사원형)〉 패턴 입니다.
- 목적어에 대해 〈동작〉으로 설명할 때 "부정사, ~ing, ~pp"가 오게 됩니다. "능동의 동작"에는 "부정사"를, "진행의 동작"에는 "~ing"를, "수동의 동작"에는 "~pp"를 쓰게 됩니다. 목적보어가 "~ing"나 "~pp"로 오는 경우는 다음 패턴에서 설명하겠습니다.
- 불완전타동사로 "사역동사"나 "지각동사"가 쓰인 경우에는 "to"를 생략하고 〈동사원형〉을 씁니다. "사역동사"라는 것은 "시킨다"는 의미이며, "make, have, let"이 사역동사로 쓰일 수 있습니다. 지각동사는 글자 그대로 "지각"한다는 뜻이며, "feel, smell, see, watch, notice, observe, hear, listen to" 등이 지각동사에 해당됩니다.
- 불완전타동사로 "help"가 쓰인 경우에도 예문 〈d〉처럼 'to' 없는 동사원형을 목적보어로 씁니다.
- 사역이나 지각동사가 쓰였다고 해서 목적보어가 무조건 동사원형으로 오는 것은 아닙니다. 진행 동작이나 수동의 동작을 표현하려면 목적보어로 "~ing"나 "~pp"를 써야 합니다.

---

a. her to come → 목적어 + to do~ (능동의 동작)

b. let her go → 사역동사 + 목적어 + 동사원형 (능동의 동작)

c. saw him go out → 지각동사 + 목적어 + 동사원형 (능동의 동작)

d. help him (to) move → help + 목적어 + 동사원형 (능동의 동작)

1. 열정은 사람들로 하여금 거대한 목표를 성취하도록 한다.

____

passion/ drive/ accomplish

2. 당신 자신을 돈 없이도 부자로 느끼도록 허락하라.

____

allow/ yourself/ feel

3. 지식은 사람이 더 지적이고 효과적으로 일하도록 하게 한다.

____

knowledge/ enable/ more/ intelligently/ effectively

4. 돈이 당신에게 행복을 가져다 줄 것으로 기대하지 마라.

____

expect/ bring.

5. 그는 어쩔 수 없이 말할 수밖에 없었다.

____

force/ himself

6. 당신의 가슴이 당신의 인생을 고무시키도록 하게 하라.

____

let/ heart/ inspire

7. 당신은 그들이 당신의 이야기를 믿게할 수는 없다.

____

can/ have

8. 그는 문이 열리는 소리를 들었다.

____

hear/ open

9. 화가 치밀자 나는 뺨이 붉어지는 것을 느꼈다.

____

feel/ cheek/ grow/ with sudden anger

10. 직원회식은 때때로 더 나은 업무관계를 촉진토록 돕는다.

____

staff dinner/ help/ foster/ better/ working/ relationship

43

S + 동사 + O + OC (~ing/ ~pp)

a. The doctor keeps me **waiting**.
(의사 선생님은 나를 계속 기다리게 하고 있다)

b. He wanted his car **fixed** right away.
(그는 자기 차를 즉시 수리해 주기를 원했다)

c. You must make yourself **respected**.
(당신은 자신이 존경받도록 처신해야 한다)

d. I heard my name **called**.
(나는 내 이름이 불려진 것을 들었다)

e. I can't have you **doing that**.
(나는 당신이 그렇게 행동하게 내버려 둘 수 없다)

f. She felt the fear **growing**.
(그녀는 점점 더 무서워졌다)

 설명

- 〈S + 동사 + O + 목적보어 (~ing/~pp)〉 패턴 입니다.
- 목적어를 설명하는 말로 〈~ing〉와 〈~pp〉가 오는 패턴입니다.
- 목적어와 목적보어의 관계가 "진행동작"이면 예문 〈 a 〉와 같이 "~ing"가 쓰이고, "수동관계"이면 예문 〈 b 〉와 같이 "~pp"가 쓰입니다.
- 목적보어를 "동사원형"으로 쓰나 "진행형"으로 쓰나 별 차이가 없어 보입니다. 예를 들어, "I saw him eat lunch" (나는 그가 점심을 먹고 있는 것을 보았다)와 "I saw him eating lunch" (나는 그가 점심을 먹고 있는 중임을 보았다)를 우리말로 해석해 보면 큰 차이를 느끼기가 어렵습니다. 그러나, 동사원형은 "전체적인 동작"을 나타내고, 진행형은 "주어진 시간에 일어난 순간적인 동작"을 의미합니다. 따라서, "I saw him eat lunch"은 "그가 점심을 먹는 시작부터 끝낸 시간까지"를 본 것이고, "I saw him eating lunch"는 "그가 점심을 먹고 있는 어느 순간"을 본 것을 의미합니다.

---

a. The doctor keeps me waiting → 불완전타동사 + O + ~ing

b. He wanted his car fixed right away → 불완전타동사 + O + ~pp

c. You must make yourself respected → 사역동사 + O + ~pp

d. I heard my name called → 지각동사 + O + ~pp   e. I can't have you doing that → 사역동사 + O + ~ing

f. She felt the fear growing → 지각동사 + O + ~ing

1. 당신은 나를 하루 종일 기다리게 할 겁니까?

____

be going to/ keep/ wait/ all day long

2. 나는 한 남자가 어슬렁거리고 있는 것을 보았다.

____

stroll along

3. 그가 그녀를 안고 있는 것이 목격되었다.

____

see/ hold

4. 그는 자기의 보고서를 타이프 해 줄 것을 원했다.

____

type

5. 나는 사고로 오른쪽 다리를 다쳤다.

____

get/ hurt

6. 나는 머리를 깎아야 한다.

____

must/ have/ cut

7. 나는 어제 병원에서 혈압을 재었다.

____

have/ blood pressure/ take

8. 그녀는 핸드백을 도난당했다.

____

have had/ steal

9. 나는 마이크로폰 없이 군중들에게 내 말을 알아듣게 할 수가 없었다.

____

could/ make/ myself/ hear/ crowd/microphone

10. 나는 마침내 내 이름이 불려지는 소리를 들었다.

____

hear/ call/ at last

PATTERN 44

S + 동사 + O + OC (to be ~)

a. I think that he is in the library.
→ I think him **to be in the library**.
(나는 그가 도서관에 있다고 생각한다)

b. We believe that he is honest.
→ We believe him **to be honest**.
(우리는 그가 정직한 사람이라고 믿는다)

c. I think that many people is suffering from a cold.
→ I think many people **to be suffering from a cold**.
(나는 많은 사람들이 감기로 고생하고 있다고 생각한다)

 **설명**

- 〈S + 동사 + O + 목적보어 (to be ~)〉 패턴 입니다.
- 목적어를 설명하는 목적보어로 〈to be ~〉 형태가 오는 문형입니다.
- 이 패턴은 "S + 동사 + 접속사 S + V + ~"를 "S + 동사 + O + to be ~" 패턴으로 쓴 것입니다.
- 주로 "think, consider, acknowledge, believe, feel, find, know" 등의 동사가 목적어를 "접속사 S + V + ~"로 받았을 때 "S + 동사 + O + to be ~" 패턴으로 쓰게 됩니다.
- "Pattern 22"에서도 설명했듯이 "to be ~"의 "be"는 "있다·없다" 패턴과 "주어를 설명하는 패턴"에 쓰인 "be 동사"와 똑같은 역할을 합니다. 때문에, "to be ~" 다음에는 "부사, 전치사구, 명사, 형용사, 분사"가 모두 다 올 수가 있습니다.
- 예문 〈a〉는 "to be + 전치사구, 〈b〉는 to be + 형용사, 〈c〉to be + ~ing" 형태로 목적보어가 온 것을 보여 주고 있습니다.

---

a. to be in the library → 목적보어 (to be + 전치사구)

b. to be honest → 목적보어 (to be + 형용사)

c. to be suffering from a cold → 목적보어 (to be + ~ing)

1. 나는 그를 학자로 알고 있다.

____

consider/ scholar

2. 그는 한국에서 위대한 예술가 중의 한 사람으로 인정받고 있다.

____

acknowledge

3. 그 회사의 모든 간부들이 그가 그 일에 가장 적합한 사람이라고 보고했다.

____

executive

4. 그녀는 나를 이상한 사람이라고 여기고 있었다.

____

consider/ odd

5. 나는 그를 신용할 만한 사람으로 믿고 있다.

____

worthy of/ confidence

6. 당신은 그가 무죄라고 생각합니까?

____

innocent

7. 그는 자기의 지위가 불안하다고 느꼈다.

____

position/ unsafe

8. 나는 많은 사람들이 빚을 지고 있는 것으로 알고 있다.

____

find/ get into/ debt

9. 그는 자기의 패배를 인정했다.

____

acknowledge/ himself/ beat

10. 나는 그가 실험실에 있다고 생각한다.

____

laboratory

S + 동사 (간주) + O + OC (as ~)

a. We regard him **as a man of ability**.
(우리는 그를 능력있는 사람으로 간주하고 있다)

b. The people in general looked upon the situation **as critical**.
(일반적으로 사람들은 그 상황을 비판적으로 보고 있다)

c. He explained his behavior **as arising from doubt of himself**.
(그는 자기의 행위가 자기 자신을 잃은 데서 기인한다고 설명했다)

d. Let us consider the matter **as settled**.
(이 문제는 다 해결된 것으로 합시다)

 설명

- 〈S + 간주동사 + O + 목적보어 (as ~)〉 패턴 입니다.
- 목적보어가 〈as ~〉 형태로 옵니다.
- 목적어를 설명하는 목적보어가 "as ~" 형태로 와서, "목적어를 … 로 간주하다"라고 설명합니다.
- 예문 〈a〉서 보듯이, 목적어 "him"을 "as a man of ability"(능력있는 사람)" 으로 "regard"(간주한다)라고 설명합니다.
- "as 뒤에는 "명사, 형용사, ~ing, ~p.p."가 올 수 있습니다.
- 예문 〈a〉는 목적보어가 "as+명사" 형태로 온 경우이고, 예문 b.는 "as+형용사"로, 예문 c.는 "as+~ing"로, 예문 〈d〉는 "as+~pp"로 온 경우를 보여준 것입니다.
- 〈accept, characterize, regard, define, explain, describe, treat, consider, look upon, think, think of〉 등이 이 패턴에 쓰이는 간주동사가 됩니다.

---

a. as a man of ability → 목적보어 (as + 명사)

b. as critical → 목적보어 (as + 형용사)

c. as arising → 목적보어 (as + ~ing)

d. as settled → 목적보어 (as + ~pp)

1. 우리는 그를 최고의 시인으로 보고 있다.

describe/ poet

2. 나를 어린애 취급하지 마시오.

treat

3. 너는 그의 말을 농담으로 받아 주는 편이 좋겠다.

had better/ treat

4. 우리는 그를 장래가 촉망되는 사람이라고 생각한다.

promise

5. 그는 유망한 변호사로 여겨지고 있다.

look upon/ up—and—coming

6. 우리는 그의 주장이 아주 논리적이라고 보고 있다.

regard/ argument/ quite/ logic

7. 그는 지적이라고 하기보다는 정력적이라고 말할 수 있겠다.

shall/ characterize/ energetic/ rather than/ intelligent

8. 우리는 그것을 아주 당연한 것으로 받아 들인다

accept/ natural

9. 그는 작가라면 모두가 가난과 싸우고 있는 것으로 생각했었다.

think of/ author/ struggle with

10. 우리는 그 문제가 아직 해결되지 않은 것으로 생각하고 있다.

think of/ matter/ unsolved/ yet

새로운 패턴으로
따라잡는 미국식 영작문

5. <가주어·진주어/ 가목적어·진목적어> 패턴

– 문장은 짧고 간결하게 쓰는 것이 원칙 입니다.

– 말 표현 상 "주어가 길어" 지거나 "목적어가 길어" 지는 경우에는 문장을
  간결하게 만들기 위해 이 패턴을 씁니다.

– 이 패턴도 영어의 "기본문장" 임으로 잘 익혀 두시기 바랍니다.

It+be 동사+형용사/명사/전치사구+진주어

a. It was **fortunate** that the weather was fine.
(날씨가 좋아서 다행이었다)

b. It is **a pity** to waste time.
(시간을 낭비하는 것이 아깝다)

c. It is **foolish** seeking a fish on a tree.
(나무 위에서 물고기를 찾는 것은 어리석다)

d. It is **up to you** to decide whether to join the club or not.
(클럽에 가입할 것인지 아닌지는 너에게 달려있다)

e. It is **no use** crying over spilt milk.
(엎질러진 우유를 보고 울어봐야 소용없다)

f. It **seems** a mystery how the fire broke out.
(그 화재가 어떻게 났는지는 의문이다)

 설명·

- 원래 문장을 써놓고 매번 가주어·진주어 문장으로 바꾸어 쓸 필요는 없습니다. 가주어·진주어 문장의 구조를 익혀서 이 문장을 "기본문장 패턴"으로 쓰시는 것이 좋습니다.
- 여기서는 〈It + be 동사 + 형용사 또는 명사 또는 전치사구〉 다음에, 진주어가 〈접속사 S + V + ~〉 또는 부정사 (구) 〈to do ~〉 또는 동명사(구) 〈~ing~〉로 오는 패턴을 연습해 봅니다.
- 예문 〈a〉는 "It was + 형용사" 다음에 진주어가 "접속사 S + V +~"로 온 경우입니다.
- 예문 〈b〉는 "It is + 명사" 다음에 진주어가 "to do~"로 오고, 예문 〈c〉는 "It is + 형용사" 다음에 진주어가 동명사(구) "~ing~"로 온 경우입니다.
- 예문 〈d〉는 "It is + 전치사구 + 진주어~" 입니다.
- 예문 〈e〉와 같이 〈It + be 동사 + no use + ~ing〉 (~해 봐야 소용없다)의 관용적 가주어·진주어 문장 패턴도 있습니다. "use" 대신에 "point" 또는 "good"을 쓰기도 합니다.
- 예문 〈f〉와 같이 "be 동사" 대신에 "seem" 또는 "appear" 같은 일반동사를 쓸 수도 있습니다.

1. 당신이 그러한 절호의 기회를 놓친 것은 유감스러운 일이다.

pity/ have missed/ such/ golden

2. 영어를 2, 3 년 안에 통달하기는 가능하다.

master

3. 때론 혼자있는 것이 좋다.

good/ alone

4. 대학은 고등학교의 연장선이 아니라는 것을 이해하는 것이 중요하다.

continuation

5. 식사를 하면서 신문을 읽는 것은 나쁜 버릇이다.

habit/ while/ eat

6. 자녀들이 부모의 기대대로 산다는 것은 어렵다.

live up to/ expectation

7. 당신이 나를 도와주어서 고맙다.

Kind/ of

8. 어떤 사정이든 당신이 모험하는 것은 현명하지 않다.

unwise/ take/ chance/ under/ any/ circumstance

9. 지금 나쁜 습관을 들이는 것이 당신의 최대의 관심사는 아닐 것이다.

interest/ develop

10. 쓸데없는 일을 얘기해 봐야 소용없다.

something/ unpractical

It + 수동태 + 진주어 (접속사 s + v + ~)

a. It is said that he is the richest man in the town.
(그들은 그가 마을에서 제일 가는 부자라고 말하고 있다)

b. It is alleged that he mistreated the prisoners.
(그가 죄수들을 학대 했다는 주장이 제기되고 있다)

 설명

- 〈It + 수동태 (be + ~pp) + 접속사 s + v + ~〉 패턴 입니다.
- 이 패턴은 진주어인 "접속사 s + v + ~" 에서 진술된 사실이나 주장에 대해 〈불확신을 서술〉할 때 쓰는 패턴입니다.
- 예문 〈 a 〉에서 "that he is the richest man in the town" (그가 이 마을에서 제일가는 부자이다) 라는 진술에 대해 "It is said" (말하고 있다) 라고 합니다. 누군가가 "그가 제일가는 부자다"라고 주장하고 있지만 그것이 진짜인지 아닌지는 확인된 사실이 아닙니다.
- 예문 〈 b 〉에서도 "that he mistreated the prisoners" (그가 죄수들을 학대했다) 라는 진술에 대해 확인된 것은 아니지만 "It is alleged" (그런 주장이 제기되고 있다) 라고 서술한 것입니다.

a. It is said that he is the richest man in the town → It + 수동태 + 진주어 (접속사 s + v + ~)

b. It is alleged that he mistreated the prisoners → It + 수동태 + 진주어 (접속사 s + v + ~)

1. 스트레스는 두통을 일으키는 원인이 된다고 한다.

____

said/ cause

2. 그가 회사를 떠난다고 공식적으로 발표가 되었다.

____

officially/ announced/ leave

3. 물가상승률이 안정될 것으로 예상되고 있다.

____

anticipated/ inflation/ stabilize

4. 그녀의 죽음은 자살이 아니라 살인이었다는 주장이 제기되고 있다.

____

alleged/ suicide/ homicide

5. 우유가 발효될 때 요구르트가 자연적으로 생겨난다고 생각되어 진다.

____

thought/ yogurt/ develop/ fermented

6. 당신이 CPA 시험을 보기 위해서는 150 학점을 이수해야 하는것이 요구된다.

____

required/ credit hour/ be able to/ sit/ for

7. 그녀가 데이트 중이라는 것이 확실하게 믿어지고 있다.

____

confidently/ believed/ go out for

8. 그의 부상은 일주일 내로 치료되어 질 수 있다고 예상하고 있다.

____

predicted/ wound/ can/ heal

9. 대통령이 병중이라고 보도 되고있다.

____

reported/ ill

10. 모든 물품은 환불 된다고 보증서에 써있다.

____

written/ warranty/ item/ can/ refund

It + 일반동사 + 진주어 ～

a. It **never hurts to ask**.
(물어서 손해 볼 것은 없다)

b. It **does not matter where they come from**.
(그들이 어디 출신인지는 상관없다)

c. It seemed **to him** as if all the students were going to school.
(그에게는 학생들이 마치 모두 학교로 가고 있는 것 같았다)

 **설명**

- 〈It + 일반동사 + 진주어 (to do ～)〉 또는 〈It + 일반동사 + 진주어 (접속사 s + v ～)〉 패턴 입니다.
- "It + 일반동사" 뒤에 진주어로 "to do～"가 오거나 "접속사 S + V +～" 오는 가주어·진주어 문장입니다.
- 예문 〈 a 〉는 "It + 일반동사" (It never hurts) 뒤에 진주어인 부정사 "to ask"가 쓰였습니다.
- 부정사를 진주어로 받는 일반동사로는 "hurt"를 비롯하여, "pay, remain" 등이 있습니다.
- 예문 〈 b 〉는 "It + 일반동사" (It does not matter) 다음에 진주어로 "where they come from"이 왔습니다.
- 이 패턴에 쓰이는 일반동사로는 "hurt"를 비롯하여, "pay, remain" 등이 있습니다.
- "접속사 S + V + ～"를 진주어로 받든 동사로는 "seem, appear, matter, remain, happen" 등이 있습니다.
- 예문 〈 c 〉와 같이 "It+일반동사+to+사람" (It seemed to him)으로 "to+사람"이 붙는 경우도 있습니다.

a. It never hurts to ask → It + 일반동사 (pay) + 진주어 (to do ～)

b. It does not matter where they come from → It + 일반동사 (matter) + 진주어 (접속사 s + v ～)

c. It seemed to him as if all the students ～ → It + 일반동사 + to+사람 + 진주어

작문연습

1. 시도를 한다고 해서 손해볼 것은 없다.

hurt/ try

2. 예의가 바르면 결코 손해 보지 않는다.

never/ hurt/ polite/ after all

3. 정직한 것은 결국 득을 본다.

pay/ honest

4. 사람들에게 친절하게 대한다고 해서 댓가가 돌아 오지는 않는다.

pay/ nice

5 남은 것은 두 분 행복을 바랄 뿐입니다.

only/ remain/ wish/ both of you

6. 내 생각에는 그 문제에 대해서는 여러 의견이 있을 것 같다.

seem/ several/ opinion/ on/ matter

7. 우리가 얼마나 오래 사느냐가 문제가 아니라, 어떻게 사느냐가 문제다.

matter/ how long

8 그가 비난을 받아야만 한다고는 할 수는 없다.

follow/ blame

9. 증거로 보아 그는 유죄인것 같다.

appear/ guilty/ evidence

10. 그녀가 방문했을 때 공교롭게 나는 집에 없었다.

happen

It + 일반동사 + O + 진주어 ~

a. **It bored her** to write a letter even to him.
   (그에게조차 편지 쓴다는 것이 그녀를 따분하게 만들었다)

b. **It takes us** half an hour to get to the airport.
   (우리가 공항까지 가는데는 30 분이 걸린다)

c. It takes **half an hour for us** to get to the airport.

d. It made us upset that we didn't get any reward.
   (우리가 아무런 보상을 받지 못한 것이 우리를 화나게 했다)

 **설명**

- 〈It + 일반동사 + O + 진주어〉 패턴 입니다.
- "It + 일반동사 + O" 다음에 진주어가 "부정사(구)"나 또는 "접속사 s + v + ~"로 오는 형태 입니다.
- 예문 〈 a 〉에서 보듯이 "It bored her" (it+일반동사+O) 다음에, 진주어인 부정사구 "to write a letter even to him"이 온 것입니다.
- 예문 〈 b 〉의 "takes"의 목적어는 "us" 이고, 진주어는 "to get to the airport"가 됩니다. "half an hour"는 부사 역할을 하고 있습니다. 시간을 나타내는 명사는 부사로 쓰일 수가 있기 때문입니다.
- 그런데, 이 문장은 예문 〈 c 〉처럼 쓸 수가 있습니다. 이 때는 "half an hour"가 목적어가 되고, "for us to get to the airport"가 진주어가 됩니다.
- 이것은 "We get to the airport"를 "for us to get to the airport"로 바꾸어 쓴 것입니다. 이 때의 "for us"를 부정사(구)의 "의미상의 주어"라고 합니다.
- 예문 〈 d 〉는 진주어로 "접속사 s + v + ~"가 온 경우 입니다.

---

a. It bored her to write a letter even to him → It + 일반동사 + O + 진주어 (to do ~)

b. It takes us half an hour to get to the airport → It + 일반동사 + O + 진주어 (to do ~)

c. for us to get to the airport → 의미상의 주어 (for us) + 진주어 (to do ~)

d. It made us upset that we didn't get any reward → It + 일반동사 + O + 진주어 (접속사 s+v+~)

1. 그것을 보고 있자니 내눈이 편치가 않다.

---

hurt/ eye/ look at

2. 당신이 그 과제를 끝마치는 데는 넉넉잡아 하루는 걸릴 것이다.

---

will/ take/ at most/ complete/ project

3. 당신이 양식한 진주와 진짜 진주를 구별하는 데는 몇 년이 걸린다.

---

distinguish A with B/ cultured/ pearl/ genuine/ one

4. 그가 잡동사니 더미를 분류하는 데는 여러 날이 걸렸다.

---

assort/ the agglomeration of/ miscellaneous/ item

5. 빌이 달리기에서 이겼다는 것을 듣고 나는 놀랐다.

---

surprise/ win/ race

6. 그가 감옥에 갔다왔다는 것을 알고 나는 충격을 받았다.

---

shock/ learn/ had been

7. 그녀의 미소를 보는 것은 나를 행복하게 한다.

---

make/ smile

8. 네가 그 말을 해야겠다고 생각하는 것이 나를 아프게 한다.

---

hurt/ think/ need/ that

9. 내가 오늘 가나 내일 가나 별 차이가 없다.

---

make/ little/ difference / whether

10. 그에 대한 나의 인식이 바뀐 것은 아주 많이 나를 놀라게 했다.

---

surprise/so/ much/ perception / change

S + 일반동사 + it(가목적어)~ + 진목적어~

---

a. He insists on that he was nowhere near the scene of the crime.
→ He insists on **it that he was nowhere near the scene of the crime**.
(그는 범행현장 부근에 아무데도 있지 않았다고 주장한다)

b. We owe **it** to you **that no one was hurt in the accident**.
(그 사고에서 부상자가 나지 않은 것은 당신 덕분입니다)

c. We find **it** good **to read the book**.
(우리는 그 책을 읽는 것이 좋다는 것을 알고 있다)

d. Don't you find **it** very unpleasant **walking** in the rain?
(빗속을 걸어 기분 나쁘지 않니?)

e. I think it a pity **(that) I didn't work hard**.
(나는 열심히 일하지 않은 것을 유감으로 생각한다)

 **설명**

- 〈가목적어·진목적어〉 패턴 입니다.
- 주어가 길 때 "가주어·진주어" 패턴으로 문장을 쓰듯이, 목적어가 길 때 "가목적어·진목적어" 패턴으로 문장을 쓰게 됩니다.
- 예문 〈a〉는 "S + 동사 + it (가목적어) + 진목적어" 패턴입니다.
- 동사가 "insists on"이고 목적어가 "that he was nowhere near the scene of the crime" 입니다. 동사도 길고 목적어도 길기 때문에 문장을 간결하게 만들기 위해 목적어 자리에 가목적어 "it"을 쓰고, 그 다음에 진목적어를 나열했습니다.
- 예문 〈b〉는 "owe A + to B" (A 한것은 B 의 덕분이다) 패턴입니다. 실제 목적어는 "that no one was hurt in the accident"로 "We owe that no one was hurt in the accident to you" 입니다. 그러나, 이런 경우에는 목적어 자리에 가목적어 "it"을 쓰고, 실제 목적어는 문장 끝에다 씁니다.
- 예문 〈c〉, 〈d〉, 〈e〉는 "S + 동사 + it (가목적어) + 목적보어 + 진목적어" 패턴입니다.
- 예문 〈c〉를 예를 들자면, "We find to read the book good"을 "We find it good to read the book"으로 실제 목적어가 길기 때문에 가목적어·진목적어 문장으로 전환한 것입니다.
- 예문 〈c〉는 진목적어가 "부정사(구)"인 경우이고, 예문 d.는 진목적어가 "동명사(구)" 이고, 예문 〈e〉는 진목적어가 "접속사 S + V + ~"인 경우 입니다.

1. 나는 그가 나에게 소리를 지르는 것이 싫다.

____

yell at

2. 누가 그 일을 꼭 할 것인지 그들은 합의할 수 없었다.

____

could/ agree about/ who/ should/ do

3. 우리는 어느 것을 선택할 것인지를 결심하는데 당신의 양심에 맡길 것이다.

____

will/ leave A to B/ conscience/ which/ choose

4. 내가 아직 살아 있다는 것은 내 아내의 덕분이다.

____

owe A to B/ still/ alive

5. 아무도 당신이 그 토지를 사는 것이 현명하다고 생각하지 않는다.

____

consider/ wise/ land

6. 그는 나에게 자기와 결혼하자고 청하는 것이 명예롭다고 생각하지 않았다.

____

think/ honorable

7. 이렇게 성대한 연회에 본인이 참석하게 된 것을 큰 영광으로 생각합니다.

____

should/ deem/ honor/ present/ at / grand

8. 그가 그렇게 적은 수입으로 그처럼 비싼 집세를 치르기는 어려울 것이다.

____

find/ high rent/ with/ small/ income

9. 우리는 당신이 거기에 혼자가는 것이 위험하다고 생각한다.

____

think/there/ alone

10. 우리는 어제 낚시질에 당신이 의례히 동반해 주실 것으로 생각했습니다.

____

take/ granted/ would/ join / fishing trip

PART 

수식어 (구·절) 패턴

─핵심내용을 제외한 나머지말은 수식어 (구·절)이 됩니다.

─앞서 언급했지만, "강대국들이 협력 증진을 위해 회의를 개최했다"에서 "강대국들이 회의를 개최했다"가 핵심내용이고, "협력증진을 위해서"가 나머지 말로 수식어에 해당 됩니다.

─핵심내용은 〈기본문장 패턴〉으로 쓰고, 나머지 말은 〈수식어 (구·절)〉로 씁니다.

─나머지 말인 "수식어(구·절)"을 쓸 때는 〈부사, 형용사(구), 전치사(구), 부정사(구), 동명사(구), 분사(구), 절 (접속사 S+v~)〉로 쓰게 됩니다.

─여기서는 수식어 (구·절)을 쓰는 패턴을 공부 합니다.

6. 전치사 〈구〉 패턴

– 전치사는 〈말과 말을 연결하여 그 관계〉를 보여 주는 말입니다.

– "She lives in Seoul" 하면 "She lives"와 "Seoul"을 전치사 "in"이 연결하여 "그녀는 서울이라는 장소에 살고 있다는 관계를 보여 줍니다.

– 전치사는 〈장소〉 이외에 〈위치〉, 〈시간〉, 〈방향〉 등 다양한 관계를 나타냅니다.

– 앞에서 몇번 언급했지만, 명사를 수식하는 말을 "형용사"라고 하고, 명사 이외에 다른 말을 수식하는 말을 "부사"라고 합니다. 전치사는 〈형용사〉로도 쓰이고, 〈부사〉로도 쓰입니다.

– 예외가 있기는 하지만, 전치사는 뒤에 《대》명사》 또는 〈동명사〉 또는 〈접속사 s+v+~〉 또는 〈전치사구〉를 동반하여 "전치사구"를 형성 합니다.

– 전치사구 역시 말을 수식하는 "형용사"와 "부사" 역할을 합니다.

전치사 about

a. I arrived **about** 9 in the morning. → 시간 앞에 붙어서 약, 쯤, 경
(나는 아침 9 시쯤 도착했다)

b. We're **about** ready to leave. → 어떤 동작이 일어날 찰나
(우리는 막 떠날 참이었다)

c. She is **about** my age. → 숫자, 나이 앞에 붙어서 대략
(그녀는 대략 내 나이 또래이다)

d. My house is **about** the subway. → 주변을 나타내는 장소
(우리 집은 전철역 주변에 있다)

e. He walked **about** here and there. → 여기 저기 라는 막연한 방향
(그는 여기 저기 걸어 다녔다)

f. I don't know nothing **about** her.
→ 사람, 주제, 논제, 문제 등에 대한 대략적인 사정·고려할 상황·개요
(나는 그녀에 관해 아무 것도 모른다)

g. What can be done **about** the increase in crime?
→ 해결해야 하는 의제·문제·주제
(범죄가 증가하는 것에 대해 어떻게 대처해야 될까요?)

h. This task is all **about** helping people out of poverty.
→ 조직, 업무, 활동 등 의무적인 동작 또는 감정을 일으킨 동작
(이 임무는 사람들이 가난에서 벗어날 수 있도록 돕는 것이다)

i. We appreciate the way he goes **about** his business.
→ 어떤 사람이 하는 막연한 일을 총칭 할 때
(우리는 그가 자기일을 열심히 하는 것에 대해 감사하고 있다)

j. Did you **hear about** his promotion?
→ "~에 대해 듣다" 그 외에 "think, talk, ask, write, know " about 이 있음
(그의 승진 소식을 들었니?)

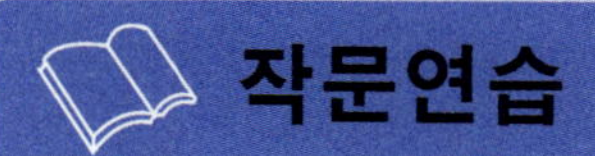

1. 비는 아침 10 시쯤 그칠 것으로 기대된다.

———————————————————————————

rain/ expect

2. 물이 거의 끓을려고 한다.

———————————————————————————

boiling

3. 파티에는 불청객이 10 명 정도 있었다.

———————————————————————————

unwanted/ guest/ at

4. 데모대들이 정문 주변에 모여 들었다.

———————————————————————————

demonstrator/ gather/ main entrance

5. 나는 이 근처 어딘가에 내 열쇠를 떨어뜨렸다.

———————————————————————————

drop/ somewhere/ here

6. 그들은 나에게 나의 여행에 대해서 물었다.

———————————————————————————

ask

7. 과거에 대해서 할 수 있는 것은 거의 없다.

———————————————————————————

much/ can/ do/ past

8. 좋은 매너를 갖는 것은 다른 사람과 네 자신을 존경하는 것이다.

———————————————————————————

have/ respect/ others

9. 너는 그냥 네 일이나 잘 해라.

———————————————————————————

just/ go/ business

10. 우리는 새 프로젝트에 대해서 이야기 했다.

———————————————————————————

project

전치사 at

a. **The train left at six.** → 특정한 시간
(기차는 6시에 떠났다)

b. **I saw your sister at the supermarket.** → 행동이나 사건이 일어나거나, 일어날 장소
(수퍼마켓에서 너의 누이를 보았다)

c. **I'll be at work until late.** → 학교, 직장, 번지수 앞
(늦께까지 직장에 있을 것이다)

d. **They threw eggs at my car.** → 어떤 대상에 대해 행동이 겨누는 방향
(그들이 내 차에 달걀을 던졌다)

e. **Gas is selling at $4.00 a gallon.** → 가격, 비율, 속도, 나이 앞
(개스가 갤론 당 4불에 팔리고 있다)

f. **They are still at risk.** → 계속되는 상태
(그들은 여전히 위험에 처해있다)

g. **My boss is at lunch right now.** → 식사중
(지금 보스는 점심 식사 중이다)

h. **He was surprised at the news.** → 감정의 원인이 되는 대상 앞
(그는 그 소식에 놀랐다)

i. **He is good at sports.** → 능력이나 재주가 평가 되는 대상 앞
(그는 스포츠를 잘 한다)

j. **He is at home in Chinese.** → 관용어 표현
(그는 중국어에 정통하다)

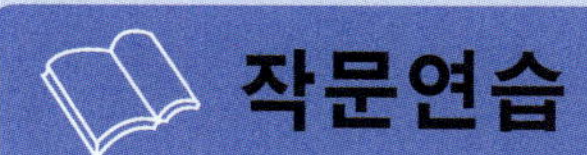# 작문연습

1. 학교는 9 시에 시작해서 4 시에 끝난다.

____

begin/ end

2. 나는 저쪽에 있는 가게에서 그것을 샀다.

____

over there

3. 당신이 찾고 있는 가게는 4723 Lincoln 가에서 찾을 수 있다.

____

can/ that/ look for

4. 남에게 손가락질하는 것은 실례다.

____

rude/ point/ person

5. 그늘에서 온도는 항상 섭씨 10 도를 유지한다.

____

temperature/ usually/ stand/centigrade/ shade

6. 가문의 명예가 위태롭다.

____

honor/ at stake

7. 식사중에 담배를 피우는 것은 실례다.

____

against/ etiquette/ at table

8. 그는 우리의 무례함에 화를 냈다.

____

rudeness

9. 그는 영어를 잘 한다.

____

be good at

10. 우리는 이곳에서 추가경비 없이 하룻밤을 더 머물 수 있도록 허락을 받았다.

____

extra cost

전치사 by

a. I want the job done **by** six. → 동작·행동이 끝나는 시간
(나는 그 작업이 6 시까지는 끝나기를 바란다)

b. He was standing **by** the tree. → 곁을 가리키는 위치
(그는 나무 옆에 서 있었다)

c. He came in **by** the side door. → 통과 하는 수단의 장소 또는 지나가는 장소
(그는 옆 문을 통해서 들어왔다)

d. She always has a calculator **by** her.
→ 편리를 위해 무엇인가를 사람 곁에 두고 있다는 표현
(그녀는 언제나 계산기를 가지고 다닌다)

e. The gate was opened **by** me. → 수동태 동작의 주체
(게이트는 내가 열었다)

f. It is made **by** hand. → 통신, 교통 수단 및 만든 수단
(이것은 수제품이다)

g. Sugar is sold here **by** the pound. → 시간, 계량의 단위
(설탕은 이곳에서 파운드로 판매되고 있다)

h. Don't judge a person **by** appearances. → 기준, 척도 또는 정도의 차이
(사람을 외관으로 판단하지 마라)

i. **By** law, smoking is prohibited here. → 특정한 법규, 규칙 앞
(법으로 이곳에서 흡연은 금지되어 있다)

j. She grabbed me **by** the arm. → 누군가가 쥐고 있는 신체 또는 기구의 일부
(그녀가 내 팔을 잡았다)

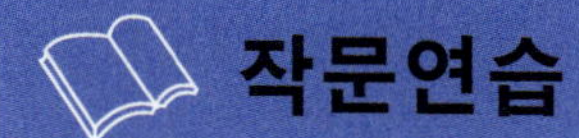

작문연습

1. 나는 월요일까지는 당신에게 그 결과를 알려 주겠다.

____

let/ result

2. 우리는 바닷가에서 하루를 보냈다.

____

have/ day

3. 그는 언제나 영어사전을 가지고 다닌다.

____

always/ keep/

4. 오늘 아침에 우리는 너의 집을 지나갔다.

____

walk

5. 이 집은 유명한 건축가가 디자인 했다.

____

design/ architect

6. 그들은 집에서 학교까지 전철로 통학한다.

____

commute/ subway

7. 우리는 시간제로 급료를 받는다.

____

pay/ hour

8. 나는 1분 차이로 기차를 놓쳤다.

____

miss

9. 우리가 운전할 때, 우리는 교통법규를 준수해야 한다.

____

must/ go/ traffic regulation

10. 그는 내 팔을 잡아 당겼다.

____

pull

전치사 from

a. I have known him **from** his childhood. → 시간의 출발점
(나는 어린시절 부터 그를 알아 왔다)

b. They took a bus **from** Seoul. → 상황, 장소, 위치의 출발점
(그들은 서울에서 부터 버스를 타고 왔다)

c. She came **from** New York. → 출처, 출신
(그녀는 뉴욕 출신이다)

d. He can speak **from** his experience. → 근거
(그는 경험을 해서 말을 할 수 있는 것이다)

e. I've gained weight **from** not doing exercise. → 신체에 미친 원인 (from + ~ing)
(나는 운동을 하지 않아서 몸무게가 늘었다)

f. He got his good looks **from** his mother. → 유래, 전래
(그는 엄마를 닮아서 잘 생겼다)

g. Wine is made **from** grapes. → 만든 물질을 설명 (화학적 변화)
(와인은 포도로 부터 만들어 진다)

h. Father prevented me **from** driving. → 금지되는 상황이나 행동의 소개 (from + ~ing)
(아버지는 내가 운전하는 것을 금지하셨다)

i. The size ranges **from** small to extra large. → 특정한 한계의 범위
(크기는 스몰에서 엑스트라 라지 까지 있다)

j. He is different **from** other teachers. → 비교, 구분, 구별
(그는 다른 선생님들과는 다르다)

1. 그들은 처음부터 그 계획에 반대했다.

____

against/ plan

2. 기차는 시카고를 출발하여 서쪽으로 향하고 있다.

____

head/ Chicago

3. 나는 시골의 작은 마을 출신이다.

____

village/ country

4. 증거를 볼 때, 그는 유죄이다.

____

evidence/ guilty

5. 컴퓨터 작업을 너무 많이 해서 내눈이 피로하다.

____

eye/ tired/ on

6. 영어의 상당 부분은 라틴어에서 유래되었다.

____

much of/ derived/ Latin

7. 치즈는 밀크로 만든다.

____

cheese

8. 비 때문에 우리가 피크닉을 가지 못했다.

____

prevent/ go on a picnic

9. 도서관은 아침 9 시 부터 저녁 10 시 까지 연다.

____

open

10. 우리는 종종 맥락으로 부터 단어의 의미를 말할 수 있다.

____

can/ often/ meaning/ context

전치사 for

a. I made an appointment **for** Monday. → 사건의 시간
(월요일에 약속시간을 잡아 놓았다)

b. He works **for** three hours a day. → 전체적인 시간
(그는 하루에 3 시간 근무한다)

c. He left **for** London. → 사람이나 차량이 가는 방향
(그는 런던으로 떠났다)

d. I did it so **for** you. → 받는 사람이나 그룹, 또는 도움을 받는 대상
(나는 너를 위해서 그렇게 했다)

e. He went to the United States **for** study. → 사물이나 행동의 목적
(그는 공부를 하기 위해 미국으로 갔다)

f. I must see a doctor **for** advice. → 구하거나 얻고자 하는 목적
(나는 조언을 구하기 위해 의사를 만나야 한다)

g. I had a ticket **for** driving through a red light. → 결과에 대한 원인
(빨간 불에 지나가서 티켓을 받았다)

h. He placed an order **for** 200 copies. → 가격이나 수량
(그는 200 부 카피를 주문해 놓았다)

i. We walked **for** miles a day. → 거리
(그는 하루에 수십 마일을 걸었다)

j. She looks young **for** her age. → 나이와 비교한 어떤 결과
(그녀는 자기 나이에 비해 젊어 보인다)

1. 그는 토요일 근무자 명단에 올라 있었다.

———————————————————————————————

roster

2. 그는 지난 2 개월 동안 매일 도서관에서 공부해 오고 있다.

———————————————————————————————

has been/ last

3. 모든 차들이 공항으로 향하고 있었다.

———————————————————————————————

every/ head

4. 나는 사무실에 새 책상을 사놓았다.

———————————————————————————————

office

5. 이 칼은 빵을 자르는 데 쓰인다.

———————————————————————————————

knife/use/ cut/ bread

6. 나는 조언을 구하기 위해 그에게 편지를 썼다.

———————————————————————————————

advice

7. 나는 무서워서 말 한마디조차도 할 수가 없었다.

———————————————————————————————

could/ even/ word/ fear

8. 우리는 뉴욕에서 하루에 25 불짜리 방을 구할 수 없었다.

———————————————————————————————

could/ get

9. 사고 때문에, 차들이 수 마일이나 밀렸다.

———————————————————————————————

due to/ traffic/ back up

10. 요즈음에는 아이들은 자기들 나이에 비해 조숙하다.

———————————————————————————————

nowadays/ advance/ age

전치사 in

a. America declared her independence in 1776.
→ 사건이 일어날 혹은 일어난 "달, 년도, 계절"
(미국은 1776 년에 독립을 선언했다)

b. The work must be done in a week. → 정해진 기간
(작업은 일주일 만에 끝내야 한다)

c. He will come back in a month. → 미래시제와 함께 "after"의 의미
(그는 한달 후면 돌아온다)

d. I have not seen him in years. → 여러 달, 해, 주, 시간
(나는 여러 해 그를 만나보지 못하고 있다)

e. They are in the living room. → 있는 곳을 나타내는 장소, 지역, 용기 앞
(그들은 거실에 있다)

f. She is in good mood. → 특정한 상태
(그녀는 기분이 좋아 있다)

g. He died in the war. → 상황, 활동, 조직에서의 사건
(그는 전쟁터에서 죽었다)

h. A man in brown suit is Mr. Brown. → 직업, 질, 모양, 정돈, 그룹, 관계에 대한 한정
(갈색 양복을 입은 남자가 브라운 씨이다)

i. He speaks in a low whisper. → 말하거나 쓰거나, 또는 예술을 하는 방식
(그는 낮은 목소리로 말한다)

j. She is in her mid 30s. → 10 대, 20 대, 30 대 등을 표현
(그녀는 30 대 중반이다)

1. 그녀는 1973 년 6 월 1 일에 태어났다.

____

the first of

2. 한달만에 상처가 완전히 아물었다.

____

has healed/ completely

3. 그녀는 약 20 분 후에 이곳에 올 것이다.

____

will/ later

4. 나는 영화관에 가 본지가 여러 해 됐다.

____

have been/ in

5. 제비꽃은 세계의 온대지역에서 잘 자란다.

____

violet/ grow/ wild/ most/ temperate/ region

6. 그는 용기가 부족하다.

____

lack/ courage

7. 많은 사람들이 교통사고로 죽는다.

____

a lot of/ traffic accident

8. 그녀는 늘 슬리퍼를 신고 다닌다.

____

always/ slipper

9. 그는 다른 사람에게 고압적으로 말한다.

____

speak/ high-handed manner

10. 그는 40 대 초반이다.

____

early

전치사 into / onto

a. He put the book **into** his bag. → 밖에서 안으로 들어감
(그가 책을 가방에 집어 넣었다)

b. A flaming rocket shot **into** the air. → 지역, 장소로 이동
(로켓이 불꽃을 내 뿜으며 공중으로 치솟았다)

c. He decided to go **into** business. → 상황, 상태의 변화
(그는 사업을 하기로 마음 먹었다)

d. Milk can turn **into** cheese or yogurt. → 물질의 변화
(밀크는 치즈나 요구르트를 만들 수 있다)

e. Speak clearly **into** the microphone. → 방향
(마이크에 대고 또렷하게 말하세요)

f. We talked **into** the night. → 불확실한 시간의 끝
(우리는 밤까지 얘기를 나누었다)

g. The car crashed **into** a tree. → 부딪쳐서 내는 사고
(차가 나무와 충돌했다)

h. I'm so **into** you. → 관심
(나는 당신에게 아주 관심이 많습니다)

i. Five **into** twenty is four. → 나누기
(20 나누기 5 는 4 이다)

j. The cat jumped **onto** the roof. → 표면 위로 가는 방향
(고양이가 지붕 위로 뛰어 올랐다)

 작문연습

1. 그녀는 밤의 어둠속으로 걸어 들어갔다.

____

walk off

2. 나는 다음 주에 새 아파트로 이사갈 예정이다.

____

be going to

3. 그녀는 우울증에 빠져들었다.

____

get

4. 과일은 잼을 만들 수 있다.

____

can/ jam

5. 그들은 북쪽으로 운전해 갔다.

____

drive

6. 그는 밤늦게 까지 공부했다.

____

late

7. 버스가 기차와 충돌했다.

____

run

8. 내가 그렇게 많이 술독에 빠진 것은 아니다.

____

that/ much

9. 24 나누기 3 은 8 이다.

____

is

10. 승객들이 플랫폼으로 모여들고 있다.

____

passenger/ crowding/ platform

전치사 on

a. My mother's birthday is **on** the third of this month. → 요일, 날짜 앞에
(어머니의 생일은 이 달 3 일이다)

b. The book **on** the table is mine. → 표현 위
(책상 위에 있는 책은 내 것이다)

c. We stayed at a hotel **on** the lake. → 길, 강가 등을 표현할 때
(우리는 호수가에 있는 호텔에 머물렀다)

d. **On** your left is the hospital. → 왼쪽, 오른쪽 등의 방향
(당신의 왼쪽에 있는 것이 병원이다)

e. It's not easy to stand **on** one foot. → 매달려 있거나 뒷 받침의 상황
(한 발로 서있는 것은 쉽지 않다)

f. The loss of his wife was hard **on** him. → 활동이나 사건의 영향을 받는 대상
(그의 아내의 죽음은 그를 힘들게 했다)

g. I'm always interested in the books **on** history. → 특정한 주제
(나는 늘 역사에 대한 책에 관심을 갖고 있다)

h. We went there **on** a bus. → 버스, 기차, 비행기등의 승선
(우리는 버스로 거기에 갔다)

i. I'm **on** a different antibiotic. → 먹는 음식, 약품등에
(나는 다른 항생제를 복용하고 있다)

j. Joe is **on** the tennis team. → 팀, 조직의 소속
(조는 테니스팀에 있다)

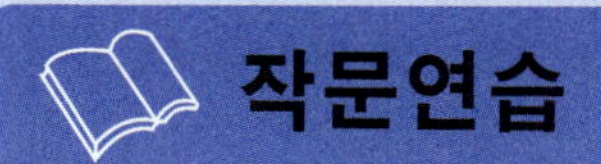 **작문연습**

1. 다음날 아침에 그는 시카고에 갔다.

---

next day

2. 발바닥에 물집이 생겼다.

---

have/ blister/ sole/ foot

3. 당신은 Main 가 코너에서 그 건물을 볼 수 있을 것이다.

---

will/ corner

4. 오른쪽에 있는 버튼을 눌러라.

---

press/ button

5. 그녀는 한 발로 서 있었다.

---

stand/ foot

6. 나는 그가 내 험담을 하고 있는 것을 발견했다.

---

catch/ dig/ dirt

7. 그는 한국경제에 관해 강의를 했다.

---

give/ lecture/ economy

8. 나는 기차의 좌석을 예약했다.

---

book/ seat

9. 그는 혈압과 콜레스테롤을 관리하기 위해 여러 달 약을 복용하고 있다.

---

has been/ control/ blood pressure/ cholesterol

10. 그는 팀의 최고의 선수다.

---

player

전치사 of

a. He was born in the city **of** new York.
→ 특정한 말에 대한 일반적인 설명 (일반적인 설명+of+특정한 말)
(그는 뉴욕 시에서 태어났다)

b. I like the smell **of** roses.
→ 특정 대상에 대한 특징이나 성질 (특징·성질+of+특정대상)
(나는 장미꽃 냄새가 좋다)

c. He is a man **of** ability. → 인격의 특징 (사람 + 인격의 특징)
(그는 능력있는 사람이다)

d. She is a friend **of** the family. → 소유 (소유물 + 소유주)
(그녀는 우리 가족의 친구이다)

e. I have a pain in the back **of** my leg. → 어떤 것에 대한 일부
(다리 뒷 부분에 통증이 있다)

f. They sat back enjoying a cup **of** coffee. → 수량
(그들은 커피를 즐기면서 느긋이 앉아 있었다)

g. She was given a bunch **of** flowers on her birthday.
→ 사람이나 사물의 집합체 (집합체 + 사람·사물)
(그녀는 생일날 꽃 한 다발을 받았다)

h. The bride wore a dress **of** white silk. → 재료
(신부는 하얀 실크 드레스를 입었다)

i. On Passover they hanged Jesus of Nazareth. → 출신 (of + 출신)
(유월절에 그들은 나사렛 예수를 매달았다)

j. The teaching **of** the school is very important for the students.
→ the ~ing + 명사
(학교의 가르침은 학생들에게 매우 중요하다)

1. 그녀는 음악공부에 전념했다.

devote oneself to

2. 나는 그에게 그 말의 진실을 납득 시켰다.

persuade A of B

3. 그는 용기 있는 사람이다.

man/ courage

4. 그것들은 그 자신이 그린 그림이다.

picture/ own/ painting

5. 이 혼합물은 와인 3 과 물 2 의 비율로 되어있다.

mixture/ part

6. 나는 점심식사로 겨우 토스트 한 조각을 먹었다.

only/ have/ a slice of

7. 오늘 아침에 깨어 났을 때 많은 좋은 생각이 떠올랐다.

a crowd of/ come to/ mind/ wake up

8. 이 집은 벽돌로 만들어졌다.

brick

9. 그는 하버드 대학 경영대학원 출신이다.

graduate/ Harvard Business School

10. 새를 쏘는 것은 금지되어 있다.

shoot/ forbid

전치사 off

a. He fell **off** the roof. → …로 부터 떨어지다
(그가 어제 지붕에서 떨어졌다)

b. His house is one mile **off** the beach. → 거리가 떨어져 있다
(그의 집은 해변가에서 1 마일 떨어져 있다)

c. A button has come **off** my shirt. → 떨어져 나가다
(셔츠의 단추가 떨어져 나갔다)

d. We should not take our eyes **off** the babies. → (눈을) 떼다
(우리의 눈을 베이비로 부터 떼서는 안된다)

e. They got **off** the bus. → (버스, 기차, 비행기 등에서) 내리다
(그들이 버스에서 내렸다)

f. I paid **off** the debt I had borrowed from the bank.
→ (돈 등을) 다 갚다, (일 따위를) 다 끝내다
(나는 은행으로부터 빌린 돈을 다 갚았다)

g. He took 10% **off** the list price. → 할인·하락
(그는 정가의 10%를 할인해 주었다)

h. The manager gave him a day **off**. → (의무 따위로) 부터 해방되다
(매니저는 그에게 하루를 쉬도록 했다)

i. Gas is on, but water is **off**. → (전기·물 따위가) 끊어지다, (라디오 따위를) 끄다
(개스는 들어오지만, 물은 끊어졌다)

j. She bought T-shirt **off** some street vendor. → … 로 부터 취득하다
(그녀는 노점상에서 티셔츠를 샀다)

1. 그가 사다리에서 떨어졌다.

____

ladder

2. 그 섬은 육지로부터 30 마일 떨어져 있다.

____

Island/ land

3. 외투의 맨 위 단추가 떨어져 나갔다.

____

top/ button/ overcoat

4. 나는 스크린에서 내 눈을 뗄 수가 없었다.

____

could/ screen

5. 저를 지하철 역까지 태워 주실 수 있겠습니까?

____

can/ drop

6. 나는 집에 가기전에 일을 끝내야 한다.

____

have to

7. 당신이 3 개를 모두 구입하시면 우리는 총액에서 10% 깎아드립니다.

____

take/ total price/ if

8. 나는 내일 비번이다.

____

duty

9. 회의 중에는 휴대폰을 꺼주십시오.

____

please/ cell phone

10. 나는 인터넷에서 물건을 절대 사지 않을 것이다.

____

never/ item/ Internet

전치사 over

a. I'm going to stay at my sister's house **over** the weekend.
→ 기간이 끝날 때 까지

(나는 주말이 끝날 때 까지 누이동생 집에 머무를 예정이다)

b. He is **over** forty. → 수, 정도, 수준, 나이 등에 대한 초과

(그는 40 이 넘었다)

c. Winter is **over**. → 단순히 끝났음을 표현

(겨울이 끝났다)

d. He held an umbrella **over** her. → 주변을 덮는 위

(그가 그녀 위에 우산을 들고 있었다)

e. Please pass that **over** to me. → 한 쪽에서 다른 쪽으로 이동

(그것을 나에게 건네 주세요)

f. She lives in a village **over** the border. → 저쪽 너머 반대편에

(그녀는 경계선 너머 저쪽에 있는 마을에 산다)

g. I had traveled **over** most of Asia. → 한 장소에서 여러 곳

(나는 대부분의 아시아 지역 여러 곳을 여행한 적이 있다)

h. He ruled **over** the town. → 통제할 수 있는 권위

(그는 마을을 다스렸다)

i. The two boys had a fight **over** whose girlfriend was the best.
→ 논의되는 구체적인 주제

(두 소년은 누구의 여자친구가 최고 인지에 대해 논쟁했다)

j. He contacted me **over** the phone. → 전화 등 전달되는 통신 수단

(그는 전화로 나에게 연락을 해왔다)

1. 주말 내내 컴퓨터 시스템이 정지될 것이다.

____

shut down

2. 당신은 한달 내에 10 파운드 이상을 뺄 수 있습니다.

____

could/ lose

3. 회의는 방금 끝났다.

____

a moment ago

4. 그녀는 손으로 입을 가렸다.

____

put

5. 그는 그의 재산 전부를 아들에게 넘겨주었다.

____

make/ property

6. 바로 언덕 너머에 호텔이 있다.

____

right

7. 나는 한달 간 전 유럽을 두루 여행했다.

____

travel

8. 그는 15 명의 직원을 거느리는 매니저 이다.

____

a staff of/ worker

9. 우리는 새 계획에 대해서 우리가 무엇을 해야 되는지에 대해 긴 토론을 했다.

____

have/ discussion/ what/ should/ do/ about

10. 판매의 대부분은 현재 인터넷을 통해서 이루어 지고 있다.

____

most of/ sales/ make

전치사 through / throughout

a. She stayed up **through** the night. → 처음부터 끝까지의 막연한 전체적인 시간
(그녀는 밤새 내내 깨어 있었다)

b. She was **through** with the project.
→ 일이나 사람 등과의 관계가 끝났음을 표현
(그녀는 그 프로젝트를 다 끝냈다)

c. It's illegal to drive **through** a red light. → 한 쪽에서 다른 한 쪽으로 통과
(빨간 신호등을 무시하고 달리는 것은 불법이다)

d. The bullet passed **through** his right arm. → 무엇인가를 통해서 주시
→ 구멍을 통한 한 쪽에서 다른 한 쪽으로의 통과
(총알이 그의 오른팔을 관통했다)

e. **Through** the window, he saw a man walking up to the house.
→ 무엇인가를 통해서 주시
(나는 창문을 통해서 한 사나이가 그 집으로 걸어가는 것을 보았다)

f. He bought the ticket **through** a friend. → 성취를 위한 매개체 수단
(그는 친구를 통해서 표를 구입했다)

g. He was fired **through** his idleness. → 주로 부주의에 대한 원인
(게으름 때문에 그는 해고 됐다)

h. He worked hard **throughout (through)** the summer.
→ 처음부터 끝까지의 전체적인 시간
(그는 여름 내내 열심히 일했다)

i. Flu prevails **throughout** the country. → 어떤 지역, 장소를 통틀어서
(독감이 전국적으로 퍼지고 있다)

j. I couldn't help but laugh **throughout** the movie.
→ 처음부터 끝까지, 전체적으로
(나는 영화를 보는 내내 웃지 않을 수 없었다)

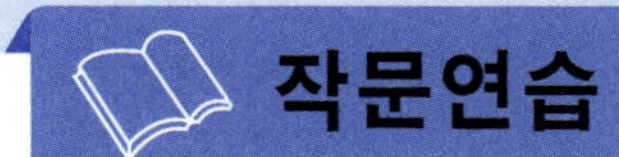

작문연습

1. 우리는 밤새 그를 지켜보고 있었다.

____

had been/ watch

2. 나는 그녀와 헤어졌다.

____

with

3. 해가 구름 사이로 살짝 보인다.

____

peek/ cloud

4. 그는 창문을 통해 집안으로 들어왔다.

____

come in

5. 그의 임무는 망원경을 통해 별을 관찰 하는 것이다.

____

look at/ telescope

6. 아이들은 놀이를 통해 배운다.

____

play

7. 그는 자신의 과실로 인해 다쳤다.

____

own/ negligence

8. 우리는 1 년 내내 개장 합니다.

____

open

9. 인도 전역에서 1,000 가지가 넘는 언어가 사용 된다고 알려지고 있다.

____

language/ speak/ country/ India

10. 역사를 통해서 볼 때, 사회는 끊임없이 변화되고 있다.

____

constantly

전치사 to

a. She went **to** school. → 도착지점
(그녀는 학교에 갔다)

b. The coal mine is a pollution threat **to** the park.
→ 행동, 상황에 의해 영향을 받는 사람, 사물
(탄광은 공원에 오염 위협이 되고 있다)

c. He starved himself **to** death. → 원인에 대한 결과 앞에
(그는 굶어 죽었다)

d. I don't have a key **to** the room. → 기계나 도구의 한 부분이 다른 부분과 맞음
(나는 그 방의 열쇠를 가지고 있지 않다)

e. There's some gum stuck **to** the bottom of my shoe.
→ 두 사물이 서로 맞닿아 있는 상황
(구두 밑창에 껌이 붙어 있다)

f. Let's drink **to** our health. → 목적
(우리의 건강을 위해 건배 합시다)

g. He's never been married **to** my knowledge.
→ 특정한 감정이나 태도의 표현 앞
(내가 아는 한 그는 결코 결혼한 적이 없다)

h. It'll take you about 30 minutes from here **to** the airport.
→ 시작에서 끝을 표현하는 경우
(여기에서 공항까지 약 30 분 걸린다)

i. The team won the game 3 **to** 1. → 두 개의 수나 사물을 비교할 때
(그 팀이 3 대 1로 경기를 이겼다)

j. I'm not equal **to** doing the task. → 숙어 (~을 감당하다)
(나는 그 업무를 감당하지 못한다)

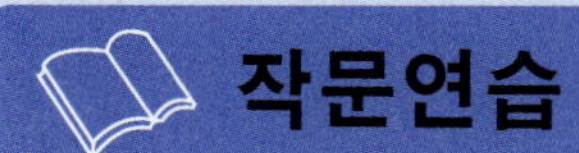

1. 우리는 유럽으로의 여행을 계획하고 있다.

____

be planning

2. 너는 내게 무척 소중하다.

____

precious

3. 그녀는 너무 친절해서 그것이 결점이 될 정도다.

____

kind/ fault

4. 그는 침실로 가는 문을 열었다.

____

open/ bedroom

5. 그들은 기둥에 간판을 달았다.

____

nail/ sign/ post

6. 나는 그가 틀렸다는 취지를 전달할 목적으로 편지를 보냈다.

____

effect/ wrong

7. 놀랍게도, 그녀는 어린 딸아이 하나가 딸린 미혼모이다.

____

surprise/ single/ with

8. 그는 나를 위 아래로 훑어보았다.

____

look/ head to toe

9. 프랑스는 연장전 끝에 브라질에게 1 대 0 으로 패했다.

____

France/ lose/ Brazil/ with/ a score of/ after extra time

10. 그들은 영화를 촬영할 목적으로 여기에 왔다.

____

with a view/ film

전치사 with

a. I will go **with** Mary. → 동반
(나는 메리와 같이 가겠다)

b. The railroad connects our town **with** the city. → 결합
(철도는 우리 마을과 그 도시를 연결한다)

c. The girl **with** the umbrella is my sister.
→ 특정한 사물, 질, 감정, 신체등의 소유나 함유
(우산을 쓰고 있는 소녀는 나의 누이다)

d. He wrote a letter **with** a pen. → 수단으로 쓰이는 도구
(그는 펜을 가지고 편지를 썼다)

e. He shut the door **with** fierceness. → 방식
(그는 난폭하게 문을 닫았다)

f. She was shivering **with** cold. → 행동, 상황, 감정, 신체등에 영향을 끼치는 원인
(그녀는 추위로 떨고 있었다)

g. I have nothing to do **with** that case. → 관련
(나는 그 일과 관계가 없다)

h. He stood **with** his back against the wall. → 동시상황 (~한 채로)
(그는 벽에 기댄채로 서 있었다)

i. **With** all his wealth, he is not happy. → 양보 (~에도 불구하고)
(부자임에도 불구하고, 그는 행복하지 않았다)

j. He has been **with** this company only two years. → 근무, 소속
(그는 이 회사에 근무한지 겨우 2 년밖에 되지 않았다)

1. 그는 제니퍼와 데이트하러 나갔다.

go out/ Jennifer

2. 나는 밀크를 넣어서 커피를 마시겠습니다.

will/ have

3. 커피는 임신한 여자에게는 좋지 않다.

good/ for

4. 그는 망치로 자물쇠를 후려쳤다.

smash/ lock/ hammer

5. 그녀는 얼굴에 우스운 표정을 지으면서 그렇게 말했다.

so/ funny/ look/ on

6. 그녀는 그의 퉁명스러운 대답으로 인해 기분이 언짢았다.

upset/ curt/ reply

7. 나는 자세한 상황을 가지고 당신과 금요일에 이야기를 나누겠습니다.

detail

8. 과학이 발달함에 따라서 생활의 속도는 빨라진다.

development/ science/ pace/ life/ grow/ swift

9. 그의 근면함에도 불구하고, 그는 학교성적이 별로 좋지않다.

diligence/ make/ school record

10. 이 회사에 얼마나 근무 하셨습니까?

have been

65

시간을 나타내는 전치사

a. We'll leave here **after** lunch. → (시간, 순서 상으로) 뒤에, 후에
(우리는 아침 식사 후에 떠날 것이다)

b. This apartment will be vacated **in** a month. → … 후에 (in + 시간)
(이 아파트는 한 달 후에 빕니다)

c. I haven't eaten **since** breakfast. → … 이래로 (완료시제와 함께 쓰임)
(아침 식사 이래로 아무것도 먹지 못했다)

d. He took charge of the family business **following** his father's death.
→ (결과에 따라) 후에
(그는 부친 사망 후에 가업을 맡았다)

e. We're open **from** 9 to 5 every day. → (시작, 시각으로) … 부터
(저희는 매일 9 시 부터 5 시 까지 영업합니다)

f. **Before** an earthquake, bees leave their hives.
→ … 전에 (현 시점을 기준으로 하여)
(지진이 나기 전에 벌들은 벌집을 떠난다)

g. The new product will be out **prior to** Christmas Day.
→ … 보다 먼저
(신제품은 크리스마스 전에 발매될 예정이다)

h. He will come back **within** a month → … 이내에 (예상보다 짧은 시간을 암시)
(그는 한 달 내로 돌아올 것이다)

i. I waited for him **till** noon. → … 까지 (계속)
(나는 정오 까지 그를 기다렸다)

j. He was missing **during** the war. → … 기간 중에
(그는 전쟁 중에 행방불명 되었다)

1. 호우 후에 해가 났다.

____

come out/ heavy rain

2. 일주일 후에 당신께 전화를 드리겠습니다.

____

give/ call

3. 이 버스 노선은 5 월 초 부터 운영되기 시작했다.

____

line/ have been/ operate

4. 그녀는 교통사고를 당한 후에 병원에서 죽었다.

____

die

5. 그는 날 때 부터 앞을 보지 못했다.

____

blind/ birth

6. 우리는 해가 뜨기 전에 공항으로 떠났다.

____

sunrise

7. 훈련에 앞서, 조교가 시범을 보일 것이다.

____

training/ instructor/ will/ do/ demonstration

8. 그는 한 시간 내로 여기에 도착할 것이다.

____

will

9. 우리는 3 월에서 7 월까지 그 계획안에 대해 작업했다.

____

work on/ project

10. 그는 지난 30 분 동안 4 번이나 전화를 해왔다.

____

has phoned/ last

제외, 예외, … 없이

a. The window is never opened **except** in the summer. → ~을 제외하고
(여름에만 제외하고는 창문을 결코 열어 놓지 않는다)

b. I've cleaned all the room **except for** the bathroom. → ~을 제외하고
(베스룸을 제외하고 모든 룸을 청소했다)

c. Everyone gave to charity, <u>not</u> **excepting** him.
→ "not excepting~"은 "… 도 예외는 아니다"를 의미
(모두가 기부를 했는데, 그도 그 중에 한 사람이었다)

d. With the exception of Frank, everyone passed the test.
→ ~을 제외하고
(프랭크를 제외하고, 모두가 시험에 패스했다)

e. No one **but** John showed up. → ~외에는
(존 이외에 아무도 나타나지 않았다)

f. He reads nothing **save** comic books. → ~외에는
(그는 만화책 이외는 아무것도 읽지 않는다)

g. No one knows it **besides** me. → ~외에
(나 이외는 아무도 그것을 모른다)

h. He doesn't watch other TV programs, **aside from** the news.
→ ~외에
(그는 뉴스 이외에 다른 TV 방송 프로그램은 보지 않는다)

i. I've finished **apart from** the last question. → ~외에는
(마지막 문제만 빼놓고 다 끝냈다)

j. It was a mistake to leave my house **without** a coat. → ~없이
(코트 없이 집을 나선 것은 실수였다)

1. 나는 그가 이웃에 산다는 것을 제외하곤 그에 대해서 아무것도 모른다.

____

nothing/ next door

2. 그녀의 잔소리가 심한 걸 제외하곤 나는 그녀를 좋아한다.

____

for the fact that/ nag/ a lot

3. 모두가 법을 지켜야 하는데, 대통령도 예외는 아니다.

____

everyone/ must/ obey

4. Jim 이외에, 우리 모두는 아침 일찍 일어나서 아침 식사를 했다.

____

all/ breakfast

5. 그는 야채만 먹는다.

____

nothing/ vegetable

6. 빡빡한 스케줄만 제외하고 모든 것이 괜찮았다.

____

everything/ tight

7. 그녀는 나 말고는 친구가 없는 것 같았다.

____

seem

8. 나의 고혈압을 제외하곤, 나는 건강하다.

____

hypertension

9. 그를 제외하곤, 그것을 할 수 있는 사람은 아무도 없었다.

____

can/ do

10. 그는 별다른 이유 없이 학교에 가지 않았다.

____

absent/ himself/ any/ particular

이유 / 원인

a. We changed our plans **because of** her late arrival. → 이유
(우리는 그녀의 지각 때문에 우리의 계획을 바꿨다)

b. He is retiring **due to** ill health. → 이유
(그는 건강이 좋지 않아서 은퇴를 한다)

c. His survival was **due to** luck. → "due to"가 주격보어로 쓰였음
(그의 생존은 운 때문이었다)

d. **Owing to** bad weather, the morning's flight will be delayed. → 이유
(기상 악화로, 아침 항공편이 지연될 것이다)

e. We didn't go **on account of** the bad weather. → 이유
(날씨가 나빠서 우리는 가지 않았다)

f. **Thanks to** the guide, we arrived on time. → "… 의 덕분이다"로 원인
(가이드 덕분으로, 우리는 정시에 도착했다)

g. Most accident occur **as a result of** falling. → … 의 결과로, … 때문에
(대부분의 사고는 넘어진 결과로 생긴다)

1. 파티가 비 때문에 취소 되었다.

because of/ cancel

2. 나는 아기 때문에 지난 밤에 잠을 잘 수가 없었다.

could/ get to

3. 그녀는 아파서 지금까지 직장에 나오지 못하고 있다.

has been/ illness

4. 불경기는 인플레이션을 억제하지 못한 데서 생긴다.

eonomic depressions/ uncontrolled

5. 그의 성미가 나빠서 대개의 사람들은 그를 피한다.

owing to/ temper/ avoid

6. 연료의 오르고 있는 가격 때문에, 더 많은 사람들이 대중교통을 이용하고 있다.

rise/ fuel/ public transport

7. 나는 전에 사람들 앞에서 말을 한 적이 없었기 때문에 불안하다.

nervous/ on account of/ in public

8. 너의 후원으로, 우리는 계획을 궤도에 올릴 수 있었다.

thanks to/ support/ could/ put/ wheels/ in motion

9. 그녀는 실직한 여파로 힘들게 산다.

in adversity/ as a result of

10. 그는 무릎 부상의 결과로 지금까지 많은 훈련을 놓쳤다.

has missed/ injury

방향

a. The balloon floated **up** into the air. → 위로
(풍선기구가 공중으로 떠올랐다)

b. The bus came **down** the hill. → 아래로
(버스는 언덕을 내려왔다)

c. She dived **onto** the water. → 표면 위로 이동
(그녀는 물속으로 다이빙 했다)

d. They sat **around** their teacher. → 삥 둘러
(그들은 선생님을 둘러싸고 앉았다)

e. The earth moves **round** the sun. → … 의 둘레에
(지구는 태양 주변을 돈다)

f. He came **out of** the room. → 안에서 밖으로
(그는 방에서 밖으로 나왔다)

g. She ran **towards** the station. → … 를 향하여
(그녀는 정거장을 향해서 뛰었다)

h. He went to the store **across** the street. → … 를 건너서
(그는 길 건너에 있는 가게로 갔다)

i. They began walking **along** the street. → … 를 따라서
(그들은 거리를 따라 걷기 시작했다)

j. A button is **off** your jacket. → 떨어져 나간 상태
(자켓의 단추가 떨어졌다)

1. 해는 이미 떠 올라 있었다.

____

already

2. 게이트를 지나서 계단으로 내려 오십시오.

____

go through

3. 갑자기, 고양이가 테이블 위로 뛰어 올라왔다.

____

all of the sudden/ jump

4. 우리는 장미를 조각상 주변에 삥 둘러서 심었다.

____

plant/ a row of/ statue

5. 그들은 테이블 주변에 앉았다.

____

table

6. 청중들이 극장에서 밖으로 나왔다.

____

audience

7. 우리는 겨울을 맞이하고 있고, 날은 점점 일찍 어두워지고 있다.

____

get/ earlier

8. 우리는 노를 저어 강을 건넜다.

____

row.

9. 하이웨이를 따라 있는 사인은 운전자들에게 다음 도시들의 거리를 말해준다.

____

sign/ along/ distance/ next town

10. 병뚜껑을 따지 마시오.

____

leave/ cap

위치

a. The birds flew **above** the trees. → 위에
   (새들이 나무 위를 날아 다녔다)

b. There is a coin **beneath** the pillow. → 밑에
   (베개 밑에 동전이 놓여있다)

c. There is a cat asleep **under** the table. → 아래
   (책상 밑에서 고양이가 졸고 있다)

d. The moon sank **below** the horizon. → 맨 아래
   (달이 수평선 아래로 졌다)

e. My niece was hit by a car **in front of** the house. → 앞에
   (내 조카가 집 앞에서 차에 치였다)

f. He was hiding **behind** the door. → 뒤에
   (그는 문 뒤에 숨어 있었다)

g. He sat down **between** the two ladies. → 사이에
   (그는 두 여자 사이에 앉아 있었다)

h. Birds are singing **among** the trees. → 가운데
   (새들이 나무 가운데서 지저귀고 있다)

i. She is sitting **next to** me. → 바로 옆에
   (그녀는 나 다음에 앉았다)

j. The post office is **opposite** the bank. → 반대 편에
   (우체국은 은행 건너편에 있다)

1. 성은 골짜기 위 언덕 위에 위치해 있었다.

castle/ stand/ valley

2. 그녀는 서류 뭉치 밑에 편지를 숨겼다.

hide/ a pile of/ paper

3. 그는 자기 밑에 3 명의 비서를 두고 있다.

secretary

4. 다리 밑으로 한 폭포가 있다.

waterfall

5. 아파트 앞에는 주차할 공간이 없다.

parking space

6. 그는 자신을 커튼 뒤에 숨겼다.

hide/ himself/ curtain

7. 그 열차는 서울과 부산 사이를 운행한다.

run

8. 그녀는 수상자 가운데 한 사람이다.

prize winner

9. 골프에서는 그 보다 더 잘하는 사람은 없다.

next/ none

10. 우리집은 그녀의 집과 마주보고 있다.

stand/ opposite

∼에 관하여, ∼에 대해서

a. I've had a letter from the tax authorities **concerning** my tax payments. → …에 관한 (관련된)

(나는 세무 당국으로 부터 나의 납세에 관한 서신통신을 받았다)

b. **As for** my classmates, most of them are nice. → … 에 대해서 말하자면

(나의 반 친구들에 대해서 말하자면, 그들 대부분은 괜찮은 애들이다)

c. I got email **regarding** a party this Friday. → … 에 관하여 (대하여)

(나는 이번 금요일 열리는 파티에 대한 이메일을 받았다)

d. **With regard to** new contract, we have some questions.

→ … 에 관해 (관련하여)

(새 계약서에 관하여, 우리는 몇 가지 질문이 있다)

e. **In regard to** your request, we are unable to respond positively at this time. → … 에 관해 (관련하여)

(귀하의 요청건과 관련하여, 저희는 이번에 긍정적인 답변을 드릴 수가 없습니다)

f. I have little information **as regards** his past. → …과 관련하여

(나는 그의 과거에 관한 정보가 거의 없다)

g. I'm calling **in reference to** your letter sent to me.

→ … 와 관련하여, … 에 관하여

(저에게 보낸 서신과 관련하여 전화를 드립니다)

h. This article examines experiments **with respect to** ethical issues.

→ … 에 대하여

(이 기사는 윤리적인 쟁점에 관한 실험을 다루고 있다)

i. We made a plan **in relation to** the future. → … 에 관하여

(우리는 미래에 대한 계획을 세웠다)

1. 그는 가난에 관한 설득력 있는 연설을 했다.

____

concerning/ deliver/ eloquent/ poverty

2. 우리는 그 보고서에 관한 몇 가지 질문이 있다.

____

concerning

3. 그 호텔에 대해서 말하면, 매우 불편했고 바닷가와 수 마일 떨어져 있었다.

____

as for/ uncomfortable

4. 오늘 세금 삭감에 관한 기사가 신문에 났다.

____

regarding

5. 저는 나의 업무에 관하여 당신과 상의할 것이 있습니다.

____

discuss with/ with regard to

6. 그녀는 자기가 좋아하지 않는 사람에 관해 자기의 속 마음을 드러내지 않는다.

____

in regard to

7. 당신이 무슨 옷을 입어야 하는지에 대한 특별한 규칙은 없습니다.

____

as regards/ should

8. 귀 회사의 채용공고와 관련하여 귀하께 문의를 드립니다.

____

write/ in reference to/ job opening

9. 방사선과 관련하여, 이 발전소는 매우 안전 합니다.

____

with respect to/ radiation/ power plant

10. 나는 그의 행동에 대해서는 할 말이 없다.

____

have/ nothing/ say/ in relation to/ action

대립

a. I still enjoyed the weekend **despite** the bad weather.
(나쁜 날씨에도 불구하고 나는 여전히 주말을 재미있게 보냈다)

b. She was allowed to take the test **in spite of** arriving late.
(지각을 했음에도 불구하고 그녀는 시험을 치루도록 허락되었다)

c. **Notwithstanding** their lack of experience, the team won the championship.
(경험부족에도 불구하고, 팀은 선수권 대회에서 우승을 차지했다)

d. **With all** her fault, I still love her.
(모든 그녀의 결점에도 불구하고, 나는 여전히 그녀를 사랑한다)

e. He maintained his conviction **against** all opposition.
(그는 모든 반대를 물리치고 자기의 신념을 관철했다)

---

a. despite → … 에도 불구하고

b. in spite of → … 에도 불구하고

c. Notwithstanding → … 에도 불구하고

d. With all → … 에도 불구하고, … 을 갖고서도

e. against → … 에 반대하여

1. 폭우가 온다는 일기예보에도 불구하고, 우리는 캠핑을 가기로 결정했다.

despite/ weather forecast/ heavy

2. 모든 그의 노력에도 불구하고 그는 실패했다.

despite/ effort

3. 3 번의 경고를 받았음에도 불구하고 그 호텔은 구내를 깨끗하게 유지하지 않았다.

keep/ premises/ in spite of/ warn

4. 부상에도 불구하고, 그는 토요일 경기에 출전할 것이다.

in spite of/ match

5. 값이 비쌈에도 불구하고 그는 그 집을 샀다.

notwithstanding/ high

6. 일부 회원들의 반대에도 불구하고, 나는 우리가 그 계획을 꼭 추진해야 한다고 생각한다.

Notwithstanding/ objection/ go ahead with

7. 결점은 있지만 그래도 그는 위대한 사람이다.

with all

8. 전화가 쇄도함에도 불구하고, 나는 여전히 내 일을 끝내도록 관리했다.

with all/ those/ get/ do

9. 당신은 그것에 찬성이요, 반대요?

for/ against

10. 승객들은 소매치기에 조심하라는 안내를 받았다.

passenger/ warn/ against/ pickpocket

전치사의 관용적 표현

a. He is **at home** in Chinese.
(그는 중국어에 정통하다)

b. Please send this package **by air**.
(이 소포를 항공편으로 보내 주십시오)

c. I'd like to live here **for good**.
(나는 여기서 영원히 살고 싶다)

d. I visit my parents **from time to time**.
(나는 때때로 부모님을 방문한다)

e. Don't pay the money **in advance**.
(미리 돈을 지불하지 마라)

f. He works **with energy**.
(그는 정력적으로 일한다)

g. He is absented from work **without notice**.
(그는 무단으로 결근했다)

a. at home → 정통하여

b. by air → 항공편으로

c. for good → 영원히

d. from time to time → 때때로

e. in advance → 사전에

f. with energy → 정력적으로

g. without notice → 예고 없이

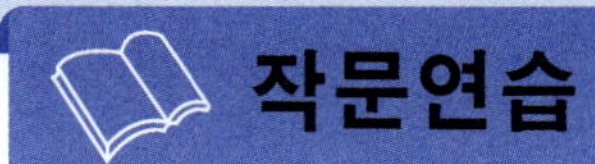

1. 그는 못되어도 평론가는 될 것이다.

____

critic/ at worst

2. 그는 내게서 강제로 그 돈을 가져갔다.

____

by force

3. 나는 내 혼자 힘으로 이 글을 썼다.

____

for oneself

4. 그 소식은 입에서 입으로 전파되었다.

____

spread/ mouth to mouth

5. 나는 개인적으로 너와 얘기하고 싶다.

____

wish/ in private

6. 기념식은 닥터 김을 기념하기 위해 열렸다.

____

ceremony/ hold/ in honor of

7. 그는 그것을 일부러 그렇게 했다.

____

do/ so/ on purpose

8. 요청하시면 참고서류는 제출 하겠습니다.

____

reference/ will / provide/ upon request

9. 그녀는 어렵게 인터뷰를 통과했다.

____

with difficulty

10. 나는 당신의 진술을 무조건 수락할 수는 없다.

____

accept/ statement/ without reserve

새로운 패턴으로
따라잡는 미국식 영작문

7. 부정사 (구) 패턴

– 동사에 "to"를 붙여서 〈to+동사~〉 형태를 "부정사"라고 합니다.

– 부정사라는 말은 "정해지지 않았다"라는 말입니다. 그 말의 의미는 부정사가 "명사"로 쓰이고, "형용사"로 쓰이며, "부사"로도 쓰인다는 말입니다.

– 여기서는 부정사가 명사를 수식하는 "형용사"의 역할과 그 외 말을 수식하는 "부사"의 역할을 공부 합니다.

– 동작을 표현 할 때, "부정사, 동명사, 분사"를 써서 표현 합니다.

– 부정사는 대개 "미래의 동작" 또는 "순간적으로 지나가는 동작"을 표현할 때 쓰입니다. 이에 비해, 동명사는 "과거의 동작"이나 "일반적인 사실의 동작" 또는 "습관"의 동작을 나타낼 때 쓰이고, 분사는 "현재의 동작"에 쓰입니다.

73

명사 + to do ~

a. I have <u>no friend</u> **to help me**.
   (나는 나를 도와 줄 친구가 없다)

b. She needs <u>a house</u> **to live in**.
   (그녀는 살 집이 필요하다)

c. He made <u>a promise</u> **to pay** within a month.
   (그는 한 달 내에 갚겠다는 약속을 했다)

 **설명**

- 〈부정사(구)가 명사를 수식〉 하는 패턴 입니다.
- 명사를 수식하는 말을 형용사라고 합니다. 부정사(구) (to do~)가 명사를 수식할 때, 이를 부정사(구)의 "형용사적 용법"이라고 합니다.
- 명사가 부정사(구)로 부터 수식을 받을 때, 명사와 부정사(구)는 〈주어+동사〉 또는 〈동사+목적어〉 또는 〈동격관계〉를 갖습니다.
- 예문 〈 a 〉에서 명사와 부정사(구)는 "주어+동사" 관계입니다. "no friends to help me → no friends help me"가 성립되기 때문입니다.
- 예문 〈 b 〉는 "동사+목적어" 관계입니다. "a house to live in → live in a house"가 되기 때문입니다. "동사+목적어" 관계가 되기 때문에 "live" 다음에 전치사 "in"이 온 것입니다. 다른 예로, "I need a pencil to write with"로 "write"는 전치사 "with"를 동반해야 합니다. "write with a pencil"이 성립되야 하기 때문입니다.
- 예문 〈 c 〉의 명사와 부정사(구)는 "동격관계" (a promise=to pay) 입니다. 부정사(구)가 명사 "ability, authority, chance, decision, effort, intention, means, money, meeting, plan, opportunity, right, time, way" 등을 수식할 때, 명사와 부정사(구)가 "동격관계"를 갖는 경우가 많이 나타납니다.

---

a. no friend to help me → "주어+동사" 관계 (no friend helps me)

b. a house to live in → "동사+목적어" 관계 (live in a house)

c. a promise to pay → "동격" 관계 (a promise=to pay)

1. 나는 나를 돌봐 줄 가족이 없다.

____

look after

2. 그는 친구를 배신할 사람이 아니다.

____

the last man/ betray

3. 나는 오늘 해야 할 일이 많다.

____

lots of

4. 구입해야 할 것이 남아 있지 않다.

____

left

5. 그는 딛고 설 발이 하나도 없었다.

____

stand

6. 앉을 의자를 주십시오.

____

give

7. 나는 그것을 살 돈이 없다.

____

have

8. 그는 그녀와 결혼할 것을 약속했다.

____

promise

9. 나는 컴퓨터를 배울 기회를 갖지 못했었다.

____

never/ have had/ chance/ learn

10. 매달 초에 우리 부서는 지난달의 사업 과정을 검토하기 위한 회의를 연다.

____

at the beginning of/ department/ hold/ review/ previous month's progress

형용사 + to do ~

a. I'm <u>ready</u> to go.
(나는 갈 준비가 됐다)

b. French is <u>hard</u> to learn.
(불어는 배우기 어렵다)

c. She is too <u>young</u> to drink.
(그녀는 술을 마시기에는 너무 나이가 어리다)

d. She is <u>old</u> enough to drink.
(그녀는 술을 마시기에는 충분히 나이가 들었다)

설명

- 〈부정사 (구)가 형용사를 수식〉 하는 패턴 입니다.
- 형용사를 수식하는 말을 부사라고 합니다. 부정사 (구)가 "형용사"를 수식하는 경우, 이를 부정사(구)의 "부사적인 용법"이라고 합니다.
- 예문 〈 a 〉의 "to go"는 형용사 "ready"를 수식합니다.
- 예문 〈 b 〉의 "to learn"은 형용사 "hard"를 수식합니다.
- "too+형용사+to do~"와 "형용사+enough+to do~" 용법이 있습니다.
- 예문 〈 c 〉와 같이 "too+형용사+to do~"로 "부정의 의미"를 나타냅니다.
- 예문 〈 d 〉의 "형용사+enough+to do~"는 "긍정의 의미"를 나타냅니다.
- 부사 "enough"가 형용사를 수식할 때는 형용사 뒤에 (형용사+enough) 위치 합니다

---

a. ready to go → 형용사 + to do

b. hard to learn → 형용사 + to do

c. too young to drink → too + 형용사 + to do (부정의 의미)

d. old enough to drink→ 형용사 + enough + to do (긍정의 의미)

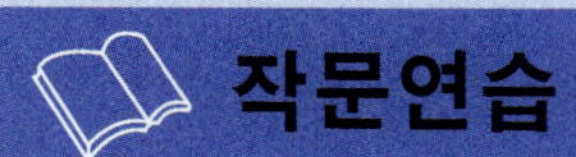

작문연습

1. 영어는 배우기가 쉽지 않다.

____

easy/ learn

2. 그는 우리가 다루기가 어렵다.

____

deal with

3. 그의 질문들은 답하기가 어렵다.

____

answer

4. 그들은 꼭 온다.

____

sure

5. 그녀는 그 집을 사기를 갈망하고 있다.

____

anxious

6. 이 물은 마시기에 좋다.

____

drink

7. 먹기에 좋은 것은 당신에게 좋다.

____

what/ good/ eat

8. 그녀는 대화하기에 편한 사람 이다.

____

easy

9. 우리는 너무 시간을 낭비하기 쉽다.

____

apt/ waste

10. 그는 별장을 가질 정도로 부유하다.

____

own/ villa

문장전체 + to do ~

a. He had to run (<u>in order</u>) **to catch the bus.**
(그는 버스를 타기 위해 뛰었어야 했다)

b. My car stopped just in time **to avoid an accident.**
(나의 차는 시간에 꼭 맞게 멈췄으며, 그 결과 사고를 면할 수가 있었다)

c. He had <u>the luck</u> **to pass the exam.**
(그는 운이 좋아서 시험에 합격했다)

d. I tried it again, <u>only</u> **to fail.**
(나는 재차 시도해 보았으나, 그 결과는 실패했을 뿐이다)

e. She left John, <u>never</u> **to return to him.**
(그녀는 존의 곁을 떠났고, 그 결과 그에게 돌아가지 못했다)

f. He worked <u>so</u> hard <u>as</u> **to be rich.**
(그는 아주 열심히 일했고 그 결과 부자가 되었다)

g. The river was <u>too</u> cold **to swim in.**
(강물이 너무 차서 그 결과 수영을 할 수가 없었다)

h. You will do well **to speak more clearly and slowly.**
(더 분명히 그리고 천천히 말을 한다면 당신은 잘 할 수 있을 것이다)

i. **To do my best,** I couldn't solved the problem.
(최선을 다했으나 그 문제를 해결할 수가 없었다)

j. He must be a fool **to believe such a thing.**
(그런 것을 믿다니 그는 어리석은 사람이다)

- 〈부정사 (구)가 문장전체를 수식〉 하는 패턴 입니다.

- 명사 이외에 다른 말을 수식하는 말을 부사라고 합니다. 문장전체 (주절)를 수식하는 부정사(구)는 부사 역할을 한 것입니다.

- 부정사(구)가 주절을 수식할 때 주절과 부정사(구)와는 〈목적, 결과, 조건, 양보, 이유〉 등의 관계를 갖습니다.

- 예문 〈 a 〉에서 부정사구 "to catch the bus" (버스를 타기위해)는 주절의 "He had to run" (그는 뛰었어야 했다)과 "목적"의 관계를 나타내고 있습니다. 목적의 관계를 분명히 하기 위해 "in order"나 "so as"가 "to do~" 앞에 붙기도 합니다.

- 예문 〈 b 〉는 "원인·결과"의 관계 입니다. 주절의 "My car stopped just in time" (내 차가 시간에 맞게 멈췄다)이 원인이 되고, 부정사구 "to avoid an accident" (그 결과 사고를 면했다)가 결과 입니다. "My car stopped just in time"이 원인이 되는 것은 "stopped"라는 동작이 논리적으로 "avoid"라는 동작 보다는 먼저 일어났기 때문입니다.

- 예문 〈 c 〉와 같이 "have+the 추상명사+to do~"의 경우에, "have + the 추상명사"가 원인이 되고 "to do~" 이하가 결과가 됩니다.

- 예문 〈 d 〉와 〈 e 〉와 같이, "only to do~"와 "never to do~"는 결과를 나타냅니다.

- 예문 〈 f 〉와 〈 g 〉의 "so~ as to do~"와 "too~ to do~"에서 "to do~"는 결과를 나타냅니다. "so~ as to do~"는 긍정의 의미를 나타내고, "too~ to do~"는 부정의 의미를 나타냅니다.

- 예문 〈 h 〉의 부정사(구) (to speak more clearly and slowly)는 "조건"을 나타냅니다. "You will do well if you speak more clearly and slowly"의 의미를 나타내기 때문입니다.

- 예문 〈 i 〉의 "To do my best"는 "양보"를 나타냅니다. "Although I did my best, I couldn't solved the problem"의 관계가 되기 때문입니다.

- 예문 〈 j 〉의 부정사구 (to believe such a thing)는 "이유"를 나타냅니다. "He must be a fool because he believes such a thing"의 의미를 나타내기 때문입니다.

해설

a. in order to catch the bus → "in order to do"로 "목적"

b. to avoid an accident → "결과"

c. had the luck to pass the exam → "have + the 추상명사 + to do"로 "결과"

d. only to fail → "only to do"로 "결과"

e. never to return to him → "never to do"로 "결과"의 관계를 분명히 한다

f. so hard as to be rich → "so ~as to do"로 "결과"

g. too cold to swim in → "too ~to do"로 "결과"

h. to speak more clearly and slowly → "조건"

i. to do my best → "양보"

j. to believe such a thing→ "이유"

〈목적〉
1. 은밀히 이야기를 하려고 그녀는 딸과 마주 앉았다.

   ____
   face to face/ have/ talk/ in secrecy

2. 어느 때나 일에 밀리지 않도록 우리는 시간을 잘 이용해야 한다.

   ____
   should/ make good use of/ press

3. 그리운 아버지를 만나기 위하여 어린 남매는 장거리 여행을 했다.

   ____
   in order to/ dear/ little brother and sister/ make/ journey

4. 야구 경기를 보기 위해 나는 내일 오후 너를 야구 경기장으로 데리고 갈 예정이다.

   ____
   be going to/ take/ stadium

5. 그는 군중 속의 모든 사람이 자기 말을 알아듣도록 큰 소리로 외쳤다.

   ____
   shout/ at the top of his voice/ in order to/ make/ hear/ in the crowd

6. 나는 내일 쉬기 위해 오늘 저녁 늦게까지 일할 작정이다.

   ____
   will/ go on/ till late/ be free

〈원인 · 결과〉
7. 그녀는 자라서 훌륭한 피아니스트가 되었다.

   ____
   grow up

8. 퀴리 부인은 여러 해 동안 연구실에 틀어박혀 있었는데 그 결과 가장 유용한 원소의 하나인 라듐을 발견했다.

   ____
   Madame Curie/ had confined/ discover/ radium/ which/ useful/ element

9. 눈을 떠보니 나는 어떤 병원 침대 위에 누워 있는 것을 알게 되었다.

   ____
   find/ myself/ lie

10. 그는 운이 나빠서 시험에 떨어졌다.

    ____
    have/ misfortune/ fail in

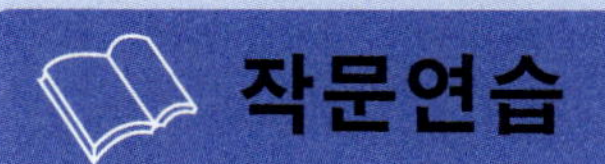 **작문연습**

〈조건〉
11. 내가 당신과 함께 간다면 기쁘겠습니다.

____

should

12. 내가 그 지위를 얻을 수 있다면 기쁠 것이다.

____

should/ get/ position

13. 너에게 도움이 되었더라면 그녀는 만족했을 것이다.

____

would/ pleased/ be of any service

14. 거짓말을 다시 하면, 너는 벌을 받게 될 것이다.

____

will/ punish

〈양보〉
15. 비록 그것을 보아도 믿지 않을 게다.

____

see/ would

16. 최선을 다 했지만, 그는 인터뷰하는 사람에게 좋은 인상을 주지는 못했다.

____

could/ impression/ interviewer

〈이유〉
17. 나는 당신을 오래 기다리게 해서 미안합니다.

____

have kept/ long

18. 나는 그가 중상을 입었다는 것을 알고서 놀랐다.

____

find/ seriously

19. 다시 오기가 귀찮으니 그가 돌아올 때까지 여기서 기다리겠습니다.

____

shall/ spare/ myself/ trouble/ come

20. 위원장께서 그 문제에 관해 한마디 하라고 본인을 불러 주신 것을 큰 영광으로 생각합니다.

____

consider/ honor/ call upon/ say/ something/ subject

76

부정사 (구) 관용어구

a. **To tell the truth**, I don't know anything about him.
(사실대로 말하면, 나는 그에 대해서 아는 것이 없다)

b. He is, **so to speak**, a grown-up baby.
(그는 말하자면 큰 어린애다)

 **설명**

- 〈부정사 (구)의 관용어〉 패턴 입니다.
- 다음은 부정사(구)의 관용어 표현들 입니다.
- "to do him justice" 정당하게 평가하자면
- "to make matters worse" 설상가상으로
- "strange to say" 이상한 말이지만
- "not to speak of~" ~은 말할 것도 없고
- "so to speak" 소위말해서
- "to tell the truth" 사실을 말하자면
- "to begin with" 우선 먼저 말하자면
- "to be sure" 확실히
- "needless to say" 말할 필요도 없이
- "to sum up" 요컨데.

---

a. to tell the truth → 부정사(구) 관용어구

b. so to speak → 부정사(구) 관용어구

작문연습

1. 정당하게 평가하자면, 그는 정직한 사람이다.

___

honest

2. 설상가상으로 비까지 오기 시작했다.

___

begin

3. 이상한 말이지만, 문이 저절로 열렸다.

___

of itself

4. 영어는 말할 것도 없고, 그는 독일어와 불어도 안다.

___

French/ German

5. 소위말해서 그는 걸어 다니는 사전이다.

___

walking

6. 사실을 말하자면, 나는 그가 말하는 말을 이해하지 못했다.

___

word/ what

7. 우선 먼저 말하자면, 급료가 너무 낮다.

___

wage/ low

8. 확실히, 이 영화는 볼 만한 가치가 없다.

___

worth/ see

9. 말할 필요도 없이, 당신은 비밀을 지켜야 한다.

___

should/ keep/ secret

10. 요컨데, 나는 그의 이야기가 어디까지 진실인지 모르겠다.

___

how far/ story/ true

새로운 패턴으로
따라잡는 미국식 영작문

8. 동명사 (구) 패턴

– 동사를 "~ing" 형태로 고쳐서 "동명사"로 씁니다. 동명사라는 뜻은 "동사가 명사의 역할"을 했다는 의미입니다.

– 따라서, 동명사를 "행위"를 나타내는 말이라고 합니다. "Smoking is prohibited here."라고 할 때, "smoking"은 "담배를 피는 행위"를 말함으로 "여기서는 담배를 피는 행위가 금지된다"는 말이 되겠습니다.

– 동명사는 대개 "과거의 동작"이나 "일반적인 사실의 동작" 또는 "습관"의 동작을 나타낼 때 쓰입니다.

– 동사를 "~ing" 형태로 고쳐서 "분사"로 쓰기도 합니다. 분사라는 뜻은 "동사의 성질을 가지고 형용사의 역할"을 했다는 의미입니다. "~ing" 형태가 동명사로 쓰였느냐 분사로 쓰였느냐는 명사의 역할을 했는지 형용사의 역할을 했는지에 따라 구별됩니다.

– 동명사는 명사의 역할 뿐만 아니라, 〈전치사+~ing〉 형태로 명사를 수식하는 "형용사"나 명사 이외에 다른 말을 수식하는 "부사"로도 쓰일 수 있습니다.

명사 + 전치사 + ~ing ~

a. He has no intention **of quitting** smoking.
   (그는 금연할 생각이 전혀 없다)

b. **The designing** of a new house isn't a difficult task to me.
   (새 집을 설계하는 것은 나에게 그리 어려운 일은 아니다)

c. I had difficulty **(in) doing** the work.
   (나는 그 작업을 하는데 매우 애를 먹었다)

d. Diversity is the key **to maximizing returns**.
   (다양성이 수익을 극대화하는 비결이다)

 **설명**

- 〈"전치사 + ~ing"가 명사를 수식〉 하는 패턴 입니다.
- 동명사(구)가 명사를 수식할 때 〈전치사+~ing~〉 형태로 수식을 합니다.
- 예문 〈 a 〉와 같이 "of+~ing~" (of quitting smoking) 형태로 명사를 수식할 때 명사와 동명사(구)는 동격관계 (no intention=quitting smoking)를 나타냅니다.
- Pattern 73 에서 소개한 "ability, authority, chance, decision, effort, intention, means, money, meeting, plan, opportunity, right, time, way" 등의 명사는 "to do~"로 수식을 받기도 하고 "of+~ing~"로 수식을 받기도 합니다. 이 경우, 명사와 부정사 (to do~)는 동격관계를 이루고, 명사와 동명사 (~ing~) 또한 동격관계 입니다.
- "미래"의 동작에 중점을 두는 경우에는 "명사 + to do~"로 쓰는 경향이 있고, "과거의 동작"을 비롯하여 미래의 동작이라도 "일반적인 사실, 습관"에 해당되는 동작에는 "명사 + of ~ing~"로 쓰는 경향이 있습니다.
- 예문 〈 b 〉는 "동사+목적어" (design a new house) 형태를 "the ~ing+of 명사" (the designing of a new House) 형태로 바꾸어 쓴 것입니다.
- 예문 〈 c 〉의 "in+~ing"는 명사 "difficulty"를 수식합니다. "have difficulty + in ~ing"는 "… 하는데 애를 먹고 있다"를 의미합니다. "difficulty" 대신에 "struggle, trouble, a hard time" 등이 쓰이기도 합니다. 전치사 "in"은 "difficulty"에 대한 "한정"의 관계를 나타내기 위해 쓰인 것이며 생략할 수 있습니다.
- 예문 〈 d 〉의 "to+~ing~" (to maximizing returns)는 명사 "the key"를 수식합니다. 전치사 "to"는 결과를 나타냅니다

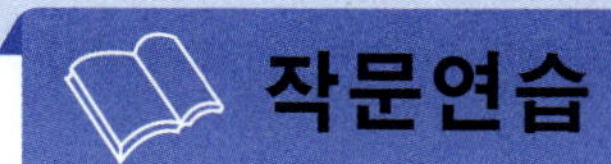

1. 그는 술을 먹고 운전한 혐의에 대해 무죄를 주장했다.

____

plead/ guilty/ charge/ driving while intoxicated

2. 그는 일할 만한 기운을 다시 찾았다.

____

has regained/ power

3. 속기는 말을 신속히 기록하는 방법이다.

____

shorthand/ method/ record/ rapidly

4. 나는 당신의 권리를 무시할 의사가 없다.

____

intention/ ignore

5. 당신과 말을 나누어서 기쁩니다.

____

have/ pleasure/ speak

6. 그녀는 겨울이 오는 것을 무서워한다.

____

dread/ come

7. 상품의 마케팅은 몇 달 동안 계속될 것이다.

____

product/ will/ for

8. 그들은 그 문제를 해결하는 데 애를 먹었다.

____

matter

9. 나는 밤에 잠을 자는 데 어려움을 겪고있다.

____

get to

10. 언어를 습득하는 것이 문화를 이해하는 실마리이다.

____

learning/ key/ culture

형용사 · 분사 + 전치사 + ~ing ~

a. She was <u>busy</u> **(in) preparing the trip** to Canada.
(그녀는 캐나다로의 여행 준비로 바빴다)

b. He was <u>angry</u> **at being treated** like a child.
(그는 아이처럼 취급당하는 것에 화가 났다)

c. I'm <u>sorry</u> **for missing the deadline**.
(마감 시간을 놓쳐서 죄송합니다)

d. She felt <u>depressed</u> **from being away from home**.
(그녀는 집에서 멀리 떨어져 있게 되어 활기를 잃었다)

e. The children are <u>excited</u> **about moving to a new city**.
(아이들이 새 도시로 이사를 가게 되어 흥분해 있다)

f. The matter is not <u>worth</u> **rediscussing**.
(이 문제는 재론할 만한 가치가 없다)

 설명

- 〈"전치사 + ~ing"가 형용사를 수식〉 하는 패턴 입니다.
- 동명사(구)가 형용사를 수식할 때 〈전치사 + ~ing~〉로 수식을 합니다.
- 어떤 전치사가 오느냐는 내용에 따라 달라집니다.
- 예문 〈a〉에서 "in + ~ing~" (in preparing the trip)는 주절의 형용사 "busy"를 수식합니다. 이때에 전치사 "in"은 〈한정〉의 관계를 나타냅니다. 한정이란 "어떤 개념이나 범위를 제한 한다"는 뜻입니다. 예문 〈a〉에서 "그녀가 바쁜 것은 여행을 준비하느라 바쁜 것으로 제한됩니다. 한편, "in+~ing"의 "in"은 생략할 수 있습니다.
- 예문 〈b〉 처럼 〈감정의 원인〉을 나타낼 때는 전치사 "at"을 씁니다.
- 〈이유〉나 〈목적〉을 나타낼 때는 "for + ~ing~"로 씁니다. 예문 〈c〉는 이유에 해당됩니다.
- 〈신체에 미치는 영향〉의 원인에는 예문 〈d〉 처럼 전치사 "from"이 쓰입니다.
- 개괄적인 〈…에 대해서〉서는 예문 〈e〉처럼 전치사 "about"을 씁니다.
- 예문 〈f〉의 형용사 "worth"는 뒤에 "명사"를 받거나, "~ing"를 받습니다.

1. 그녀는 운동하느라 바쁘다.

take/ exercise

2. 외국어를 배우는 데는 연습이 가장 중요하다.

practice/ most/ foreign language

3. 그는 병으로부터 회복하는데 오래도록 질질 끌었다.

long/ recover/ illness

4. 이번 총선은 당의 장래를 판가름 하는데 아주 중요하다.

the coming general election/ determine

5. 그는 전시회를 위한 새 상품들을 제 시간에 대느라 정말로 바쁘게 지내고 있다.

has been/ get/ product/ in time/ exhibition

6. 그는 대학에 떨어져 낙심하고 있다.

depressed/ have failed/ enter

7. 그는 파티에 초대받지 못해 화가 났다.

at/ invite

8. 나는 모두에게 폐를 끼쳐서 미안했다.

cause/ so much/ trouble

9. 딸 아이가 처음으로 운전면허증을 따서 신이 났다.

excited/ about/ have got/ driver's license

10. 그런 사소한 일은 걱정할 가치가 없다.

such a trifling thing/ worth/ worry about

문장전체 + 전치사 + ~ing ~

a. They have been criticized **for** not **having** many required courses.
(그들은 많은 필수과목들을 개설해 놓지 않았기 때문에 비난을 받아오고 있다)

b. People who cannot speak can talk **by using** signs.
(말을 못하는 사람들은 신호를 이용해서 대화한다)

c. **On leaving** school, he went into business.
(그는 학교를 떠나자 마자 사업에 투신했다)

d. He left **without telling** me.
(그는 나에게 아무 말 없이 떠났다)

 설명

- ⟨"전치사 + ~ing"가 문장전체를 수식⟩ 하는 패턴 입니다.
- 동명사(구)가 문장전체를 수식할 때 ⟨전치사+~ing~⟩ 형태로 수식을 합니다.
- 이 때에 동명사구는 부사 역할을 한 것입니다.
- 동명사(구) 앞에 오는 전치사가 문장의 내용에 따라 달라집니다.
- 예문 a.의 "for+~ing"는 "이유"나 "목적"을 나타낼 때 쓰입니다.
- 예문 b.의 "by+~ing"는 "…함으로 써"라는 의미로 "수단"을 나타냅니다.
- 예문 c.의 "on+~ing"는 "… 하자 마자" (=as soon as)의 뜻입니다.
- 예문 d.의 "without+~ing~"는 "~ 없이" 라는 의미입니다.

---

a. for not having → "for"는 "이유나 목적"

b. by using signs → "by"는 "수단"

c. On leaving school → "on + ~ing"는 "as soon as"의 의미

d. without telling → "without"은 "~없이"

1. 그들은 정부에 반대 발언을 한 이유로 투옥되었다.

____

put/ prison/ for/ speak out/ against

2. 용감한 사나이가 아이를 구출한 공로로 시장으로부터 포상을 받았다.

____

brave/ reward/ for/ save

3. 컴퓨터는 정보처리를 통해 문제를 해결한다.

____

solve/ by/ process

4. 우리는 인터넷을 검색함으로써 많은 정보를 얻을 수 있다.

____

get/ lots of/ by/ surf

5. 학교를 그만두고 그는 사업을 시작했다.

____

after/ drop out of/ go into

6. 요사이 대부분의 사람들은 버스나 기차를 타기 전에 줄을 선다.

____

nowadays/ form/ queue/ before/ board

7. 나는 그것을 실현하기 위하여 무엇인가를 해야 한다.

____

must/ toward/ bring + o + about

8. 유럽 여행에서 돌아오자 마자, 그는 병원에 계신 나의 어머니의 안부를 묻기위해 나에게 전화를 했다.

____

return/ Europe/ phone/ ask about

9. 그들은 수당도 받지 못하고 초과 근무를 해야했다.

____

had to/ extra hours/ without/ pay

10. 나는 그를 볼 때 마다 화가 났다.

____

never/ see/ without/ become

동명사 (구) 관용어

a. **There is no telling** what will happen next.
(다음에 무슨 일이 일어날지 말하기란 불가능하다)

b. **It is no use crying** over spilt milk.
(엎질러진 우유를 보고 울어 봐야 소용없다)

c. **It goes without saying** that health is better than wealth.
(부 보다 건강이 좋다는 것은 말할 것도 없다)

d. She **is in the habit of sitting** up late.
(그녀는 늦게 까지 잠을 안자는 것을 원칙으로 한다)

e. **I cannot help admiring** him.
(나는 그를 칭찬하지 않을 수 없다)

f. He **was on the point of starting**.
(그는 막 떠나려고 했었다)

g. They **went mountain-climbing** in the Alps.
(그들은 알프스로 등산하러 갔다)

h. This book is **worth reading** intensively.
(이 책은 철저하게 읽을 가치가 있다)

 설명

• 〈동명사(구) 관용어〉 패턴 입니다.

---

a. There is no telling → ~를 말하기란 불가능하다

b. It is no use crying → ~에 대해 울어 봐야 소용없다

c. It goes without saying → ~은 말할 것도 없다

d. be in the habit of +~ing → ~하는 것을 원칙으로 하고 있다

e. cannot help + ~ing → ~하지 않을 수 없다

f. be on the point of +~ing → 막 ~하려고 하다

g. go +~ing → ~하러 가다

h. worth + ~ing → ~할 만한 가치가 있다

1. 비행기가 언제 도착할지는 도저히 알 수 없다.

____

no/ tell/ arrive

2. 그 사람에 대해 걱정해 봐야 소용없다.

____

worry about

3. 우리 계획이 날씨에 따라 결정된다는 것은 말할 나위도 없다.

____

say/ depend on

4. 나는 하루에 두 번 이를 닦는 것을 원칙으로 한다.

____

brush

5. 나는 그녀를 사랑하지 않을 수 없다.

____

stop

6. 전화벨이 울렸을 때 나는 막 사무실을 나서려고 했었다.

____

leave/ telephone/ ring

7. 우리는 지난주 일요일에 자전거를 타러 갔었다.

____

last

8. 그는 배달에 대한 추가 요금을 내는 것에 대해 항의하지 않았다.

____

pay/ extra charge/ delivery

9. 정부의 새로운 계획은 수도권 과밀 인구 해소에 기여할 것이다.

____

contribute to/ ease/ overpopulation/ metropolitan area

10. 무엇이든지 할 만한 가치가 있는 것은 잘 할만한 가치가 있다.

____

whatever/ worth/ do/ well

새로운 패턴으로
따라잡는 미국식 영작문

9. 분사 (구) 패턴

- 동사를 "∼ing" 형태나 "∼pp" 형태로 고쳐서 "분사"로 씁니다.
- 분사라는 뜻은 "동사의 성질을 가지고 형용사의 역할"을 했다는 의미입니다.
- 따라서 분사는 "동사"의 성질을 가지고 "∼ing"는 〈능동진행〉 으로, "∼pp"는 〈수동〉으로 쓰입니다.
- 형용사로 쓰일 때는 "∼ing"나 "∼pp" 모두 "상태"를 나타냅니다.
- 동명사는 명사의 역할 뿐만 아니라, 〈전치사+∼ing〉 형태로 명사를 수식하는 "형용사"나 명사 이외에 다른 말을 수식하는 "부사"로도 쓰일 수 있습니다.

명사 + ~ing / ~pp ~

---

a. The **screaming** child was given a pacifier.
   (삑삑우는 아이에게 고무젖꼭지를 물려주었다)

b. The child **screaming** was given a pacifier.
   (삑삑우는 아이에게 고무젖꼭지를 물려주었다)

c. Children **interested in music** early develop strong intellectual skills.
   (조기에 음악에 흥미를 가진 아동들은 견실한 지적능력을 발전시킨다)

 설명

- 〈현재분사 (~ing) 또는 과거분사 (~pp)가 명사를 수식〉하는 패턴 입니다.
- 부정사가 "미래의 동작"에 쓰이고, 동명사는 "과거의 동작, 습관, 일반적인 사실"의 동작에 쓰인다면, 분사는 "현재의 동작"에 쓰입니다.
- 현재분사 (~ing)는 "능동·진행의 동작"을 나타내고, 과거분사 (~pp)는 "수동의 동작"을 나타냅니다.
- 분사는 명사 앞에 와서 (분사+명사) 명사를 수식할 수도 있고, 명사 뒤에 와서 (명사+분사) 명사를 수식할 수도 있습니다. 분사가 명사 뒤에 와서 명사를 수식하는 경우, 이를 "한정적 용법"이라고 하는 데, 한정적 용법이란 "명사가 나타내는 내용의 범위나 한계를 제한한다"라는 의미입니다.
- 예문 〈 a 〉의 "the screaming child"나 b.의 "the child screaming"은 "능동·진행의 동작"으로 모두 "삑삑거리며 우는 아이"를 의미합니다. 그런데, 예문 a.의 "the screaming child"는 그냥 "삑삑 우는 아이"를 설명한 것이고, 〈 b 〉의 "the child screaming"은 "아이들 여러 명 가운데 삑삑우는 아이"를 표현한 것으로 "screaming"이 명사 "the child"가 어떤 "child"인지 그 범위를 제한하고 있습니다.
- 예문 〈 c 〉의 분사구 "interested in music" 역시 명사 "children"의 의미를 "음악에 관심을 가진 아이들"로만 으로 한정하고 있습니다.

---

a. The screaming child → ~ing + 명사 (능동·진행)

b. The child screaming → 명사 + ~ing + 명사 (능동·진행/ 한정적 용법)

c. Children interested in music → 명사 + ~pp (수동동작/ 한정적 용법)

1. 테이블에 놓여있는 펜은 나의 것입니다.

____

lie/ belong to

2. 당신은 저쪽에 서 있는 저 여자분을 아십니까?

____

over there

3. 나는 거기서 자기들의 신부에게 장미 꽃다발을 주고 있는 일부 신랑들을 쳐다보고 있었다.

____

look at/ bridegroom/ bride/ a bunch of

4. 나는 지나가는 자동차들에 돌맹이를 던지는 한 남자를 목격했다.

____

spot/ throw/ rock/ passing

5. 빌딩을 향해서 자제력을 잃고 미끄러져 내려오는 트럭은 창문을 들이 받을 듯하다.

____

slide/ out of/ control/ toward/ likely/ hit

6. 5 년 이상 냉동된 음식은 맛이 역겹다.

____

. icky

7. 이 집은 벽돌로 짓고 있는 집이다.

____

brick

8. 이것이 우리 부서가 한 계획안입니다.

____

do/ division

9. 회의에서 내놓은 대부분의 제안은 쓸모가 없었다.

____

suggestion/ make/ good/ for nothing

10. 파티에 초대된 사람들 중 반은 폭설로 인해 올 수가 없었다.

____

could/ due to

문장전체 + ~ing / ~pp ~ 패턴

a. We were in the living room **watching TV**.
   (우리는 TV 를 보면서 리빙룸에 있었다.)

b. We stood **waiting for the taxi**.
   (택시를 기다리면서 우리는 서 있었다)

c. He left the house **whistling**.
   (휘바람을 불면서 그는 집을 나섰다)

d. She listened to the radio, and she didn't hear the doorbell.
→ **Listening to the radio**, she didn't hear the doorbell.
   (라디오를 듣고 있었던 그녀는 초인종 소리를 듣지 못했다)

e. **Dumped by his girlfriend**, he felt really lousy.
   (여자친구에게 차인 그는 정말로 비참함을 느꼈다)

f. We have written two tests today, so we are very exhausted.
→ **Having written two tests today**, we are very exhausted.
   (오늘 두 차례나 시험을 치러서, 우리는 아주 지쳤다)

g. Since I had not seen him for years, I didn't recognized him.
→ Not having seen him for years, I didn't recognize him.
   (수년간 그를 만나보지 못했기 때문에, 나는 그를 알아보지 못했다)

h. The police pursued the thief relentlessly, and finally the police caught him.
→ The police pursued the thief relentlessly, **finally catching him**.
   (경찰은 도둑을 가차없이 쫓았고 그리고 마침내 그를 잡았다)

i. The reception, **having been prepared carefully**, was a great success.
   (조심스럽게 준비해왔던 리셉션이 성공을 거두었다.)

j. **While walking along the street**, I met a friend of mine.
   (거리를 따라 걷는 동안, 나는 친구를 만났다)

k. **With his eyes closed** and his mouth **open**, he lay down.
(자기의 눈을 감은 채 그리고 입을 벌린 채 그는 누워 있었다)

l. **The sun set**, we came down to the town.
(해가 지자, 우리는 마을로 내려왔다)

 설명

- 〈분사구가 문장전체를 수식〉하는 패턴 입니다.
- 문장전체를 수식하는 분사구를 〈분사구문〉이라고 하기도 합니다.
- 두 개의 문장을 한 문장으로 만드는 과정에서, 문장 하나를 분사구로 만들었을 때 이 부분이 분사구문이 됩니다.
- 분사구문으로 만들 수 있는 조건은 두 문장의 주어가 같아야 합니다.
- "We were in the living room and we watched TV" 일 때 두 문장의 주어가 같음으로 예문 a.와 같이 "We were in the living room watching TV"로 쓸 수 있습니다. "watched"를 현재분사 "watching"으로 쓴 것은 주어 "we"와 "watching"이 "능동의 관계"가 되기 때문입니다.
- 접속사 "and"를 비롯하여, "시간" (when, as, since, while), "조건" (if), "양보" (although, though) "이유" (because, as), "결과" (so, so that)를 나타내는 부사절 접속사로 연결된 문장을 "분사구문"으로 만들게 됩니다. 따라서 주절과 분사구도 위와 같은 관계를 갖게 됩니다.
- 분사구문은 주절 앞에 올 수도 있고, 주절 뒤에 놓일 수도 있습니다.
- 예문 〈a〉, 〈b〉, 〈c〉에서 분사구는 주절 뒤에 있습니다. 문맥상 혼동의 우려가 없는 경우에는 분사구를 주절 뒤에 놓아도 됩니다. 혼동의 우려가 있는 경우에는 분사구를 주절 앞에 놓습니다.
- 예문 〈e〉에서 "dumped by his girlfriend"로 수동으로 쓴 것은 주절의 주어 "he"가 "여자친구에 의해서 차임을 당했기 때문" 입니다.
- 예문 〈f〉는 결과를 나타내는 부사절이 있는 문장을 분사구문으로 고친 것입니다.
- 예문 〈g〉와 같이 분사구를 부정하는 부사 "not"은 분사구 앞에 옵니다.
- 예문 〈h〉에서 "~ relentlessly, finally catching him"의 분사구 부분을 "and then the police catched~" 식으로 "and then"을 넣어서 해석해야 하는 경우도 있습니다.
- 예문 〈i〉와 같이 분사구가 "문장 중간"에 올 수도 있습니다.
- 혼동의 우려가 있을 경우에는 예문 〈j〉와 같이 (while walking~) 분사구 앞에 "접속사"를 생략하지 않아도 됩니다.
- 예문 〈k〉와 같이 〈with + 명사 + ~pp〉 (with his eyes closed) 또는 〈with + 명사 + 형용사〉 (with his mouth open) 형태와 예문 〈l〉과 같이 〈명사 + ~pp〉 (The sun set) 형태의 분사구문도 있습니다. 이 형태는 분사구와 주절의 상황이 "동시에 일어나고 있다"는 것을 보여주는 것입니다.

1. 계단을 내려오다 그녀는 발목을 삐었다.

____

twist/ ankle/ come down/ stair

2. 많은 돈을 써가면서 그는 마침내 그녀와 결혼했다.

____

finally/ a lot of

3. 그의 가장 큰 즐거움은 술집에 앉아서 친구들과 이야기 하는 일이었다.

____

pleasure/ pub

4. 비가 멈추기를 기다리면서 우리는 버스정류소에 앉아 있었다.

____

bus shelter

5. 우스꽝스러운 게임을 하면서 우리는 파티에서 재미있게 놀았다.

____

have/ fun/ silly

6. 국가의 조세 수입이 작년에 비해 소폭으로 증가했다.

____

nation/ revenue/ increase/ slightly/ compare to

7. 구름을 힐끗 쳐다보면서 농부는 그의 머리를 흔들었다.

____

glance at/ shake

8. 나와 비교해 볼 때, 그는 더 지혜롭다.

____

compare with

9. 기록들을 조사한 다음에 변호인은 새로운 증서를 준비했다.

____

examine/ prepare/ deed

10. 나쁜 소식에 충격을 받은 그녀가 울음을 터뜨렸다.

____

shock/ burst into tears

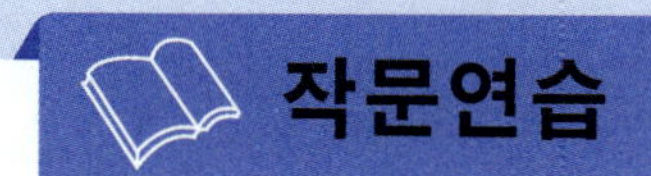 **작문연습**

11. 사람들에 의해 칭송을 받은 그는 점점 거만해지기 시작했다.

admire/ grow/ arrogant

12. 차고로 실려간 내차는 한 시간도 안되어서 수리가 되었다.

take/ garage

13. 아직 정돈이 되지 않은 방은 마치 전쟁터와 같았다.

not/ tidy up/ yet/ look/ battlefield

14. 그는 제일 좋은 장면들을 고르고, 적합하지 않은 모든 것들은 빼 버렸다.

choose/ scenes/ leave out/ unsuitable

15. 폭풍우로 흔들리는 배는 안전을 위해 몸부림을 쳤다.

buffet/ storm/ struggle to

16. 음악을 듣는 동안, 나는 잠에 빠졌다.

fall

17. 밤이 오자 우리는 공원을 떠나 집으로 향했다.

with/ come on

18. 팔짱을 낀 채, 그는 말없이 앉아 있었다.

with/ arm/ fold

19. 저녁 식사를 끝내자 우리는 산책을 나갔다.

over/ stroll

20. 일을 끝내고, 그들은 떠나려고 짐을 싸고 있는 중이다.

do/ pack up

분사구 관용어 패턴

---

a. **Considering that he is young**, he has a lot of books.
(그가 젊다는 것을 감안해 볼 때, 그는 많은 책을 가지고 있다)

b. **Judging from his appearance**, he doesn't look like a scholar.
(그의 외모로 판단컨데, 그는 학자처럼 보이지 않는다)

c. **Frankly speaking**, I don't like someone who smokes cigarettes.
(솔직히 말하자면, 나는 담배 피는 사람을 좋아하지 않는다)

d. **Granting that you were drunk**, you are responsible for your conduct.
(당신이 술에 취해있다는 것을 인정하더라도, 당신은 당신의 행위에 대해 책임을 져야 한다)

설명

- 〈분사구 관용어〉 패턴 입니다.
- considering that ~ (~을 감안하면)
- given that ~ ((~을 감안할 때)
- frankly Speaking (솔직히 말하면)
- providing that ~ (만약 ... 이라면)
- talking of ~ (~에 대해서 하는 말인데)
- other things being equal (다른 조건이 같다면)

- 이런 패턴을 "독립분사구문"이라고 하기도 합니다.
- seeing that ~ (~을 고려하면)
- granting that ~ (설사 ... 이라 할지라도)
- strictly speaking (엄격히 말하면)
- judging from ~ (~으로 판단컨데)
- compared with ~ (~와 비교해 볼 때)

---

a. Considering that ~ → "~을 감안하면, ~을 고려해 볼 때"

b. Judging from ~ → "~으로 판단컨데"

c. Frankly speaking → "솔직히 말하자면"

d. Granting that ~ → "설사 ...일지라도"

1. 그가 젊다는 것을 감안하면, 그는 매우 영리하다.

____

intelligent

2. 인생이 짧다는 것을 고려해 볼 때, 시간을 낭비해서는 안된다.

____

should/ waste

3. 내가 들은 바에 의하면, 그는 집안이 좋은 것 같다.

____

high birth

4. 엄밀히 말해서, 그는 도저히 예술가라고 할 수 없다.

____

at all

5. 설사 내가 잘못했을지라도, 나는 그에게 사과할 마음이 없다.

____

mind/ apologize

6. 그의 말이 나와서 말인데, 나는 그의 사촌이다.

____

cousin

7. 우리가 초대한 사람의 수를 감안할때, 나는 적은 수의 사람들 만이 와서 놀랬다.

____

the number of/ few

8. 초기 산업화와 비교해 볼 때, 오늘날 노동자들은 훨씬 더 많은 여가를 갖는다.

____

early industrialization/ leisure

9. 다른 조건이 동일하다면, 나는 더 싼 것들을 선호한다.

____

prefer

10. 솔직히 말해서, 나는 클래식 음악에 대해서 전문 지식이 부족하다.

____

lack/ professional knowledge

새로운 패턴으로
따라잡는 미국식 영작문

I0. 등위절 접속사 패턴

- "등위절" 이라는 말은 "상호 관계가 대등" 하다는 뜻입니다.
- 관계가 대등하다는 것은 상호의 문장이 "밀접한 연관"이 있고, "각각의 문장이 대등하게 중요하다"는 것을 의미합니다.
- 이럴 때는 등위접속사를 써서 상호 문장이 대등관계에 있다는 것을 보여 줍니다.
- 관계가 대등관계에 있더라도, 내용에 따라 차이가 있기 때문에 거기에 맞는 등위접속사를 써야 합니다.
- 등위접속사에는 〈and, but, or, yet, nor, for, semicolon (;), colon (:)〉 등이 있습니다.

등위절 접속사

---

a. Fashion comes, and fashion goes.
(유행은 오고, 그리고 유행은 간다)

b. Reading is permitted, but talking is forbidden.
(독서는 허용이 되나 잡담은 금지한다)

c. He tried hard, yet he could not succeed.
(그는 열심히 해보았지만 성공하지는 못했다)

d. Give me liberty, or give me death!
(자유가 아니면 죽음을 달라)

e. I would not kill anyone, nor harm anyone.
(나는 누구도 죽이거나 다치게 하지 않을 것이다)

f. A red light mean stop; a green light, go.
(빨간 불은 정지를 의미하며, 파란 불은 진행을 의미한다)

g. He has only one goal: (he wishes) to marry with a rich woman.
(그는 단지 한 가지 목표가 있는 데 즉, 돈 많은 여자와 결혼하는 것이다)

h. It will rain, for the barometer is falling.
(비가 올 것 같다, 왜냐하면 기압계가 떨어지고 있기 때문이다)

 **설명**

- 두 개의 문장을 〈등위접속사〉로 연결하는 패턴 입니다.

- "서로 이야기 하는 내용"이 같고, "문법구조"가 같은 〈대등관계〉에 있는 두 개의 문장을 등위접속사로 연결합니다..

- 예문 〈 b 〉를 보면, 앞·뒤 문장에서 논하는 내용이 상호 연관이 되있고, 주어가 각각 동명사 "reading"과 "talking"으로 문법구조가 일치합니다. 만일 "Reading is permitted, but to talk is forbidden"으로 하나는 동명사로 또 다른 하나는 부정사로 한다면, 등위접속사를 쓰는 원칙에 어긋납니다. 동명사이든 부정사이든 하나로 통일을 해야 합니다.

- 등위접속사에는 "and, but, yet, or, nor, semicolon (;), colon (:), for" 등이 있습니다. 모두 다 "대등관계"에 있는

문장을 연결합니다. 다만, 두 문장의 상황에 따라 등위접속사의 선택이 달라 집니다.

- 예문 〈 a 〉의 두 문장은 대등관계에 있습니다. 그런데, "유행은 오고 유행은 간다"로 두 문장의 상황이 〈연속동작〉 관계를 나타냅니다. 이 때는 "and"로 두 문장을 연결합니다. "and"는 앞·뒤 문장이 "동시동작"이나 "연속동작"의 관계를 가질 때 씁니다.
- 예문 〈 b 〉 처럼, 앞·뒤 문장이 "서로 반대가 되는 진술을 할 때" 등위접속사 "but"을 씁니다.
- 예문 〈 c 〉의 등위접속사 "yet"도 "but" 처럼 앞·뒤 문장이 서로 상반 될 때 씁니다. 그런데, 예문 c.의 내용은 "열심히 했다. 그러나, 잘 되지 않았다"로 앞 문장에 대해 상반되는 뒤에 나오는 문장의 내용이 "부가적인 설명" 일 때는 "yet"을 씁니다.
- 예문 〈 d 〉의 등위접속사 "or"는 "A 이냐 아니면 B 이냐"로 둘 중의 하나를 선택하는 상황에 씁니다.
- 예문 〈 e 〉의 "nor"는 "A 도 B 도 아니다"를 나타낼 때 씁니다.
- "and, or, but" 대신에 semicolon (;)을 쓸 수가 있습니다. semicolon (;)을 쓰면 "문장이 간결해지면서 강조"를 하는 느낌이 전달 됩니다. 예문 a. 문장 "Fashion comes, and fashion goes"를 "Fashion comes; fashion goes"로 쓰면 훨씬 문장이 간결해 지는 느낌이 들고 강조가 됩니다.
- 예문 〈 f 〉의 "A red light mean stop; a green light, go"가 "A red light mean stop, but a green light, go" 보다 훨씬 문장이 간결하고 강조의 느낌이듭니다.
- colon (:)은 앞문장의 서술 내용에 대해, colon (:) 뒤에 나오는 문장이 "재설명" 하는 관계에 쓰입니다.
- 예문 g.의 colon (:) 뒤에 나오는 "(he wishes) to marry with a rich woman"은 앞문장 "He has only one goal"을 설명하고 있습니다.
- 예문 〈 h 〉의 "for"는 "because"의 뜻을 나타냅니다. 그렇다고 해서 "for" 대신에 "It will rain, because the barometer is falling"으로 쓸 수는 없습니다. "It will rain"과 "the barometer is falling"의 앞뒤 문장이 "서로 논하는 내용"이 같은 등위절 문장이기 때문에 등위접속사를 써야 합니다. "because"의 의미를 가진 등위접속사는 "for"이기 때문에 "It will rain, for the barometer is falling"로 써야 합니다.

---

a. and → 앞·뒤 문장이 "동시동작"이나 "연속동작"의 관계

b. but → 앞·뒤 문장이 "상호 반대의 진술"

c. yet → 뒷 문장이 앞 문장에 대해 대립되는 "부가적인" 설명

d. or → 둘 중에 하나를 선택

e. nor → "A 도 B 도 아니다"

f. ; (semicolon) → "and, but, or"의 의미로 "강조"

g. : (colon) → 뒷 문장이 앞 문장에 대해 재설명

h. , for → "because"의 의미

⟨and⟩
1. 그는 앉아서 그림을 쳐다보았다.

____

looked at

2. 그 프로그램은 교회들이 후원하고 자선기관들이 기금을 주었다.

____

sponsor/ fund/ volunteer organization

3. 누군가가 창문의 유리를 깨서 갈아 끼워야 했다.

____

break/ window-pane/ had to/ replace

⟨but⟩
4. 그녀는 나에게 읽는 방법은 가르쳐 주었으나 쓰는 방법은 가르쳐 주지 않았다.

____

how

5. 나는 저녁 7 시 까지는 귀가할 생각이었지만, 열차를 놓쳤다.

____

Intend/ return

6. 나는 휴가를 해안 가에서 지내기를 선호하지만 이번 여름에는 산으로 갈 생각이다.

____

prefer/ would

⟨yet⟩
7. 나는 피곤한데도 잠이 오지 않는다.

can

8. 그녀는 행복하게 보이지만 고민이 있다.

____

seem/ trouble

9. 일은 잘 되었지만 더 잘 될 수 있는 여지가 있다.

____

good/ could

⟨or⟩
10. 나는 그들이 어디로 가고 있는지 그들이 무엇을 찾고 있는지도 이해를 하지 못했다.

____

look for

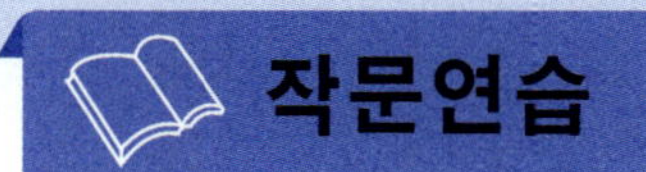 **작문연습**

11. 제가 전화를 걸까요, 그렇지 않으면 전화를 해주시겠습니까?

____

shall/ will

⟨nor⟩
12. 나는 그것을 알지도 못하고 동의 하지도 않는다.

____

agree

13. 재채기는 저절로 나오지도 않지만 재채기를 멈추게 하는 것도 쉽지 않다.

____

sneeze/ cannot/ perform/ voluntarily/ can/ suppress

⟨;⟩
14. 혹자는 워드 프로세서로 쓰고 다른 혹자는 펜으로 쓴다.

____

some/ others

⟨:⟩
15. 그녀는 사랑스런 아이이므로 누구나 그 아이를 좋아한다.

____

amiable

⟨:⟩
16. 나는 독서를 즐긴다. 어니스트 헤밍웨이의 소설은 내가 좋아하는 소설 가운데 하나다.

____

Ernest Hemingway/ among

17. 당신은 파티에 3 가지 것을 가지고 올 필요가 있다: 음식, 마실 것, 그리고 조그만 선물이다.

____

bring/ thing/ something

18. 내가 내 인생에서 사랑하는 3 가지 것이 있다: 나의 가족, 나의 친구, 그리고 나의 팀이다.

____

thing

⟨for⟩
19. 그는 그녀를 사랑하는 것을 멈출 수가 없다. 그는 그녀를 진정으로 사랑하기 때문이다.

____

can/ really.

20. 나는 여정 후에 피곤했다. 나는 20 마일을 자전거를 타도록 강요 받았기 때문이다.

____

journey/ force/ bike

새로운 패턴으로
따라잡는 미국식 영작문

11. 명사절 접속사 패턴

- 문장의 "주어, 보어, 목적어" 또는 "전치사의 목적어"로 쓰였거나 쓰일 수 있는 말을 "명사"라고 합니다.
- 명사절 이라는 것은 "접속사 s + v + ∼"가 문장의 "주어, 보어, 목적어" 또는 "전치사의 목적어"로 쓰였거나 쓰일 수 있는 말을 "명사절" 이라고 합니다.
- 명사절에 쓰일 수 있는 접속사로는 "when, where, who, what, how"를 비롯하여, "what+명사, which+명사" 또는 " how+형용사, how+형용사+ 명사"와 복합관계대명사 "whatever, whichever, whoever, whomever"가 있습니다.

명사절 접속사

a. **When** he was born is not known.
(언제 그가 태어났는지는 알려지고 있지 않다)

b. The problem is **that** I'm short of money.
(문제는 내가 돈이 부족하다는 것이다)

c. I wonder **how cold** it is today.
(오늘은 얼마나 추울지 궁금하다)

d. She didn't tell me **where** she bought it.
(그녀는 나에게 그것을 어디서 샀는지 말하지 않았다)

e. There is some reason in **what** you say.
(당신의 말에는 일리가 있다)

f. She was not **aware that** there was danger.
(그녀는 위험하다는 것을 인식하지 못했다)

 설명

- 〈"접속사 S + V + ~"가 문장의 주어, 주격보어, 목적어, 전치사의 목적어, 형용사의 목적어〉로 쓰이는 패턴입니다.
- 명사절에는 "명사절 접속사"가 쓰입니다.
- "when, where, who, what, how, why"를 비롯하여, "what+명사, which+명사, whose+명사, how+형용사, how+형용사+명사"와 whatever, no matter what" 등이 명사절 접속사로 쓰일 수 있습니다.

a. When he was born → 문장의 주어

b. that I'm short of money → 문장의 주격보어

c. how cold it is today → 문장의 목적어

d. where she bought it → 문장의 직접목적어

e. in what you say → 전치사의 목적어

f. that there was danger → 형용사의 목적어

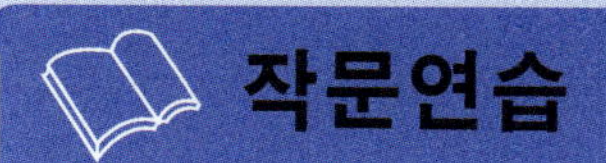

작문연습

1. 그들이 어디로 갔는지는 문제가 되지 않는다.

____

matter

2. 내 최고의 바램은 온 나의 가족이 행복했으면 하는 것이다.

____

wish/ may

3. 쓰레기가 얼마나 빠르게 치워질지는 아무도 모른다.

____

quickly/ garbage/ can/ remove

4. 그는 나에게 누가 우리와 함께 가는지 말하지 않았다.

____

who/ go

5. 이 기사는 가족이 얼마나 중대한가를 나에게 깨우쳤다.

____

article/ enlighten/ on/ momentous

6. 거짓말장이는 그가 말하고 행동하는 것에 대해 정직하지 못한 죄가 있다.

____

liar/ guilty/ of/ dishonesty/ in/ what/ do

7. 얼마나 불쾌하게 그가 그녀의 질문에 대응했는지 그녀는 몹시 화가 났다.

____

noticeably/ upset/ by/ indignantly/ respond to

8. 어느 쪽으로 돌든 조심하시오.

____

which way

9. 나는 기차가 정각에 도착할 것이라고 확신한다.

____

sure

10. 당신이 오기로 하셨다니 무척 기쁩니다.

____

pleased

새로운 패턴으로
따라잡는 미국식 영작문
1_
_2

12. 형용사절 접속사 패턴

– 명사를 수식하는 말을 "형용사" 라고 합니다.

– "접속사 s + v + ∼"가 명사를 수식할 때 이를 〈형용사절〉 이라고 합니다.

– 형용사절로 수식을 받는 명사를 〈선행사〉 라고 칭합니다.

– 형용사절에 쓰이는 접속사를 〈관계대명사〉 라고 표현하고 있습니다.

– 선행사가 "사람"인 경우에는 접속사로 "who, whom, whose,"가 쓰입니다.

– 선행사가 "사물"인 경우에는 "which"가 접속사로 쓰입니다.

– 선행사가 "사람+사물" 또는 "특수한 선행사"인 경우에는 "that"이 접속사로 쓰이게 됩니다.

who + v / whom s + v / whose + 명사

a. Anyone **who** wants to come is welcome.
(오고 싶은 사람은 누구나 환영한다)

b. He is the man **whom** I can trust.
(그는 내가 신뢰할 수 있는 사람이다)

c. We adopted **two** children **whose parents** were killed in an accident.
(우리는 사고로 부모를 잃은 두 아이를 입양했다)

 **설명**

• 〈"접속사 S + V + ~"가 (대)명사를 수식〉하는 패턴 입니다.

• (대)명사를 수식하는 "접속사 S + V + ~"는 "형용사절"이 됩니다.

• 수식을 받는 (대)명사를 "선행사"라고 하고, 형용사절 접속사를 "관계대명사"라고 합니다.

• 관계대명사 "who, whom, which, that" 등이 형용사절 접속사로 쓰입니다.

• 예문 〈 a 〉는 "Anyone wants to come"과 "Anyone is welcome" 이라는 두 문장을 합치는 과정에서 "Anyone who wants to come is welcome"으로 된 것입니다. "who wants to come"은 "anyone"을 수식하는 형용사절이 되고 수식을 받은 "anyone"은 선행사가 됩니다.

• 주어가 없는 형용사절로 선행사를 수식할 때는 〈who+동사~〉로 관계대명사 "who"를 씁니다. 이때의 "who"를 "주격 관계대명사"라고 합니다.

• 예문 〈 b 〉는 "He is the man"과 "I can trust the man"의 두 문장을 한 문장으로 묶는 과정에서, "He is the man whom I can trust"가 되었습니다. "주어+동사~"로 선행사를 수식할 때는 〈whom+주어+동사~〉로 관계대명사 "whom"을 씁니다.

• 예문 〈 c 〉는 "We adopted two children."과 "Their parents were killed in an accident"를 한 문장으로 묶은 것입니다. "their parents"로 "소유격+명사" 입니다. 이런 경우에는 소유격 자리 (their)에 "소유격 관계대명사"인 "whose"를 씁니다..

a. Anyone who wants to come ~ → 선행사 (사람) + who + 동사~

b. He is the man whom I can trust → 선행사 (사람) + whom + 주어 + 동사~

c. We adopted two children whose parents were killed ~ → 선행사 (사람) + whose + 명사~

1. Helen 은 내년에 중국으로 갈 검시관이다.

____

inspector/ be going to

2. 교수인 김선생의 부인은 여성문제에 대해 여러 편의 논문을 썼다.

____

has written/ paper/ on/ issue

3. 행운은 그것을 추구하는 사람에게 찾아온다.

____

luck/ those who/ look after

4. 학습준비에 충분한 시간을 할애하지 않는 교사들은 수업을 설명하는 데 애를 먹는다.

____

spend + o + on/ class preparation/ lesson

5. Harvard University 를 졸업한 연구 과제의 디렉터는 내년에 은퇴할 계획으로 있다.

____

plan/ retire

6. Bryant 는 우리가 재무관 후보로 지명할 사람이다.

____

be going to/ nominate for/ office of treasurer

7. 나는 정직하다고 생각되는 한 남자를 선정했다.

____

pick up

8. 치과의사는 치아가 일부 문제를 일으키는 아이와 함께 있다.

____

teeth/ cause

9. 이사회는 헌신의 정신이 분명한 시민들로 구성되어 있다.

____

board / compose of/ citizens/ dedication/ evident

10. 변호사를 형으로 둔 William 은 판사가 되고 싶어한다.

____

lawyer/ become/ judge

which+v/which+s+v/of which+the 명사

a. He has a dog **which** barks furiously.
(그는 무섭게 짖는 개 한 마리를 가지고 있다)

b. This apple trees **which** we planted long ago may bear fruit this year.
(우리가 오래 전에 심었던 사과나무는 금년에 열매를 맺을는지 모른다)

c. The house **whose windows** are broken is unoccupied.
→ The house **of which the windows** are broken is unoccupied.
(창문이 부서진 그 집은 비워있다)

d. He is not the man which his father wanted him to be.
(그는 그의 아버지가 바라던 사람이 아니었다)

 설명

• 〈"접속사 S + V + ~"가 (대)명사를 수식〉하는 패턴 입니다.

• Pattern 86 에서는 "접속사 S + V + ~"가 수식하는 선행사가 "사람"으로 오는 경우이고, 이 패턴에서는 선행사가 〈사물〉 또는 〈동물〉로 오는 경우 입니다.

• 이럴 때는 관계대명사 "which"를 씁니다.

• 예문 〈 a 〉는 "선행사 (동물) + which + 동사~"로 주격 관계대명사 "which"가 쓰였습니다.

• 예문 〈 b 〉는 "선행사 (사물) + which + 주어 + 동사~"로 이 때의 "which"는 목적격 관계대명사 역할을 했습니다. "which"의 경우에는 주격과 목적격의 형태가 똑같습니다.

• 소유격의 경우에는 예문 〈 c 〉와 같이, "선행사 + whose + 명사~" 또는 "선행사 + of which + the 명사~"로 씁니다. 경우에 따라서는 "선행사 + the 명사 + of which~"로 쓰기도 합니다.

• 예문 〈 d 〉는 선행사가 "the man"으로 사람 입니다. 그러나, 관계대명사 "which"를 썼습니다. 선행사가 사람이지만 내용적으로 "인격"을 의미 할 때는 관계대명사 "which"를 쓰게 됩니다.

1. 1973 년에 3 관왕을 차지했던 그 말은 Secretariat 으로 명명되었다.

____

win/ triple crown/ Secretariat

2. 오랫동안 방치해 두었던 그 낡은 건물은 화재로 파괴되었다.

____

had been/ long/ abandon/ destroy/ fire

3. 우리들은 쉽게 실행될 수 있는 계획을 채택하였다.

____

adopt/ can/ easily/ carry out

4. 내가 Virgin Islands 에서 구입한 이 럼 술은 매우 부드럽다.

____

rum/ smooth

5. 이것은 내가 그린 그림입니다.

____

picture/ paint

6. 그는 그의 재산 중에서 가장 소중하게 여겼던 부분을 나에게 주었다.

____

part/ property/ had cherished

7. 산봉우리가 눈으로 덮여 있는 산을 보십시오.

____

look at/ top/ be covered with

8. 이것은 머리가 빨간 새이다.

____

head

9. 그녀는 내가 그 제목을 모르는 노래를 불렀다.

____

title

10. 그는 이전의 겁쟁이가 아니다.

____

no longer/ timid/ fellow/ used to be

관계대명사 "that"

---

a. The coat **that** I wanted to buy was too expensive.
(내가 사려고 했던 그 코트는 너무 비쌌다)

b. There is **no** students **that** works as hard as he.
(그 만큼 열심히 공부하는 학생은 없다)

c. Luck is **something that** comes in many forms.
(행운은 여러가지 형태로 오는 법이다)

d. It's **the best thing that** has ever happened to me.
(이것은 지금까지 내게 일어난 일 중에서 가장 좋은 일이다)

 설명

- 〈관계대명사를 "that"〉으로 쓰는 패턴 입니다.
- "선행사를 강조"하는 경우, 선행사가 "사람과 동물"로 함께 오는 경우, 선행사 앞에 "the very, the only, the same, the best"가 붙는 경우, 선행사 앞에 부정형용사 "no, some, most" 등이 붙는 경우, "each, one, all, some, any" 등 부정대명사가 선행사로 오는 경우, 선행사가 "최상급"으로 오는 경우는 관계대명사로 "that"을 씁니다.
- 예문 〈a〉는 선행사를 강조하기 위해 관계대명사 "that"을 쓴 경우 입니다.
- 예문 〈b〉와 같이 선행사 앞에 부정형용사 "no, some, most" 등이 붙으면 관계대명사 "that"을 씁니다.
- 예문 〈c〉와 같이 "each, one, all, some, any"를 비롯하여 "anything, something"등 선행사가 부정대명사로 오면 관계대명사 "that"을 씁니다.
- 예문 〈d〉처럼 선행사 앞에 "the very, the only, the same, the best"가 붙으면 관계대명사 "that"을 씁니다.

---

a. The coat that ~ → 선행사 (선행사의 강조) + that

b. no students that ~ → 선행사 (부정형용사 + 명사) + that

c. Luck is something that comes~ → 선행사 (부정대명사) + that

d. It's the best thing that~ → 선행사 (the best + 명사) + that

1. 나는 차에 거의 치어 죽을 뻔한 한 소녀와 그녀의 개를 목격했다.

____

see/ kill

2. 우리는 할인 가격으로 판다고 광고를 내고 있던 바로 그 스테레오를 샀다.

____

advertize/ reduced price

3. George 는 우리가 구입하려고 생각 중이던 바로 그 집을 살 예정으로 있다.

____

be going to/ think of

4. 그는 내가 파티에서 알아 볼 수 있는 유일한 사람이었다.

____

only/ can/ recognize

5. 그는 우리가 읽는 같은 책들을 읽는다.

____

do

6. 그것이 내가 원하던 바로 그것이다.

____

the very thing

7. Newton 은 이제까지 살았던 가장 위대한 사람 중에 한 사람이다.

____

ever

8. 그녀는 나에게 내가 알고 있는 모든 것을 말했다.

____

all that

9. 번쩍인다고 모두가 금은 아니다.

____

glitter

10. 천천히 할 수 있는 일을 조급하게 해서는 안된다.

____

nothing/ should/ do/ in a hurry/ can/ slowly

~, + 관계대명사

a. He sold his land **which was unprofitable**.
(그는 이익이 안 되는 그의 토지를 팔았다)

b. He sold his land, **which (=and all his land) was unprofitable**.
(그는 그의 토지를 팔았는데, 그의 토지는 모두 이익이 없었다)

c. We lost important documents, **some of which** contained personal information.
(우리는 중요한 서류를 분실했는데, 그 서류들 가운데 일부는 개인정보가 들어 있었다)

d. He was laden with too many responsibilities, **which led to his ill health**.
(그는 너무 많은 책임을 지고 있어서, 그것이 그의 건강을 악화시켰다)

 설명

- 〈관계대명사 앞에 "comma" (,)가 붙는 패턴〉 입니다.
- 예문 〈 a 〉는 "이익이 안되는" (which was unprofitable) "자기 땅" (his land)을 팔았습니다. "땅이 많이 있는데, 그 가운데서 이익이 안되는 땅"을 판 것입니다.
- 예문 〈 b 〉는 관계대명사 앞에 "comma"가 있습니다. 이는 선행사에 대한 수량을 의미하는 것입니다. "~his land, which was~"는 "and all + 선행사"의 의미로 "땅을 팔았는데 그 땅 모두가 이익이 없었다"가 됩니다. "~his land, all of which was~"로 써도 됩니다.
- 예문 〈 a 〉를 "한정적 용법"이라 하고, 예문 〈 b 〉를 "계속적 용법"이라고 합니다.
- 예문 〈 c 〉와 같이 "~documents, some of which was~"의 "some of"는 "서류가운데 일부"라는 수량을 나타냅니다.
- "~documents, two third of which was~"로 하면 "서류가운데 2/3 의 서류"가 라는 의미입니다.
- 관계대명사 앞에 "comma"가 붙는 경우에 "앞 문장 전체가 선행사"가 되기도 합니다.
- 예문 〈 d 〉는 앞 문장 전체인 "He was laden with too many responsibilities"가 선행사 입니다. 그리고 "which led to his ill health"는 앞문장 전체를 설명하는 상황이 됩니다.

---

a. his land which ~ → 한정적 용법   b. his land, which ~ → 계속적 용법 ("and all + 선행사"의 의미)

c. documents, some of which contained~ → 계속적 용법 ("and some + 선행사"의 의미)

d. responsibilities, which led ~ → 앞 문장 전체가 선행사

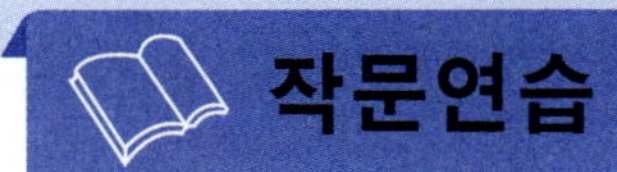

1. 그는 자기의 사업체들을 팔았는데, 그것은 모두 수익이 없었다.

---

businesses/ unprofitable

2. 승객이 별로 없었는데, 그들 모두는 심한 부상을 입지 않고 피신했다.

---

few/ passenger/ escape/ without/ serious

3. 그는 아들이 셋이 있었는데, 그들 모두는 교육자가 되었다.

---

become/ educator

4. 나는 당신에게 두 권의 사전을 빌려줄 수 있는데, 그 두 권 모두 다 좋습니다.

---

can/ lend/ both

5. 나는 계란 한 꾸러미를 샀는데, 그 중에서 절반이 상했다.

---

dozen/ half/ bad

6. 이것은 우리로서는 어쩔 수 없는 일이라, 그래서 당신의 도움이 필요하다는 뜻이다.

---

beyond us/ mean

7. 내가 그에게 질문을 하자 그는 그것을 자세하게 대답했다.

---

in detail

8. 그녀는 행복하게 보였으나, 그녀는 실제로 그렇지 않았다.

---

really

9. 그녀는 그 사실을 안다고 말했으나, 그것은 거짓말이었다.

---

fact/ lie

10. 내가 아무말도 하지 않아 그녀를 더욱 화나게 했다.

---

say/ nothing/ make

전치사 + 관계접속사

a. He has <u>the car</u> **of which** you heard (of).
(그는 네가 소문으로 듣던 그 자동차를 소유하고 있다)

b. This is <u>the town</u> **in which** (=where) he was born.
(이곳이 그가 태어난 마을이다)

c. This is <u>the time</u> **on which** (=when) I need your help most.
(지금이 자네 도움이 가장 필요한 때이다)

d. I know <u>the reason</u> **for which** (=why) he was so angry.
(나는 그가 그렇게 화가 난 이유를 안다)

e. We must ask him <u>the way</u> **in which** (=how) we can do it.
(우리는 그 사람에게 우리가 그것을 어떻게 할 수 있는지에 대해 물어 봐야 한다)

 **설명**

- 〈관계대명사 앞에 전치사가 오는 패턴〉입니다.
- 관계대명사 앞에 있는 전치사는 관계대명사가 이끄는 문장 맨 끝에 있던 전치사가 관계대명사 앞으로 온 것입니다. 그리고 선행사는 전치사의 목적어가 됩니다.
- 예문 〈a〉에서 보는 바와 같이 "He has the car "와 "You heard of the car"를 한 문장으로 합치는 과정에서 "He has the car which you heard of"를 "He has the car of which you heard"로 쓴 것입니다. 그리고, 선행사 "the car"는 전치사 "of"의 목적어라는 것을 알 수 있습니다.
- 선행사가 "장소, 시간, 방법, 이유"를 나타내면 "전치사 + which~"는 "관계부사"인 "where, when, why, how"로 바꾸어 쓸 수 있습니다.
- 예문 〈b〉는 "the town + in which~"로 선행사 "the town"이 장소 입니다. 이 때 "in which"는 "where"로 바꾸어 쓸 수 있습니다.
- 예문 〈c〉는 "the time + on which~"로 선행사 "the time"이 시간 입니다. 이 때 "on which"는 "when"으로 바꾸어 쓸 수 있습니다.
- 예문 〈d〉는 선행사가 "이유" (the reason)로 "for which"를 "why"로, 예문 〈e〉의 선행사는 방법 (the way)으로 "in which"를 "how"로 바꾸어 쓸 수 있습니다.

1. 이 사람이 내가 얘기한 그 사람이다.

____

person/ speak

2. 당신이 관심을 두고 있는 그녀는 나의 누이동생이다.

____

be interested in

3. 나는 내가 쓸 수 있는 무언가가 필요하다.

____

something/ can

4. 안개는 런던의 명물이다.

____

fog/ thing/ London/ famous

5. 미국인들이 대부분의 시간과 에너지와 돈을 소비하는 가장 큰 유일한 취미는 정원 가꾸기이다.

____

single/ hobby /gardening

6. 그는 우리에게 책 한권을 주었는데, 그 책에서 우리는 귀중한 정보를 얻었다.

____

obtain/ valuable

7. 내가 사는 이 집은 세기의 전환점에서 세워진 집이다.

____

at the turn of the century

8. 그것이 우리가 망설이는 이유이다.

____

hesitate

9. 5 월은 우리가 가장 풍부한 다양성 있는 꽃을 볼 수 있는 달이다.

____

can/ richest/ variety

10. 네가 그러한 어려움을 극복할 수 있는 데는 한가지 방법밖에는 없다.

____

only/ way/ can/ get over

새로운 패턴으로
따라잡는 미국식 영작문

13. 부사절 접속사 패턴

- "접속사 s + v + ~"가 주절 "문장전체"를 수식할 때 이를 〈부사절〉이라고 합니다.
- 부사절이 주절 "문장전체"를 수식할 때 〈시간, 장소, 목적, 원인·결과, 이유, 대립〉 등의 관계를 나타냅니다.
- 각각의 관계에 따라 부사절 접속사가 달라집니다

부사절 접속사 "시간"

a. We were having dinner **when** he came.
(그가 왔을 때 우리는 저녁식사를 하고 있는 중이었다)

b. **Whenever (=each time)** I'm in trouble, I consult him.
(곤경에 빠져 있을 때마다, 나는 그와 의논한다)

c. Don't phone me **while** I'm at the office.
(내가 사무실에 있는 동안에 나한테 전화 걸지 마시오)

d. **As** it became darker, it was getting colder.
(어두워짐에 따라 날씨는 점점 더 추워졌다)

e. He will not start **by the time** you come back.
(네가 돌아올 때 까지 그는 떠나지 않을 것이다)

f. It has been a long time **since** I saw him.
→ It is a long time **since** I saw him.
(내가 그 사람을 본지 아주 오래 됐다)

g. He did **not** get up **until** it was 11 o'clock in the morning.
(그는 아침 11 시가 되서야 비로소 일어났다)

h. I arrived there **after she left**.
→ I arrived there **after she had left**.
(그녀가 떠난 후에 나는 거기에 도착했다)

i. He came **before** I did **not** wait long.
→ I had **not** waited long **before he came**.
(내가 기다린지 얼마 안돼서 그가 돌아왔다)

j. **As soon as** I reached home, it began to rain.
→ **The moment** I reached home, it began to rain.
→ **Scarcely** had I reached home **when** it began to rain.
→ **Hardly** had I reached home **before** it began to rain.
→ **No sooner** had I reached home **than** it began to rain.
(내가 집에 돌아오자마자 비가 오기 시작했다)

- 〈“시간”을 나타내는 부사절 접속사〉 패턴 입니다.
- 시간을 나타내는 부사절접속사는 다양합니다.
- 예문 〈a〉의 “when”은 “같은 시간에 일어난 동작의 시간”을 가리킬 때 쓰입니다. “We was having dinner”와 “he came”은 같은 시간에 일어난 동작입니다.
- 예문 〈b〉의 “whenever”는 “~할 때마다”의 뜻으로 “each time”이나 “every time”으로 바꾸어 쓸 수 있습니다.
- 예문 〈c〉의 “while”은 “~하는 동안”이라는 시간을 나타냅니다.
- 예문 〈d〉의 “as”가 시간을 나타낼 때는 “when”이나 “while” 또는 “~함에 따라”라는 “추이”나 “경과”의 시간을 나타냅니다.
- 예문 〈e〉의 “by the time”은 “~할 쯤에, ~할 때 까지”라는 뜻 입니다.
- 예문 〈f〉의 “since” (~한 이래로)는 주절의 시제가 “완료” 형태로 오는 경우가 많이 있습니다. 그러나, 꼭 완료시제를 쓸 필요는 없습니다. 경우에 따라서 “현재”시제가 오기도 하고 “과거”시제가 쓰이기도 합니다.
- 예문 〈g〉의 “not ~ until~”은 “~해서야 비로소 ~하다”의 뜻입니다.
- 시간을 나타내는 접속사가 이끄는 문장의 시제를 “완료시제”로 쓰는 경향이 있습니다 주절의 시제와 “시간적인 차이”를 분명히 하기 위해서 입니다.
- 예문 〈h〉에서 “I arrived there after she left”로 충분합니다. 그러나, “그녀가 떠난 동작이 먼저이고 그 다음에 내가 도착했다”는 것을 분명히 하기 위해 “after she had left”로 “after”가 이끄는 문장의 시제를 “완료” 형태로 쓰기도 합니다.
- 예문 〈i〉와 같이 “before ~ not~”을 〈not ~ before〉로 쓰는 경향이 있습니다. 이 때 주절의 동사는 “I had not waited long before he came”으로 “완료시제”가 됩니다. 한편, 이 문장은 “주절” 부터 “before” 까지 (내가 기다린 지 얼마되지 않아)를 먼저 해석하고, 그 다음을 “he came” (그가 왔다)를 해석하는 것이 이해하기 쉬울 때가 많이 있습니다.
- 예문 〈j〉의 “as soon as”는 “the moment”으로 바꾸어 써도 됩니다. 또는 〈scarcely ~ when~ (before~), 〈no sooner ~ than〉 혹은 〈hardly~ before~ (when~)〉으로 바꾸어 쓸 수 있습니다. 다만, 과거에 일어난 사실에 대해서 쓸 때 “no sooner ~ than”과 “scarcely”와 “hardly”가 이끄는 문장의 시제는 〈과거완료〉가 되고, “주어+동사”는 〈조동사+주어+본동사〉 순으로 씁니다.
- 부정어가 문두에 올 때는 주절의 “주어+동사”가 도치되기 때문입니다.

1. 내가 마을에 도착했을 때는 날이 어두웠다.

____

dark/ when/ village

2. 피아노를 볼 때마다 나는 어머니 생각이 난다.

____

whenever/ be reminded of

3. 내가 세차할 때 마다, 다음 날은 비가 온다.

____

every time

4. 내가 방황할 때마다 나는 나의 신앙심을 환기시키는 사건을 겪었다.

____

each time/ wander/ renew/ faith/ God

5. 회사로 운전하고 가고 있는 동안 새로운 기계에 대한 아이디어가 그에게 떠올랐다.

____

machine/ come to/ while

6. 집배원이 문에 다달을 때 개는 미친 듯 날뛰었다.

____

act up/ as/ postman/ come to

7. 그가 나이를 먹으면서 그는 더욱 매력적으로 되어간다.

____

get/ attractive/ as

8. 시간이 지남에 따라 치매는 악화될 뿐이다.

____

dementia/ only/ get/as

9. 우리가 공원에 도착 할쯤에 나는 비가 멈추었으면 한다.

____

by the time/ get to/ hope/

10. 우리가 같이 영화를 본지 얼마나 됐지?

____

how long/ it/ since/ together

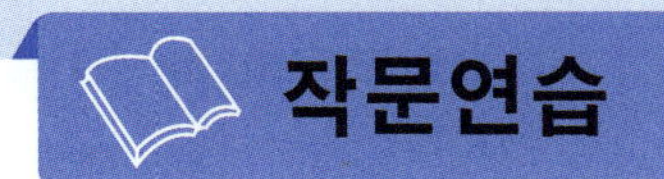 **작문연습**

11. 그녀는 17 살 이래로 우울증으로 고초를 겪고있다.

____

suffer from/ since

12. 그렇게 하도록 허락을 받고 나서야 비로소 그는 그녀와 데이트를 나갔다.

____

could/ go out with/ until/ do

13. 우리가 변화를 요구하기 전까지 시스템은 변하지 않을 것이다.

____

until/ demand

14. 조반을 먹고 나서 당신과 함께 가겠습니다.

____

have finished

15. 얼마 안되서 그가 왔다.

____

long/ before

16. 내가 작업을 끝내기도 전에 그들이 왔다.

____

before

17. 그가 돌아오는 대로 전화 달라고 전해 주십시오.

____

please/ as soon as/ return

18. 첫 잔을 마시자 마자 나는 완전히 필름이 끊겼다.

____

the moment/ short/ completely/ black out

19. 그가 외출을 하자마자 눈이 내리기 시작했다.

____

scarcely/ when

20. 기차에서 내리자마자 나는 그 여자가 나를 향해서 손을 흔들고 있는 것을 보았다.

____

no sooner/ get off/ wave/ hand/ at

부사절 접속사 "장소"

a. **Where** you are, I always will be with you.
(네가 있는 곳에 나는 너와 늘 함께 있을 것이다)

b. **Wherever** you go, I will go too.
(당신이 어디를 가든 나도 갈 것이다)

 설명

- 〈"장소"를 나타내는 부사절 접속사〉 패턴입니다.
- 장소를 나타내는 부사절 접속사로는 "where"와 "wherever"가 쓰입니다.

a. Where → 장소

b. wherever → 장소

1. 지금 있는 곳에 그냥 머물러라.

____

stay

2. 나의 여자 친구는 내가 가는 곳이면 어디든 따라간다.

____

go

3. 뜻이 있는 곳에 길이 있다.

____

will/ way

4. 우리는 물이 충분한 곳에 야영을 했다.

____

camp

5. 돈에 관한 한, 그녀는 지독하기 그지 없다.

____

as ~ as/ hard/ nail

6. 당신이 가고 싶은 곳에 우리는 갈 수 있다.

____

can

7. 그는 가는 곳마다 호감을 받았다.

____

liked

8. 그가 어디에 가 있든, 그를 찾아내지 않으면 안된다.

____

must/ find

9. 내가 어디를 가든지, 나는 항상 그와 마주친다.

____

seem/ bump into

10. 가능한 어느 곳에든, 나는 설탕 대신에 꿀을 사용한다.

____

instead of

부사절 접속사 "목적"

a. He worked hard **so that** he **may** succeed.
  (성공하기 위해서 그는 열심히 일했다)

b. He works hard **lest** he **should** fail.
  (그는 실패하지 않기 위해 열심히 일한다)

c. He works hard **for fear (that)** he **may** fail.
  (실패하지 않으려고 열심히 일한다)

d. Come early **in order that** you **may** get a good seat.
  (좋은 자리를 잡으려면 일찍 오시오)

 설명

- 〈"목적"을 나타내는 부사절 접속사〉 패턴 입니다.
- 예문 〈a〉와 같이 "so that + s + 조동사~"가 목적을 나타냅니다.
- 예문 〈b〉와 같이 "lest + s + should~"가 목적을 나타내는 부사절로 쓰입니다.
- 예문 〈c〉의 "for fear (that) s + 조동사~"도 목적을 나타냅니다.
- 예문 〈d〉의 "in order that s + 조동사~"는 목적을 나타냅니다.

a. so that he may ~ → 목적

b. lest he should ~ → 목적

c. for fear (that) he may ~ → 목적

d. in order that you may ~ → 목적

1. 한번 달려 볼 수 있도록 그 개를 풀어 주어라.

____

let/ loose/ may/ run

2. 나는 그녀가 들어갈 수 있도록 옆으로 비켜섰다.

____

step/ aside/ might/ go

3. 카지노는 자기들의 확률을 계산하는 결과로 그들은 언제나 이윤을 만든다.

____

casinos/ calculate/ odd/ make

4. 감기에 걸리지 않도록 밤에 외출하지 않는 것이 좋겠다.

____

had better/ lest ～ should/ take

5. 그녀는 학교에 지각할까봐 애가 탔다.

____

anxious/ lest ～ should

6. 찬 공기가 안으로 들어오지 않도록 창문을 닫아라.

____

shut/ lest ～ should/ get

7. 비가 올까봐 나는 우산을 가지고 갔다.

____

for fear that/ might

8. 그가 다시 도망 갈까봐 가족은 소년을 집에 홀로 남겨 둘 수가 없었다.

____

could/ for fear that/ would

9. 그가 들을까봐 그녀는 나에게 소곤소곤 얘기했다.

____

in whisper/ for fear that/ should/ hear

10. 내가 프로젝트를 제시간에 끝낼 수 있도록 모두가 나를 도왔다.

____

in order that/ could/ on time

PATTERN 94

부사절 접속사 "원인 · 결과"

a. He was very tired, **so that** he went to bed at once.
   (그는 너무 피곤해서 그는 즉시 잠자리에 들었다)

b. He was very tired, **so (that)** he went to bed early.
   (그는 너무 피곤해서 그는 일찍 잠자리에 들었다)

c. She is <u>**so honest**</u> **that** she is popular.
   (그녀는 정직해서 인기가 있다)

d. It was <u>**such** a lovely day</u> **that** I preferred to walk.
   (너무나 좋은 날씨여서 오히려 걷고 싶은 심정이다)

e. His honesty is **such that** he is trusted

 설명

- 〈"원인·결과"를 나타내는 부사절 접속사〉 패턴 입니다.
- 예문 〈 a 〉와 같이 "~, so that~" 앞에 comma (,)가 있는 경우에 주절은 "원인"이 되고, "so that~" 이하는 결과를 나타냅니다.
- 예문 〈 b 〉 처럼 "~, so (that)~"에서 "that"은 생략할 수 있습니다.
- 예문 〈 c 〉는 주절의 "so + 형용사"가 원인이 되고 "that~" 이하가 결과가 됩니다.
- 예문 〈 d 〉는 주절의 "such + 명사"가 원인이 되고 "that~" 이하가 결과가 됩니다.
- 예문 〈 e 〉와 같이 "such that~" 이하는 "결과"를 나타냅니다.

---

a. ,so that he went ~ → 결과

b. ,so (that) → 결과

c. so honest that she is~ → "so + 형용사"가 원인, "that~" 이하가 결과

d. such a lovely day that I preferred~→ "such + 명사"가 원인, "that~" 이하가 결과

e. such that he is ~ → 결과

1. 지붕이 내려앉아서 그 오두막은 주거에 알맞지 않았다.

____

fall in/ so that/ cottage/ habitable

2. 내가 그것을 볼 수 있도록 그것을 돌려주시오.

____

turn/ so that/ can

3. 시간이 너무 늦어서 우리는 집으로 돌아갔다.

____

so

4. 그녀가 나보고 가라고 해서 그래서 나는 갔다.

____

so

5. 그는 고향이 너무 그리워 애처로운 심정을 견디기가 어려웠다.

____

homesick/ could/ hardly/ endure/ misery/ it

6. 그 장소가 너무 시끄러워서 나는 청중들로 하여금 내 말을 알아듣게 할 수가 없었다.

____

so noisy/ could/ make/ myself/ hear/ audience

7. 그의 노여움은 너무나 격렬하여 그는 이성을 잃고 말았다.

____

such that/ control/ himself

8. 상처가 심해서 그는 바늘로 꿰매야 했다.

____

such that/ have/ stitch

9. 나는 청중의 떠드는 소리가 어찌나 심했던지 연사의 말을 거의 들을 수 없었다.

____

make/ such a noise that/ could/ hardly/ speaker

10. 그는 엄격한 교사였고 그래서 모든 학생들이 그를 두려워했다.

____

such a strict teacher that

부사절 접속사 "이유"

a. We must not despise a man **because** he is poor.
(가난하다고 해서 사람을 경멸해서는 안된다)

b. **Since** we cannot rely on him, we must make our own plan.
(그를 신뢰할 수 없기 때문에 우리는 우리 자신의 계획을 세워 놓아야 한다)

c. I'll forgive you, **as** you feel sorry.
(당신이 미안하다고 생각하기 때문에 나는 너를 용서한다)

d. **Now that** you are well again, you can travel.
(당신이 다시 완쾌되었기 때문에 당신은 여행을 할 수 있다)

e. He wishes to resign **on the grounds that** his health is poor.
(건강 악화로 그는 사직을 원하고 있다)

 설명

- 〈"이유"를 나타내는 부사절 접속사〉 패턴 입니다.
- 예문 〈 a 〉의 "because"는 이유를 나타내는 대표적인 부사절 접속사 입니다.
- 예문 〈 b 〉와 〈 c 〉 같이, "since"나 "as"도 "because"의 뜻으로 쓰일 때가 있습니다.
- "since"나 "as"가 주절 뒤에 놓일 때는 "because"의 뜻을 나타내기 위해 그 앞에 comma (,)가 붙습니다.
- 예문 〈 d 〉의 "now that~"이나 예문 e.의 "on the grounds that~"은 모두 이유를 나타내는 관용어입니다.

---

a. because → 이유

b. Since → 이유

c. as → 이유

d. Now (that) → 이유

e. on the grounds that → 이유

작문연습

1. 그는 부지런히 일했기 때문에 성공했다.

because/ hard

2. 지문은 모든 사람마다 독특하기 때문에 지문은 특별한 것이다.

fingerprint/ because/ unique/ every person

3. 나는 피곤해서 일찍 잠자리에 들었다.

as/ early

4. 오늘은 국경일이기 때문에, 모든 은행들은 문을 닫았다.

as/ national holiday

5. 나는 여러 시간 동안 아무것도 먹지 않았기 때문에 배가 몹시 고프다.

since

6. 그녀가 그 문제를 피하려고 해서 나는 화가 났다..

mad/ since/ skate over/ issue

7. 당신이 이제 대학을 졸업하였으니 부모에게 의지해서는 안된다.

now that/ should

8. 당신이 그것을 말하니 생각이 난다.

now that/ mention

9. 나는 당신이 이 문제에 관심이 있는 것 같아서 그렇게 말했습니다.

on the grounds that/ subject

10. 그는 시간을 지키지 않는다는 이유로 해고 되었다.

dismiss/ on the grounds that/ find/ unpunctual

부사절 접속사 "조건"

a. **You may lose it if you are not careful.**
(당신이 부주의 하다면 그것을 잃을 지도 모른다)

b. **We will go unless it rains.**
(비가 오지 않는다면 우리는 갈 수 있을 것이다)

c. **Take your umbrella in case it should rain.**
(비가 올 것에 대비해서 우산을 갖고 가라)

d. **There's no annual fee provided (that) you use it at least five times a year.**
(1년에 적어도 그것을 5 회 이상 사용했다면 연례 수수료가 없다)

 설명

- 〈"조건"을 나타내는 부사절 접속사〉 패턴 입니다.
- 예문 〈 a 〉에 쓰인 "if"는 "조건"을 나타내는 대표적인 부사절 접속사 입니다.
- 예문 〈 b 〉의 "unless"는 "if not" (… 하지 않는 한)의 뜻으로 조건을 나타냅니다.
- 예문 〈 c 〉의 "in case"는 "~할 경우에 대비해서"의 뜻으로 쓰이는 조건을 나타내는 "관용어" 입니다.
- 예문 〈 d 〉의 "provided (that)"을 비롯해서 "providing (that), supposed (that), supposing (that)"은 "if"를 대용해서 쓸 수 있는 접속사 입니다.

---

a. If → 조건

b. unless (=if not) → 조건

c. in case → 조건

d. provided (that) → 조건

1. 당신이 옳으면 내가 틀린다.

____

if

2. 만일 그가 오면 우리는 어떻게 할까요?

____

if/ what/ do

3. 당신이 그녀에게 친절히 대하면, 그녀는 당신을 위해서 무엇이든지 할 것이다.

____

if/ treat/ kindly

4. 네가 열심히 하지 않으면 너는 실패할 것이다.

____

unless

5. 우리가 이기지 못하는 한, 모든 다른 것들은 쓸데없다.

____

unless/ futile

6. 당신이 그것을 다시 읽지 않으면 이해할 수 없을 것이다.

____

unless

7. 제가 잊어버리거든 제가 한 약속을 상기시켜 주십시오.

____

in case that

8. 내 경비가 지불된다면 나는 갈 것이다.

____

providing/ expense/ pay

9. 이런 날씨가 계속되면 머지않아 꽃이 필 것이다.

____

provided/ keep up/ like/ come out

10. 내가 이 제의를 받아들였다면, 친구들이 나를 어떻게 생각 했을까?

____

supposing/ offer/ what/ would/ think of

부사절 접속사 "대립"

---

a. Our parents want a house, **whereas** we would rather live in an apartment.
(부모님은 단독 주택을 원하지만, 반면에 우리는 아파트에 살고 싶다)

b. He is rich, **while** his sister is poor.
(그는 부자이지만, 반면에 그의 누이는 가난하다)

c. **While** she is a likable lady, she is difficult to deal with.
(그녀는 호감이 가는 여자이기는 하지만, 그녀는 상대하기가 어려운 사람이다)

설명

- 〈"대립"을 나타내는 부사절 접속사〉 패턴 입니다.
- "whereas"와 "while"이 대립을 나타내는 부사절 접속사로 쓰입니다.
- "whereas"는 "같은 주제를 놓고 진술한 두 개의 문장이 서로 대립의 양상"을 보일 때 쓰입니다.
- 예문 〈a〉에서 "한 쪽은 단독 주택을 원하고, 다른 한 쪽은 아파트를 원하는 대립"을 보이고 있습니다.
- "while"은 "같은 주제를 놓고 서술한 내용에 대한 차이점"을 강조할 때 쓰입니다. 또는 "어떤 사실에 대해 부분적으로는 동감 하지만, 그것에 대한 다른 진술을 하는 문장의 관계"를 연결할 때도 쓰입니다. 이 때 "while"은 "in spite of the fact that"의 의미입니다.
- 예문 〈b〉는 "한 사람은 부자이지만, 다른 한 사람은 가난하다"는 차이점을 강조한 것입니다.
- 예문 〈c〉의 "while"은 "in spite of the fact that"의 의미입니다.

---

a. whereas → 두 개의 문장에서 서술한 내용의 대립

b. while → 서술 내용의 차이점 강조

c. while → "in spite of the fact that"의 의미

1. 그녀는 호리호리 했지만, 그는 뚱뚱했다.

---
whereas/slender/ stout

2. 그는 60 살쯤 되었는데, 그의 아내는 30 살쯤으로 보였다.

---
whereas/ about

3. 그는 점심으로 거대한 분량의 음식을 먹지만, 나는 단지 샌드위치를 먹을 뿐이다.

---
whereas/ massive plate of/ just

4. 나는 무슨 일이 일어났는지를 보고했지만, 그녀는 그것에 대해서 어떻게 느끼는지를 말했다.

---
whereas/ report/ happen/ how/ feel about

5. 나는 치킨이 먹고 싶었는데, 그는 다른 것을 고집했다.

---
whereas/ insist/ something else

6. 그는 50 페이지를 읽었는데, 나는 20 페이지 밖에 읽지 못했다.

---
while

7. 아내는 매우 외향적이고 자신감이 있었지만, 남편은 수줍어 하고 조용하다.

---
while/ extrovert/ confident

8. 나는 그의 성격은 좋아하지만, 그의 능력은 의문이다.

---
while/ personality/ doubt

9. 나는 그가 많은 점에서 완벽하지 않다고 인정함에도 불구하고, 나는 사실 그 남자를 매우 좋아한다.

---
while/ accept/ perfect/ in many respects/ do/ actually/ quite

10. 나는 당신의 견해를 이해하지만, 나는 그의 견해에도 어느정도 공감한다.

---
while/ point of view/ do/ also/ some/ have sympathy with

부사절 접속사 "양보"

a. They're coming next week, **though** I don't know exactly which day.
   (그들은 다음주에 올 것이다, 하지만 나는 어느 요일인지는 정확히 모른다)

b. **Though** he is young, he is very clever.
   (그는 젊은데도 불구하고, 매우 똑똑하다)

c. **Even** if you don't like algebra, you must learn it.
   (비록 네가 대수를 싫어할지라도, 너는 그것을 배워야만 한다)

d. He will go through with it **if** it costs him his life.
   (목숨을 잃는 한이 있을지라도 그는 그것을 할 것이다)

e. There is little, **if any**, hope.
   (가령 있다 하더라도 희망은 없다)

f. Rich **as** he is, he is not happy.
   (그는 부자이기는 하지만, 그는 행복하지 않다)

 설명

• 〈"양보"를 나타내는 부사절 접속사〉 패턴 입니다.

• 〈though, although, even though, even if, if, as〉가 양보절에 쓰이는 접속사 입니다.

• 양보절 접속사 또한 "대립"을 나타낼 때 쓰이는 접속사입니다. "whereas"와 "while"은 서로 같은 주제를 놓고 대립을 보일 때 쓰이는 접속사 이지만, 양보절 접속사는 〈어떤 주장에 대해서 그것과는 상관이 없는 대립〉에 쓰입니다.

• "though, although, even though" 모두 두 문장 사이에 쓰이든, 문두에 쓰이든 관계없이 "but" 또는 "despite the fact that" (~에도 불구하고)의 의미로 쓰여집니다.

• 예문 〈a〉의 "though"는 "but"의 의미로 쓰였고, 예문 〈b〉는 "despite the fact that"의 의미로 쓰였습니다.

• 예문 〈c〉와 〈d〉의 "even if"와 "if"는 "어떤 가상적인 사실에 대해서 그것과는 상관이 없는 대립"에 쓰이고, "despite the fact that"의 의미로만 쓰여집니다.

• 예문 〈e〉의 'if any"는 "if there is any hope"를 줄인말 입니다.

• 예문 〈f〉의 〈형용사+as+S+be 동사〉에서 접속사 "as"는 "despite the fact that"의 의미로 쓰입니다.

1. 그녀의 퍼스트 네임은 Rose 였다, 하지만 아무도 그녀를 그렇게 부르지 않았다.

---

though/ that

2. 그는 오히려 수줍은 편이다, 하지만 그는 예전처럼 나쁘지는 않다.

---

rather/ although/ as bad as/ used to be

3. 나는 그에게 그러지 말라고 간청했음에도 불구하고, 그는 가기로 결심했다.

---

although/ beg/ to

4. 건물이 파괴 되었음에도 불구하고, 아무도 다치지 않았다.

---

even though/ destroy/ hurt

5. 당신이 설사 택시를 타고 가더라도, 당신은 여전히 당신이 타고갈 기차를 놓칠 것이다.

---

even if/ miss

6. 설사 그들이 나의 현재 월급에 두배를 나에게 주더라도, 나는 그들을 위해 일하지 않을 것이다.

---

if/ twice/ current/ salary

7. 실수가 있다 하더라도, 거의 없다.

---

few/ if any

8. 문법과 용법에 잘못된 것이 있다면 모두 고쳐라.

---

correct/ error/ grammar/ usage/ if any

9. 그는 위대한 학자이기는 하지만 상식이 부족하다.

---

scholar/ as/ lack/ common sense

10. 나이는 어리지만, 그는 유능한 변호사 이다.

---

young/ as/ able

복합관계부사/ 복합관계대명사

a. **However (=<u>no matter how</u>) tired you may be, you must do it.**
  (당신이 아무리 피곤할지라도, 당신은 그것을 해야만 한다)

b. **Whoever (=<u>no matter who</u>) may say so, I won't believe it.**
  (누가 그렇게 말한다 손 치더라도, 나는 믿지 않겠다)

c. **Whomever (=<u>no matter whom</u>) it offends, I will speak the truth.**
  (그것이 누구의 기분을 상하게 하더라도, 나는 사실을 말하겠다)

d. **Whichever (=<u>no matter which</u>) they choose, we must accept their decision.**
  (그들이 어느 것을 선택 하더라도, 우리는 그들의 결정을 받아 드려야 한다)

e. **Whatever (=<u>no matter what</u>) it may be, you must do it right away.**
  (그것에 상관없이, 너는 그것을 즉시 해야한다)

 **설명**

- 〈"복합관계부사"와 "복합관계대명사"가 부사절 접속사〉로 오는 패턴 입니다.
- "복합관계부사"와 "복합관계대명사"는 "실제적인 사실이든 가상적인 사실이든, 그것과는 상관이 없는 대립"에 모두 쓰입니다.
- "whenever, wherever, however"를 "복합관계부사"라고 합니다.
- whenever 는 "no matter when"으로 wherever 는 "no matter where"로 however 는 "no matter how"로 바꾸어 쓸 수 있습니다.
- whenever 는 "시간"을 나타내는 접속사로 wherever 는 "장소"를 나타내는 접속사로 쓰입니다.
- 예문 〈a〉의 "however"가 양보를 나타내는 부사절 접속사로 쓰입니다. 접속사 "how"와 마찬가지로, "however" 는 "however+형용사" 또는 "however+부사" 형태로 접속사 역할을 합니다.
- 예문 〈b〉, 〈c〉, 〈d〉, 〈e〉의 "whoever, whomever, whichever, whatever"를 "복합관계대명사"라고 합니다.
- whoever 는 "no matter who"로, whomever 는 "no matter whom"으로, whichever 는"no matter which"로, whatever 는 "no matter what"으로 바꾸어 쓸 수 있습니다.
- 복합관계대명사는 "명사절 접속사"로도 쓰여지고 "부사절 접속사"로도 쓰여집니다.
- 복합관계대명사가 부사절 접속사로 쓰이면, "양보"를 나타내는 접속사로 쓰여 집니다.

1. 사람은 아무리 나이를 먹어도, 평화는 없다.

---

however/ old/ grow/ no/ peace

2. 아무리 초라할지라도 내 집만한 곳은 없다.

---

no matter how/ humble/ it/ may/ no/ place

3. 누가 그렇게 말하더라도 그것을 믿을 필요는 없다.

---

whoever/ may/ so

4. 누가 맞든 틀리든, 당신은 싸워서는 안된다.

---

no matter who/ should/ quarrel

5. 내가 누구의 말을 인용해도, 당신은 당신의 견해를 유지할 것이다.

---

whomever/ quote/ will/ retain/ opinion

6. 누구에게 물어 보아도, 그는 그렇게 말할 것이다.

---

no matter whom/ will

7. 어떤 길을 택하던, 세 시간이 걸린다.

---

whichever route

8. 어떤 상황에 처해도, 결코 죽는다는 말을 하지마라.

---

no matter which/ situation/ at

9. 그것에 상관없이 너는 그것을 즉시 해야한다.

---

whatever/ it/ may/ must

10. 무슨 일이 일어날지라도, 내가 당신 곁을 지킬 것이라는 것을 당신은 안다.

---

no matter what/ will/ stand/ by

주의해야 할 부사절 접속사

a. **As I said earlier,** I'm a very normal person.
   (앞서 말한 바와 같이, 나는 아주 평범한 사람입니다)

b. I'll love you **as long as** you behave well.
   (네가 처신을 잘 하는 한, 나는 너를 사랑할 것이다)

c. **As long as** I'm standing, I'll make the coffee.
   (내가 서 있으니까, 내가 커피를 준비 하겠다)

d. **As far as** I know, she is a kind girl.
   (내가 아는 한 그녀는 친절한 사람이다)

e. She can come whenever she likes, **as far as** I'm concerned.
   (내 생각으로는, 그녀는 자기가 원할 때면 언제라도 올 수 있다)

f. There's been no change, **as far as** I can tell.
   (내가 말할 수 있는 것은, 지금까지 전혀 변화가 없다는 것이다)

g. **Whether** you like it **(or not)**, you must do it. → ~ 이든 아니든
   (당신이 그것을 좋아하든 그렇지 않든 당신은 그것을 해야만 한다)

 설명

- 예문 〈a〉의 부사절 접속사 "as"는 앞에 패턴에서 공부한 "시간, 이유, 대립"를 나타내는 이외에, "~처럼, ~대로, ~과 같이"의 의미로도 쓰입니다.
- "as long as"는 "as long as" 뒤에 나오는 "s + v + ~"에 무게가 있습니다.
- 예문 〈b〉와 같이, "as long as" 뒤에 나오는 내용은 "전제조건"을 서술하거나, 예문 〈c〉와 같이 "이유"를 서술합니다.
- "as far as"가 부사절로 오는 문장은 "주절"에 무게가 있습니다.
- 예문 〈d〉 처럼 주절에서 "확실하지는 않지만 믿고있는 사실"을 서술하거나, 예문 〈e〉와 같이 "개인적인 의견"을 서술하거나, 예문 〈f〉와 같이 "깨닫고 있거나 이해하고 있는 것"을 서술합니다.
- 예문 〈g〉의 "whether ~ (or not)"는 "~이든 아니든"의 뜻으로 쓰입니다. 접속사 "if"가 "whether ~ (or not)"의 의미로 쓰이기도 합니다.

1. 서울은 나의 할아버지가 알아왔던 것 같은 그런 도시가 아니다.

____

as

2. 나는 네가 원하는 대로 할 것이다.

____

as/ wish

3. 있는 그대로 날 그려라.

____

as/ paint

4. 나는 있고 싶은 동안만 이곳에 머물 것이다.

____

as long as

5. 당신이 밖으로 나가는 김에 쓰레기를 버려 줘.

____

as long as/ outside/ take out

6. 내가 아는 한 그들은 오늘 밤에 오지 않을 것이다.

____

as far as

7. 내 생각으로는 너는 잘못한 것이 없다.

____

nothing/ as far as

8. 내가 볼 수 있는 한 도로에는 자동차들이 없었다.

____

road/ as far as/ could

9. 그가 오든 안 오든 결과는 같을 것이다.

____

whether or not/ result

10. 부자든 가난하든 가정폭력은 모든 나라에서 문제가 되고 있다.

____

whether/ domestic violence

PART 

- 쓰고자 하는 내용에 따라 "독특한 표현"을 하기 위해서 스타일 패턴을 씁니다.
- 영어는 반복을 싫어하는 언어 입니다. 때문에, 문장의 변화를 위해 스타일 패턴을 쓰기도 합니다.
- 스타일 패턴 이라고 해서 별개의 문장은 아닙니다. 기본문장 패턴과 수식어 패턴문장을 "변형한 형태"입니다.

14. SERIES 패턴

- 〈A, B, and C〉, 〈A and B and C〉, 〈A, B, C〉 형태로 말을 나열하는 것을 "시리즈 패턴"이라고 합니다.
- 〈A, B, and C〉는 "일반적인" 형태이고, 〈A and B and C〉는 "각각의 말을 강조"할 때 쓰는 형태이고, 〈A, B, C〉는 문맥에 "리듬"을 주고자 할 때 쓰이는 형태입니다.
- 시리즈에 들어가는 말은 "내용적으로 서로 연관"이 있어야 하며, "문법구조"를 동일하게 해야 합니다.

Series

a. With **wisdom**, **patience**, **virtue**, queen Victoria directed the course for nineteenthcentury England.
(지혜와 인내와 덕으로 빅토리아 여왕은 19 세기의 영국을 이끌었다)

b. His career has been an active one: **writing poems**, **editing magazines**, and **serving in the Greek War**.
(그의 경력은 활동적이었다: 시를 썼고, 잡지를 편집하고, 그리고 그리스 전쟁에 참여한 것이다)

c. In Biology 3130 Stella learned **that** a hummingbird does not really hum, **that** a screech owl whistles, and **that** storks prefer to wade in water rather than fly around carrying tiny babies.
(3130 코스 생물과목을 통해서, 벌새는 실제로 윙윙거리는 소리를 내지 않으며, 올빼미는 삑삑 울고, 황새들은 새끼를 안고 날아 다니기 보다는 물 속을 걸어다니기를 선호한다는 것을 스텔라는 배웠다)

d. **Crabs eat coconut**, **fish eat living coral**, and **rats live in the top of tall trees**.
(게는 코코넛을 먹고, 물고기는 살아있는 산호초를 먹으며, 그리고 쥐는 키가 큰 나무 꼭대기에서 산다)

 설명

• 3 개 이상의 "단어"나 "구" 또는 "절 (접속사 s + v +~)" 또는 "문장"을 나열하는 것을 series 패턴이라고 합니다.

• 나열 하는 방법은 〈A, B, and C〉, 〈A and B and C〉, 〈A, B, C〉 등 3 가지 방법이 있습니다.

• 〈A, B, and C〉는 일반적인 방법이며, 〈A and B and C〉는 "각각을 강조"할 때 나열하는 방식이고, 〈A, B, C〉는 "리듬"에 중점을 두고 나열한 것입니다.

• 예문 〈a〉는 단어 시리즈로 리듬에 중점을 둔 〈A, B, C〉 나열 방식입니다.

• 예문 〈b〉는 동명사구 시리즈로 일반적인 나열 방식인 〈A, B, and C〉 형태로 썼습니다.

• 예문 〈c〉는 절 (접속사 s + v +~) 시리즈로 〈A, B, and C〉로 나열 했습니다.

• 예문 〈d〉는 문장 (s + v +~) 시리즈 입니다.

• 주의해야 할 것은 시리즈에 들어가는 말은 "내용적으로 서로 연관"이 있어야 하며, "문법구조"를 동일하게 해야 합니다.

1. 생존의 3 가지 필수 조건은 의, 식, 주이다.

---

necessity/ food/ shelter/ clothing

2. 환자의 증상은 고열, 현기증, 그리고 두통이었다.

---

patient/ symptom/ fever/ dizziness/ headache

3. 언덕위에는 침울과 공포와 죽음으로 휩싸인 성이 있었다.

---

swathe/ gloom/ fear

4. 나는 Larry 가 화나고, 짜증내고, 실망에 차 있는 모습을 지금까지 본 적이 없다.

---

never/ have seen/ cross

5. 그녀는 젊고, 열성적이며, 그리고 재능이 있다.

---

enthusiastic/ talented

6. 좋고, 합당하고, 그리고 존경할만한 모든 것이 일부 무정부 주의자들에게는 혐오스러웠다.

---

decent/ respectable/ seem/ abhorrent/ anarchist

7. 김교수는 연구하고, 가르치고, 그리고 쓰는 것을 즐긴다.

---

enjoy/ studing

8. 수영하기, 파도타기, 배타기 • 이것들은 Sally 가 하계캠프에서 좋아하는 스포츠 들이다.

---

surfing/ favorite

9. 그는 하품을 하고, 자기의 책을 덮고, 그리고 머리를 테이블 위에 묻었다.

---

yawn/ put + o + down/

10. 이 정부는 국민을 위한, 국민에 의한, 국민의 정부이다.

---

of/ by/ for

새로운 패턴으로
따라잡는 미국식 영작문

15. PAIR 패턴

- 두 개의 말을 "한 묶음으로 묶어" 쓰는 것을 "pair 패턴" 이라고 합니다.
- 두 개의 말을 한 묶음으로 묶는 방법에는 여러가지 방법이 있습니다.
- 시리즈 패턴과 마찬가지로, pair 에 들어가는 말은 "내용적으로 서로 연관" 이 있어야 하며, "문법구조"를 동일하게 해야 합니다.

102 상관접속사 pair

a. He can speak **not only** English **but also** French.
(그는 영어뿐만 아니라 불어도 할 줄 안다)

b. He can speak French **as well as** English.
(그는 영어뿐만 아니라 불어도 할 줄 안다)

c. He is **both** strong **and** healthy.
(그는 힘도 세고 건강하기도 하다)

d. **Either** he is wrong **or** I am.
(그 사람이던지 나이던지 어느 한쪽이 틀린 것이다)

e. **Neither** my father **nor** my mother were there.
(나의 아버지도 나의 어머니도 거기에 없었다)

f. **Some** of them are kind to us, and **others** (are) indifferent.
(그들 중 일부는 우리에게 친절하고, 다른 사람들은 무관심하다)

 설명

• 두 개의 말을 〈상관 접속사〉를 써서 한 묶음으로 만든 pair 패턴 입니다.

• 예문 〈 a 〉의 〈not only A but also B〉는 "A 뿐만 아니라 B 도"의 의미 입니다.

• 예문 〈 b 〉의 〈B as well as A〉는 "A 뿐만 아니라 B 도"의 의미 입니다. 예문 a.와 b.는 서로 바꾸어 쓸 수 있습니다.

• 예문 〈 c 〉의 〈both A and B〉는 "A ・ B 둘 다" 라는 뜻입니다.

• 예문 〈 d 〉는 〈either A or B〉로 "A 혹은 B 중 둘 중에 하나"를 가리킵니다.

• 예문 〈 e 〉의 〈neither A nor B〉는 "A ・ B 둘다 아니다" 라는 뜻입니다.

• 예문 〈 f 〉의 〈some~, others~〉는 "일부는 ~하고, 다른 일부는 ~하다" 할 때 쓰입니다.

• 시리즈 패턴과 마찬가지로, pair 에 들어가는 말은 "내용적으로 서로 연관"이 있어야 하며, "문법구조"를 동일하게 해야 합니다.

1. 그녀는 용모가 아름다울뿐만 아니라 총명하기도 한다.

not only/ but also

2. 그 사람 뿐만 아니라 그녀도 잘못이다.

not only/ but also

3. 방에는 침대는 물론 책상까지 놓여 있었다.

as well as

4. 별들은 소멸하면서 다시 태어난다.

as well as/ die

5. 그녀는 내 아내이자 비서였다.

both A and B

6. 공기 전염은 열과 두통을 일으키는 원인이 되기 때문에, 그의 체온을 재보는 것이 좋은 생각 같다.

infection/ can/ cause/ both A and B/ check/ temperature

7. 나는 예약을 위해서는 호텔에 전화를 하거나 서신으로 하라는 말을 들었다.

Advise/ either A or B/ reservation

8. 네가 거짓말을 하고 있거나, 그렇지 않으면 내가 꿈을 꾸고 있거나 둘 중의 하나다.

either A or b

9. 그녀는 방에도 그리고 뜰에도 없었다.

neither A nor B

10. 낚시하러 간 사람도 있고, 사냥하러 간 사람도 있다.

some/ others

Not pair

a. The important thing is **not** the title, **but** the treatise itself.
(중요한 것은 제목이 아니라 논문 그 자체이다)
→ The important thing the treatise itself, **not** the title.

b. He came to them as pupil, **not** as master.
(그는 교사로서가 아니라 생도로써 그들 앞에 나타난 것이다)
→ He came to them **not** as master, **but** as pupil.

 설명

- ⟨not A, but B⟩ 또는 ⟨B, not A⟩로 오는 pair 패턴 입니다.
- ⟨not A, but B⟩는 "A 가 아니라 B 이다"라는 의미이며, ⟨B, not A⟩는 "B 이지 A 가 아니다"라는 뜻입니다.
- 예문 ⟨a⟩와 같이 "not A, but B"는 "B, not A"로 바꾸어 쓸 수 있습니다.
- 역으로, 예문 ⟨b⟩의 "B, not A"는 "not A, but B"로 바꾸어 쓸 수 있습니다.
- 각각 A 와 B 에 들어가는 말은 "내용적으로 서로 연관"이 있어야 하며, "문법구조"를 동일하게 해야 합니다.

a. not A, but B → "A 가 아니라 B 이다"

b. B, not A → "B 이지 A 가 아니다"

1. 그들이 관심을 갖는 것은 너의 인격이 아니라 너의 배경이다.

____

care about/ not A, but B

2. 그녀는 부자는 아니지만 행복하다.

____

not A, but B

3. 그는 배우가 아니라 광대이다.

____

not A, but B/ clown

4. 그녀를 만난 것은 운명이 아니라 우연이었다.

____

not A, but B/ destiny/ coincidence

5. 나는 전쟁이 경제를 고갈시키기 때문에 반대하는 것이 아니라, 전쟁이 비인간적이기 때문이다.

____

object to/ drain/ seem/ inhuman

6. 그것을 말한 것은 James 이지, Andy 가 아니다.

____

A, not B

7. 이것은 그의 책이지 내 것이 아니다.

____

A, not B

8. 나는 시이저를 묻으러 온 것이지, 그를 칭찬하러 오지 않았다.

____

A, not B/ bury/ Caesar/ praise

9. 그 정치인에게 문제가 됐던 것은 국가의 복지였지, 그의 복지가 아니었다고 알려지고 있다.

____

A, not B/ statesman/ nation/ welfare

10. 인간의 품위는 그의 인격에 달려있는 것이지, 그 사람의 부나 지위에 달려있는 것이 아니다.

____

A, not B/ dignity/ depend upon/ character/ wealth/ rank

비교급 pair

a. **The more, the better.**
   (많으면 많을수록 더 좋다)

b. **The more haste, the less** speed.
   (급할수록 돌아가라)

c. **The more** medicine I take, **the worse** I feel.
   (약을 먹으면 먹을수록, 기분이 더 좋지 않았다)

 설명

• 〈the 비교급 + A, the 비교급 + B〉를 비교급 pair 패턴이라고 합니다.

• "A 하면 할 수록, 더욱 더 B 하다"라는 의미 입니다.

• A 와 B 자리에는 "단어"나 "구" 또는 "S + V + ~"가 들어 갈 수 있습니다.

• 예문 〈a〉와 같이 "the 비교급, the 비교급" 형태로 써도 좋습니다.

• 예문 〈b〉는 "the 비교급 + haste (명사), the 비교급 + speed (명사)" 형태의 비교급 pair 입니다.

• 예문 〈c〉는 "I take more medicine. I feel worse" 의미를 비교급 pair 패턴으로 쓴 것입니다.

• "the 비교급" 형태로는 "the more, the less, the better, the sooner, the fewer, the harder, the longer, the colder" 등이 있습니다.

a. The more, the better → "the 비교급, the 비교급" pair

b. The more haste, the less speed → "the 비교급 + 명사, the 비교급 + 명사" pair

c. The more medicine I take, the worse I feel → "the 비교급 s + v~, the 비교급 s + v~" pair

1. 빠르면 빠를수록 좋다.

____

sooner/ better

2. 씨를 적게 뿌리면 뿌릴수록 수확도 적다.

____

fewer/ seed/ plant

3. 열심히 공부하면 할수록 그 만큼 더 배운다.

____

harder/ more

4. 잠은 자면 잘수록 더 자고 싶어진다.

____

more/ want

5. 그를 만나면 만날 수록, 더 거리감이 느껴진다.

____

more/ distance/ feel

6. 생각하면 생각할수록, 더 모르게 된다.

____

more/ less

7. 가지면 가질수록, 사람은 인색해 진다.

____

more/ one/ stingier/ will

8. 공기가 차고 건조할수록, 코 속에는 수분이 더 필요하다.

____

colder/ drier/ more/ mucus

9. 우리가 안경을 오래 끼면 낄수록 안경에 의지한다.

____

longer/ person/ wear/ more/ dependent on/ them

10. 우리가 실수를 해명하려고 들면 들수록, 얘기는 더 나쁘게 들린다.

____

more/ attempt/ worse/ story/ sound

관용적 pair

---

a. **Just as** wisdom cannot be purchased, **so** virtue cannot be legislated.
(지혜를 살 수 없는 바와 같이, 덕 또한 입법화 할 수 없다)

b. Reading **is to** the mind **what** eating **is to** the body.
(독서와 마음이 가지는 관계는 식사와 신체가 가지는 관계와 같다)

c. **What with** wind and (**what with**) rain, our walk was spoiled.
(한편으론 바람으로 인해, 또 한편으론 비로 인해 우리의 산책은 엉망이 되었다)

d. **What by** wind and (**what by**) rain, our walk was spoiled.

 **설명**

- 〈관용적 pair〉 패턴 입니다.
- 예문 〈a〉의 〈Just as A, so B〉는 "A 한 바와 같이 B 하다"의 뜻입니다.
- 예문 〈b〉의 〈A is to B what C is to D〉는 "A 와 B 가 가지는 관계는 C 와 D 가 가지는 관계와 같다" 라는 의미를 나타냅니다.
- 예문 〈c〉와 〈d〉의 〈what with A and what with B~〉와 〈what by A and what by B~〉는 "한편으론 A 해서 또 한편으로 B 해서"라는 관용적 pair 패턴 입니다. 뒤에 오는 "What with"나 "what by"는 생략할 수 있습니다.

---

a. Just as ~, so ~ → "A 한 바와 같이 B 하다"

b. Reading is to ~ what eating is to ~ → "A 와 B 가 가지는 관계는 C 와 D 가 가지는 관계와 같다"

c. What with wind and (what with) rain, ~ → "한편으론 A 해서 또 한편으로 B 해서"

d. What by wind and (what by) rain, ~ → "한편으론 A 해서 또 한편으로 B 해서"

1. 내가 너를 사랑한 바와 같이, 너희도 서로 사랑하라.

____

just as/ have/ so/ should

2. 당신이 나를 대한 바와 같이 나 또한 너를 대하겠다.

____

as/ treat/ so/ will

3. 사람, 사회, 그리고 문화가 진화한 것처럼, 패션 또한 그렇다.

____

just as/ evolve/ so

4. 사막이 바다와 비유되는 것과 같이, 낙타 또한 배와 비유될 수 있다.

____

just as/ desert/ like/ so/ camel

5. 공기와 우리가 가지는 관계는 물과 물고기가 가지는 관계와 같다.

____

air

6. 독서가 마음과 가지는 관계는 운동과 신체가 가지는 관계와 같다.

____

mind/ body

7. 사막이 바다와 가지는 관계는 낙타가 배와 가지는 관계와 같다.

____

A is to B, what C is to D

8. 한편으론 술수로, 또 한편으론 힘으로 그는 자기의 욕망을 성취했다.

____

what by/ policy/ force/ accomplish/ desire

9. 한편으론 물가고로, 또 한편으론 불황으로, 그들은 살아가기가 수월하지 않다.

____

what with/ high price/ badness of the times/ find/ it/ hard/ get along

10. 책을 읽기도 하고 음악을 듣기도 하면서, 그들은 함께 즐거운 시간을 가졌다.

____

lovely/ together/ what by

새로운 패턴으로
따라잡는 미국식 영작문

16. 반복문 패턴

- "명사"를 반복해서 쓰는 패턴을 말합니다.
- "We admire our teacher, the teacher who always tries to help us." (우리는 우리의 선생님을 존경하는데, 선생님은 언제나 우리를 도우려고 애쓰신다.)
- 위 문장에서 "our teacher"를 "the teacher"로 받아서 "the teacher"를 설명했습니다. 이런 문장이 명사를 반복하는 패턴인데, "문장의 변화를 꾀하고, 문장의 내용을 흥미롭게 하는 효과"가 있습니다.

명사의 반복

a. Now there is an even more <u>miserable machine</u> tyrannizing man's daily life - **the Computer**.
(요즘 사람의 일상생활을 학대하는 훨씬 더 고약한 기계가 있는데, 그것은 다름 아닌 컴퓨터이다)

b. He praises the beauty of <u>his love</u>, **a love** unfortunately hopeless because it is not mutual.
(그는 자기 사랑의 미를 찬양하고 있는데, 그 사랑이란 짝사랑이기 때문에 절망적이다)

c. Most contemporary philosophies echo idea from <u>one man</u>: **Plato**, a student of Socrates.
(대부분의 현대 철학들은 한 사람으로부터 온 이데아를 흉내내고 있는데, 그 한 사람은 다름 아닌 소크라테스의 제자 플라톤이다)

d. Bush also called for <u>two vice presidential debates</u>, **one** with a panel and **the other** with a moderator.
(부시 대통령은 두 가지의 부통령 토론을 요구했는데, 하나는 위원단이 있는 토론 형태이며 다른 하나는 조정자가 있는 토론 형태였다)

 설명

- 〈주절에 있는 명사를 다시 반복〉 하는 패턴입니다.
- 반복된 명사는 주절의 명사가 의미하는 것이 무엇인지 구체적으로 밝히게 됩니다. 처음부터 구체적으로 밝히지 않은 것은 독자의 흥미를 돋구기 위한 것입니다.
- 명사를 반복 할 때는 앞에서 언급한 명사와 "같은 명사"로 반복하거나, "다른 명사"로 반복하거나, "대명사"로 반복을 합니다.
- 말을 반복할 때는 "comma (,)" 또는 "colon (:)" 또는 "dash (–)"를 하고 주절의 명사를 반복합니다.
- 예문 〈 a 〉는 "dash (–)" 다음에 주절 명사 "miserable machine"을 "the computer"로 받았습니다.
- 예문 〈 b 〉는 "comma (,)"를 하고 주절의 명사 "his love"를 "a love"로 반복하고, "a love"는 "unfortunately hopeless because it is mutual"이라고 설명해 놓았습니다.
- 예문 〈 c 〉는 "colon (:)"을 하고, 주절의 명사 "one man"을 "Plato"로 반복하고 "Plato"를 "a student of Socrates"라고 설명해 놓았습니다.
- 예문 〈 d 〉는 "two vice presidential debates"를 대명사 "one"과 "the other"로 반복하고 설명해 놓았습니다.

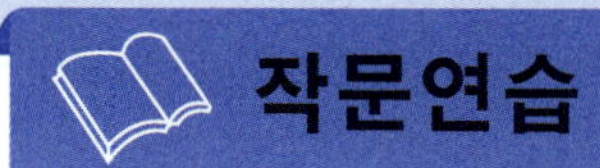

1. 세상에는 두 종류의 사람들이 있다: 구경꾼과 참여자들이다.

type/ spectator/ participant

2. 나에게는 세명의 자매가 있다: 캐서린, 세라, 그리고 메리이다.

Catherine/ Sarah/ Mary

3. 꽃병에는 아름다운 꽃이 들어있다: 장미, 튜울립, 그리고 수선화이다.

contain/ tulips/ daffodils

4. 수풀산림은 세가지 독립된 본질이 있다: 그것들은 아름답고, 그것들은 짙고, 그것들은 깊이가 있다.

wood/ separate qualities/ deep

5. 새 직장에 적응하기 위해서는 한 가지 자질이 요구된다: 자조의 웃음을 짓는 것이다.

adjust to/ quality/ ability/ laugh at/ oneself

6. 일반적으로, 두 종류의 돈이 만들어진다 ·금속 코인과 종이 돈이다.

produce/ metal/ paper bill

7. 빈민굴에 사는 사람들은 한가지 공통점이 있다 · 다름 아닌 좌절감이다.

Skid–row/ inhabitant/ thing/ in common/ a sense of/ defeat

8. 나는 종종 무엇 인가에 대해서 굉장히 노한다, 대개는 시시한 것에 대해서이다.

would/ get/ incredibly/ mad/ something/ usually/ silly

9. 우리는 온갖 유용한 것들을 가지고 있다 – 사람들이 항상 구입해서 사용하는 것들이다.

useful/ people/ buy/ all the time

10. 그들은 Zenobia 라고 불리는 여인으로부터 환영을 받았는데, 그 여인은 부와 명성을 가진 아름다운 여인이다.

greet/ wealth/ position

명사의 동격

a. **William P. Fessenden**, **a United States senator**, helped found the Republican party in the 1850's.
(미 상원의원인 윌리엄 페센덴은 1850 년대에 공화당 창설을 도왔다)

b. **She wanted to conceal the fact that she used to be a sales girl.**
(그녀는 자기가 전에 점원이었다는 사실을 숨기고 싶었다)

c. **Poets such as Milton are rare.**
(밀턴과 같은 시인은 드물다)

d. **Such poets as Milton are rare.**

 **설명**

- 〈명사의 동격〉 패턴입니다.
- 앞에서 언급한 명사와 동격으로 오는 말은 〈명사〉 또는 〈접속사 s + v +∼〉 또는 〈A such as B〉나 〈such A as B〉가 쓰입니다.
- 예문 〈a〉는 "William P. Fessenden, a United States senator"으로 명사의 동격이 명사로 온 경우입니다.
- 예문 〈b〉는 "∼the fact that she used to be∼"로 명사의 동격이 "접속사 s + v +∼"로 왔습니다.
- 예문 〈c〉는 "Poets such as Milton"으로 "Poets"와 "Milton"이 동격임을 나타냅니다.
- 예문 〈d〉는 "such poets as Milton"으로 "Poets"와 "Milton"이 동격임을 나타냅니다.
- 명사와 동격관계를 갖는 부정사(구)와 동명사(구)는 "Pattern 73"과 "Pattern 77"에서 설명했습니다.

a. William P. Fessenden, a United States Senator → "명사, 명사"

b. the fact that she used to be ∼ → "명사"와 "접속사 s + v +∼"로 동격

c. Poets such as Milton → "명사 such as 명사"로 동격

d. Such poets as Milton → "such 명사 as 명사"로 동격

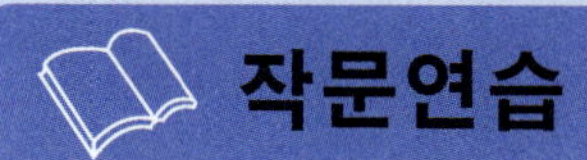

1. 세계에서 가장 높은 봉우리인 Everest 산은 Himalayas 에 있다.

____

highest peak/ Mount Everest/ Himalayas

2. 내 아들 앤드류는 의대생이다.

____

Andrew/ medical

3. 가장 흔한 심혈관계 질환중에 하나인 고혈압은 어떤 사람이 매우 높은 혈압을 가진 질병입니다.

____

hyypertension/ common/ cardiovascular diseases/ medical condition/ person/ high blood pressure

4. 그 아이들을 보살필 사람이 아무도 없다는 것은 슬픈 일이다.

____

fact/ that/ no one/ take care of

5. 나는 내가 적극적이고 경쟁을 즐기는 점이 좋다.

____

fact/ that/ assertive/ competition

6. 나는 당신의 생일파티에 참석하지 못할 가능성이 있다.

____

possibility/ that/ may/ with you

7. 그것은 당신의 실수이었는지 모른다는 가능성을 숙고해 보신적이 있으십니까?

____

consider/ possibility/ may

8. 스테로이드와 같은 약물은 운동선수의 능력을 증대시키기 위해서 일반적으로 사용된다.

____

drugs/ such as/ steroids/ commonly/ increase/ athlete/ performance

9. 어떤 기계도 석탄과 석유와 같은 연료 없이는 작동할 수가 없다.

____

no/ can/ without/ such as

10. 우리는 그 사람과 같은 그런 사람을 신뢰할 수 없다.

____

can/ such ～ as

새로운 패턴으로
따라잡는 미국식 영작문

17. 수식어문 패턴

- 〈기본문장〉을 먼저 쓰고 〈수식어구〉를 그 뒤에 씁니다.
- "문장의 변화"나 "문장의 독특한 맛"을 나타내기 위해 "수식어구"를 문장 앞에 쓰기도 합니다. 이를 "수식어문 패턴" 이라고 합니다.
- 부사를 문두에 놓는 "부사 수식어문" 패턴, 형용사를 문두에 놓는 "형용사 수식어문" 패턴, 부정사(구)를 문두에 놓는 "부정사 수식어문" 패턴, 동명사 (구)를 문두에 놓는 "동명사 수식어문" 패턴, 분사(구) 를 문두에 놓는 "분사 수식어문" 패턴이 있습니다.

PATTERN 108

부사 수식어문

a. **Frantically,** the young mother called for help.
   (미친 듯이, 젊은 엄마는 도움을 요청했다)

b. **Slowly but surely,** we are improving our standard of living.
   (더디지만 확실하게, 우리는 우리의 생활수준을 향상시키고 있다)

c. **Indeed,** he is young but he is wise.
   (실로, 그는 어리지만 현명하다)

 **설명**

- 〈부사 수식어문〉 패턴 입니다.
- "부사 수식어"를 주절 앞에 놓음으로써, 문장의 변화를 꾀하거나 주절의 내용을 돋보이게 합니다.
- 예문 〈a〉는 부사 수식어 "Frantically" (미친듯이)가 문두에 옴으로써, 주절의 내용 "젊은 엄마가 도움을 요청하는 모습이 절실하게" 나타나고 있습니다.
- 예문 〈b〉와 〈c〉 모두 "부사 수식어"를 문장 앞에 위치시켜, 문장의 변화를 꾀하거나 주절의 내용을 돋보이게 합니다.

---

a. Frantically, the young ~ → 부사 수식어, 주절

b. Slowly but surely, we are ~ → 부사 수식어, 주절

c. Indeed, he is ~ → 부사 수식어, 주절

1. 끈기있게, 우리는 쑈가 시작 되기를 기다렸다.

____

patiently

2. 결국은, 올바른 해법이 나올 것이다.

____

eventually/ right/ solution/ appear

3. 조용히, 경찰은 은행을 포위했다.

____

silently/ the police/ surround

4. 다행히도, 냉장고 안에는 2 갤론의 아이스 크림이 있었다.

____

fortunately/ gallon/ freezer

5. 아래쪽에, 자동차의 왕래는 개미들의 한 줄처럼 보였다.

____

below/ traffic/ look like/ necklace/ ant

6. 명백하게, 그는 실수를 범했다.

____

evidently/ make

7. 불행하게도, 그 메시지는 때 맞춰 도착하지 못했다.

____

unfortunately/ fail/ in time

8. 멍하니, 그는 가까운 교회 뽀족탑에서 그들 중 하나를 응시했다.

____

idly/stare upon/ nearby/ church steeple

9. 아주 빠르게, 그의 선생님은 그가 특별한 재능을 가졌다는 것을 알아 차렸다.

____

very quickly/ recognize/ special gift

10. 끊임없이, 그는 장래를 위해서 새로운 목표를 설정한다.

____

continuously/ set

전치사구 수식어문

---

a. **With slow and stately cadence**, the honor guard entered the palace ground.
(무게 있고 위엄 있는 행진으로, 근위병들은 궁을 들어갔다)

b. **Very early in our history**, New England was covered with a white pine forest.
(우리 역사 아주 초기에, 뉴 잉글랜드는 백소나무 숲으로 덮여 있었다)

 **설명**

• 〈전치사구 수식어문〉 패턴 입니다.

• "전치사구를 주절 앞에 놓음으로써, 문장의 변화를 꾀하거나 주절의 내용을 돋보이게 합니다.

• 이 때의 전치사구는 부사 역할을 합니다.

• 예문 〈 a 〉의 전치사구 "with slow and stately cadence" (무게있고 위엄있는 행진으로)가 문두에 놓임으로써, 주절의 "근위병들이 궁에 들어가는 모습"이 상상되어 주절의 내용을 돋보이게 합니다.

• 예문 〈 b 〉는 전치사구 "very early in our history" (우리 역사 아주 초기에)가 문두에 위치하여, 주절의 "New England"의 역사 초기의 모습을 "눈으로 보듯이" 상상이 가게 합니다.

---

a. With slow and stately cadence → 전치사구 수식어, 주절

b. Very early in our history → 전치사구 수식어, 주절

 **작문연습**

1. 불이 나자, 그는 집으로 황급히 갔다.

on fire/ hurry

2. 두 개의 사과 가운데 그는 큰 것을 집었다.

the larger

3. 그는 눈을 땅으로 향한 채 침묵 속에서 듣고 있었다.

with/ toward/ ground/ in silence

4. 벨 소리에 교사는 시험지를 거두었다.

at the sound/ bell/ collect/ paper

5. 일본에서 벚나무들의 만발은 장관의 봄의 징조를 보이는 것 가운데 하나다.

blossom/ cherry trees/ chief sign

6. 더 나은 시대라면, 그는 존경을 받고 있었을 게다.

in better times/ would/ respect

7. 아주 수월하게, 그는 그 문제를 풀었다.

great/ ease

8. 점심 식사 후, 그녀는 대개 풀장에서 두 시간 동안 수영을 한다.

usually

9. 애초부터, 이 계획은 성공할 수 없는 일이었다.

no/ way/ project/ could

10. 현대인들은, 그들의 조상들 처럼, 우주의 본질에 대해서 호기심이 많다.

people/ like/ ancestor/ be curious about/ nature/ universe

형용사 · 형용사구 수식어문

a. **Frantic**, <u>the young mother</u> rushed out the door with the baby in her arms.
(흥분한 젊은 새댁은 아이를 팔에 안은 채 문 밖으로 달려나갔다)

b. **Silent and serene**, <u>they</u> appear locked in melancholic thought.
(말이 없고 조용한 그들은 우울한 생각에 잠겨 있었다)

c. **Unable to campaign on different platforms**, <u>the candidates</u> stumped on their ability to bring special benefits like new roads and factories to their towns.
(다른 공약에 대해 선거유세를 할 수 없었던 그 후보들은 지역구에 새 도로나 공장과 같은 특별 혜택을 도모할 수 있다고 떠들어 댔다)

 **설명**

- 〈형용사·형용사구 수식어문〉 패턴 입니다.
- 이 때의 형용사나 형용사구는 주절의 주어를 수식합니다.
- 주절의 주어를 수식하는 형용사나 형용사구를 문두에 내 놓음으로써 "주절의 주어를 돋보이게" 하는 동시에 "문장의 변화를 꾀하는 효과"가 있습니다.
- 예문 〈a〉의 형용사 "frantic"은 주절의 주어 "the young mother"를 수식합니다. "frantic" (흥분한)이 문두에 위치하여 문장의 변화는 물론, 주어 "the young mother"의 모습이 어떠한지를 생동감 있게 느끼게 해줍니다.
- 예문 〈b〉는 형용사 "silent and serene (말이 없고 조용한)은 주절 주어 대명사 "they"를 수식합니다.
- 예문 〈c〉는 형용사구 "unable to campaign on different platform"이 주절의 주어 "the candidates"를 수식합니다. "candidates"의 고민이 뚜렷하게 느껴집니다.

---

a. Frantic → 주절의 주어 "the young mother"를 수식

b. Silent and serene → 주절의 주어 "they"를 수식

c. Unable to campaign on different platforms → 형용사구가 주절의 주어 "the candidates"를 수식

1. 못생긴 메기가 맛이 좋다는 평판이 자자하다.

____

ugly–looking/ catfish/ be prized for

2. 이상하지만, 이혼 소송절차를 착수한 것은 바로 그녀이다.

____

it ～ who/ initiate/ proceeding

3. 열성적인, 그들은 훌륭한 학생들이다.

____

enthusiastic/ make

4. 긴장한, 사나이가 편지를 개봉했다.

____

nervous

5. 바퀴들 밑에서 걸쭉하고 근소한 양의 진흙이 스며 나왔다.

____

thick/ slim/ mud/ ooz/ wheel

6. 비싸지도 않으면서도 안락한 그 작은 차가 요즘 많은 잡지에 광고가 되고 있다.

____

that/ inexpensive/ some/ comfortable/ current

7. 길고 정돈되지 않은, 그의 머리카락이 산들바람에 흔들거렸다.

____

untidy/ play/ in the breeze

8. 말하는 것은 느리지만, 그는 행동하는 것은 재빨랐다.

____

swift

9. 소설 Ramona 로 유명한 Helen Hunt Jackson 은 또한 시와 여행 스케치를 썼다.

____

famous for/ poetry/ travel sketches

10. 빠른 결정을 갈망하는 위원장은 투표를 요구했다.

____

anxious for/ quick/ call for

준동사구 수식어문

a. **To apply for this position**, you must get an application form for employment first.
(이 직책에 신청하려면, 취업 신청서를 먼저 입수해야 한다)

b. **By using signs**, people who cannot speak can talk.
(말을 못하는 사람들은 신호를 이용해서 대화한다)

c. **Having once been burned on a hot stove**, the cat refused to go into the kitchen.
(뜨거운 스토브에서 화상을 입었던 고양이는 부엌에 가지 않았다)

 설명

- 〈준동사구 수식어문〉 패턴 입니다.
- 문장 끝에 있던 "부정사(구)"와 "동명사(구)"와 "분사(구)"를 문장 앞으로 옮겨서, 문장의 변화를 꾀하는 동시에 주절의 내용을 돋보이게 하는 것입니다.
- 예문〈a〉의 부정사구는 주절전체를 수식하는 "부사" 역할을 하며, 이 때의 부정사구는 대개 주절에 대해 "목적"을 나타냅니다. .
- 예문〈b〉는 문장 끝에 있던 "전치사 + ~ing~" 형태의 동명사구를 문두에 옮겨 놓은 것입니다. 이 때에 "전치사 + ~ing~"도 주절전체를 수식하는 "부사" 역할을 합니다.
- 예문〈c〉의 분사구는 주절의 주어를 수식하는 분사구 입니다. 대개 주절의 주어를 수식하는 분사구는 문장 앞에 놓습니다.

---

a. To apply for ~, → 부정사구 수식어문 (부정사구, 주절)

b. By using signs, → 동명사구 수식어문 (동명사구, 주절)

c. Having once been ~, → 분사구 수식어문 (분사구, 주절)

작문연습

1. 완쾌되기 위해서는 그는 수술이 필요하다.

get/ well

2. 수영을 더 잘 배우기 위해서 우리는 풀장에서 레슨을 했다.

better/ take

3. 어려운 임무에 성과를 거두려면 악착같아야 할 필요가 있다.

succeed in/ task/ one/ persistent

4. 정보 하나를 찾으려고 나는 몇 시간 안에 그 책을 전부 읽을 수는 없다.

can/ whole/ a few

5. 시험에 대비하려면, 수험생은 철저히 복습하여야 한다.

in/ prepare for/ should/ thoroughly

6. 낚시 바늘에 벌레를 끼운 후, 나는 고기가 입질하기 시작하는 것을 알 수 있었다.

put + O + on/ worm/ hook/ find/ bite

7. 그 사업을 추진할 것인가에 대해서, 그는 아직도 확실한 결정을 못내리고 있다.

go ahead with/ remain/ equivocal

8. 그가 우리의 사교모임에 가입하는 것에 대해서, 이의가 없다.

join/ objection

9. 나와 비교해 볼 때, 그는 더 지적이다.

compare with

10. 샤워를 하고 있을 때, 나는 전화 벨이 울리는 소리를 들었다.

take

새로운 패턴으로
따라잡는 미국식 영작문

18. 강조문 패턴

- "어떤 부분을 특별히 강하게 주장하거나 두드러지게 하고자 할 때" 강조문을 쓰게 됩니다.
- 〈it-that 강조구문〉이나, 〈도치문〉 또는 〈이중부정문〉을 써서, "어떤 말"이나 "구" 또는 "문장"을 강조할 수 있습니다.

"it-that" 강조문

a. John wore his red jacket at Jane's birthday party yesterday.
(존은 어제 제인의 생일 파티에서 그의 빨간 색 재킷을 입었다)
→ It was John **who** wore his red jacket at Jane's birthday party yesterday.
→ It was his red jacket **which** John wore at Jane's birthday party yesterday.
→ It was at Jane's birthday party **that** John wore his red jacket yesterday.
→ It was yesterday **that** John wore his red jacket at Jane's birthday party.

b. He did not rise up until she went to him and touched him.
→ It was not until she went to him and touched him **that** he rose up.
(그가 일어난 것은 그녀가 옆에 가서 그의 몸을 만졌을 때 였다)

c. It's a rare car **that** does not have a radio.
(라디오가 없는 차는 매우 드물다)

 설명

• 〈it-that 강조구문〉 패턴입니다.

• 〈It + be 동사 + 강조하고 싶은 말 + that ~〉의 구문으로 특정한 말을 강조합니다.

• "동사"를 제외하고 "단어"와 "구" 또는 "절"을 강조할 수 있습니다.

• 예문 〈 a 〉는 "John, his red jacket, at Jane's birthday party, yesterday"를 각각 강조한 예입니다.

• "John"을 강조한 구문을 해석해 보면, "어제 제인의 생일 파티에서 자신의 빨간 자켓을 입은 사람은 다름아닌 바로 존이었다"가 됩니다. 이런 식으로 언제나 강조하고자 한 말에 무게를 두고 해석을 합니다.

• 강조하고자 하는 말이 "사람"일 때는 "that" 대신에 "who"를 쓰기도 하고, "사물"일 때는 "which"를 쓰기도 합니다.

• 예문 〈 b 〉는 "~not ~ until~" 구문을 "It-that 강조구문"으로 쓴 것입니다. 자주 나오는 문장임으로 잘 익혀두시기 바랍니다.

• 예문 〈 c 〉는 〈It's + 명사 (강조되는 말)+ that +동사~〉의 형태로 오는 강조구문입니다.

a. "It + be 동사 + 강조하고 싶은 말 + that ~" 형태의 강조구문 패턴

b. "It + be 동사 + not until + (강조되는 말) + that ~" 형태의 강조구문 패턴

c. It's + 명사 (강조되는 말)+ that +동사~" 형태의 강조구문 패턴

◇ 밑줄 친 부분을 강조하시오.

1. <u>단지 두 승객만이</u> 사고로 다쳤다.

---

only/ get/ hurt

2. <u>강제로</u> Tom 이 Janet 에게 키스를 해서 그녀가 화가 났다.

---

by force/ upset

3. 임용은 <u>내일</u> 발표가 된다.

---

appointment/ announce

4. 우리는 부엌을 <u>짙은 녹색으로</u> 페인트 했다.

---

dark green

5. 그가 나에게 프로포즈 한 것은 <u>우리가 같이 일하고 있는 사업 때문에 내가 그에게 전화를 걸었을 때이다.</u>

---

when/ work with/ propose/ marriage

6. 내가 그것을 알아차린 것은 <u>어제</u>서였다.

---

not until/ notice

7. 그가 도착한 것은 <u>저녁 식사가 반쯤 끝나서였다.</u>

---

not until/ half over

8. 그가 나타난 것은 <u>회의가 끝나서 였다.</u>

---

not until/ over/ show up

9. 자명종이 없는 <u>탁상시계는 매우 드물다.</u>

It's a rare/ clock/ have/ alarm

10. 직원들에게 보너스를 주는 <u>회사는 드물다.</u>

It's rare/ give/ bonuses

도치문

a. The man <u>who is in good health</u> is <u>happy</u>. → **Happy** is the man who is in good health.
(행복은 건강한 사람만이 느낄 수 있다)

b. Sailboats were along the coast. → **Along the coast** were sailboats.
(해안을 따라 많은 범선들이 있었다)

c. The rain came <u>down</u> in torrents. → **Down** came the rain in torrents.
(비가 억수같이 쏟아졌다)

d. The haunted house sat <u>down that dark path</u>. → **Down that dark path** sat the haunted house.
(어두운 길 아래 저쪽으로 귀신이 나오는 집이 있었다.)

e. I remember the scene <u>well</u>. → **Well** <u>do I remember</u> the scene.
(나는 그 광경을 잘 기억하고 있다)

f. I <u>little</u> dreamed of meeting you here. → **Little** <u>did I dream</u> of meeting you here.
(여기서 당신을 만날 줄은 미쳐 몰랐다)

g. He <u>took</u> a rest <u>only after it became dark</u>. → **Only after it became dark**, <u>did he take</u> a rest.
(해가 져서야 그는 휴식을 취했다)

h. He did <u>not</u> get up <u>until</u> it was 11 o'clock in the morning. → **Not until** it was 11 o'clock in the morning, <u>did he get up</u>.
(그는 아침 11 시가 되서야 비로소 일어났다)

i. I had <u>scarcely</u> reached home <u>when</u> it began to rain. → **Scarcely** <u>had I reached</u> home when it began to rain.
(내가 집에 돌아오자마자 비가 오기 시작했다)

j. We are going to climb <u>that mountain</u>. → **That mountain** we are going to climb.

(저 산이 우리가 올라 갈 산이다)

k. We call him John. → **John** we call him.
(우리는 그를 존이라 부른다)

 **설명**

- 〈주어+동사〉가 도치되는 패턴을 말합니다.
- 강조하기 위해 주격보어인 〈형용사〉나 부사역할을 하는 〈전치사구〉 또는 〈부사〉 등을 문두에 놓을 때 "주어+동사"가 도치 됩니다.
- "주어+be 동사"는 〈be 동사+주어〉로, "주어+일반동사"는 〈일반동사+주어〉로 도치 되거나 〈조동사+주어+일반동사〉 순으로 놓이게 됩니다.
- 예문 〈 a 〉는 주격보어인 형용사 "happy"가 문두로 가면서, "주어+be 동사"가 〈be 동사+주어〉로 도치가 되었습니다.
- 예문 〈 b 〉는 전치사구 "along the coast"가 문두로 가면서, 주어+be 동사" (Sailboats were)가 "be 동사+주어" (were sailboats)로 도치가 되었습니다.
- 예문 〈 c 〉는 부사 "down"이 문두에 놓이면서, "주어+일반동사" (the rain came)이 "일반동사+주어" (came the rain)으로 도치 되었습니다.
- 예문 〈 d 〉는 전치사구 "down that dark path"가 문두에 가면서, "주어+일반동사" (the haunted house sat)이 "일반동사+주어" (sat the haunted house)로 도치 되었습니다.
- 예문 〈 e 〉는 목적어가 있는 패턴입니다. 이 패턴에서 부사 "well"이 문두에 가면서 "주어+일반동사" (I remember)가 〈조동사+주어+일반동사〉 (do I remember) 순으로 쓰였습니다. 조동사 "do"가 쓰인 것은 동사 "remember"가 현재형이기 때문입니다.
- 예문 〈 f 〉는 부정부사 "little"이 문두로 가면서 "주어+일반동사" (I dreamed of)가 "조동사+주어+ 일반동사" (did I dream of) 순으로 쓰였습니다. 동사 "dreamed of"가 과거이기 때문에 조동사가 "did"가 쓰인 것이고, "did"가 과거를 나타내기 때문에 "dreamed"는 "dream"으로 동사원형을 씁니다.
- 예문 〈 g 〉의 "only"는 "after~" 이하를 수식하고 있기 때문에 말 전체 (only after it became dark)를 끌고 문두로 갑니다. "took"가 과거임으로 "did he take"로 썼습니다.
- 예문 〈 h 〉는 "not~ until~" 구문입니다. "not~ until~" 구문에서 "not"이 문두로 가면 "until~" 이하를 모두 끌고 갑니다. "he did not get up"에는 이미 조동사 "did"가 있기 때문에 "did he get up"으로 쓰면 됩니다.
- 예문 〈 i 〉는 부정부사 "scarcely"가 문두로 가면서, "I had reached"를 "had I reached" 순으로 썼습니다. 이미 조동사 "had"가 있기 때문입니다.
- 예문 〈 j 〉는 "목적어" (that mountain)을 문두에 놓았습니다. 목적어가 문두에 가는 경우에 "주어+동사"는 도치 되지 않습니다.
- 예문 〈 k 〉는 명사인 ""목적보어" (John)이 문두로 간 경우입니다. 이 때도 "주어+동사"는 도치되지 않습니다.

1. 파괴가 너무 심해서 남쪽 지역이 회복하는 데는 수십 년이 걸렸다.

---

so/ great/ destruction/ the South/ decade

2. 나의 아들은 컴퓨터 게임에 너무 열중해서 그는 거의 외출을 하지 않는다.

---

so/ involve in/ hardly .

3. 그의 노여움은 아주 격렬하여 그는 이성을 잃었다.

---

such/ that/ control/ himself

4. 텔레비전의 영향력은 상당한 것이어서 그것은 하루밤새 사람을 유명하게 만든다.

---

such/ influence/ it/ make/ overnight

5. 태평양 해안을 따라 아름다운 경치를 볼 수 있다.

Pacific Ocean/ view

6. 이 호수에는 많은 다른 종류의 어류들이 있다.

---

different/ kinds of

7. 천둥소리와 함께 비가 쏟아졌다.

---

down/ came/ with/ a clap of/ thunder

8. 외양간에는 3 마리의 말이 살고있다.

---

barn

9. 아주 훌륭하게 그들은 자신들의 임무를 수행했다.

---

so/ well/ do/ fulfill/ task

10. 그런 다행한 결과를 가져오리라고는 꿈에도 생각지 못했다.

---

never/ dream of/ such/ result

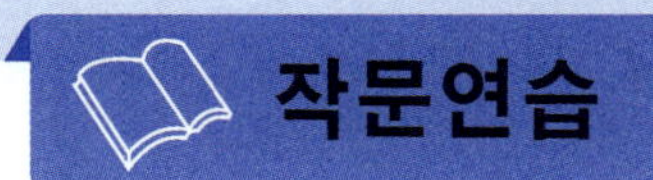 **작문연습**

11. 그녀는 온 종일 한 마디도 하지 않았다.

not a word

12. 나는 다시는 결코 나의 약속을 깨지 않을 것이다.

never/ break/ appointment

13. 그녀는 자신의 딸이 변호사가 되리라고는 전혀 생각하지 못했다.

little/ would/ become

14. 우리는 어려운 상황 아래서야 진정한 우정을 알아볼 수 있다.

only/ circumstances/ can/ real

15. 입원비는 3 일 초과분에 한해서만 보험이 적용된다.

only/ after/ insurance/ cover/ hospitalization

16. 어제야 비로소 그 사실을 알았다.

not until/ fact

17. 나는 그가 돌아와서야 비로소 나의 실수를 알아챘다.

not until/ come back/ notice

18. 문으로 들어가기가 무섭게 전화벨이 울렸다.

scarcely ～ when/ walk in/ phone

19. 그 생각이 그의 가슴을 스치는 순간에 차가 멈췄다.

no sooner ～ than/ thought/ cross/ mind

20. 당신은 그것을 휴식이라고 불렀다.

relaxation

이중 부정문

a. I will **not** do anything **without** <u>(that) he tells me</u>.
(그 사람이 지시를 내리지 않으면 나는 아무 일도 하지 않겠다)

b. He **never** goes out **without** <u>losing his umbrella</u>.
(그는 나가기만 하면 그의 우산을 잃어버린다)

c. I do **not** remember anything **except** <u>(that) he has brown hair</u>.
(나는 그의 머리가 갈색이라는 것을 제외하고는 어느 것도 기억을 하지 못한다)

d. We **never** rest from work **except** <u>on Sunday</u>.
(우리는 일요일 이외는 쉬지 않는다)

e. I could **hardly** believe **but** <u>(that) it was all real</u>.
(그것이 모두 사실이었다는 것을 믿을 수 없었다)

f. We have **no** choice **but** <u>to submit to fate</u>.
(운명에 복종할 수 밖에 달리 도리가 없다)

g. We could **not** choose **but** <u>hate him</u>.
(우리는 그를 미워하지 않을 수 없었다)

h. **None** but <u>they</u> can tell what has become of her.
(그들 이외에는 그녀가 어떻게 되었는지 아는 사람은 없다)

 설명

• 〈이중 부정으로 강조〉하는 패턴 입니다.

• "부정어와 without" 또는 "부정어와 except" 또는 "부정어와 but"이 만나서 이중부정문을 만듭니다.

• 부정어로는 부사 부정어 "not, never, hardly, scarcely, little"이 쓰이거나, 형용사 부정어 "no"가 쓰이거나, 대명사 부정어 "none, nothing" 등이 쓰입니다.

• 또, "without, except, but" 뒤에는 단어(대명사, 동사), 구(부정사구, 동명사구, 전치사구), 절(접속사 s + v +∼) 등이 올 수가 있습니다.

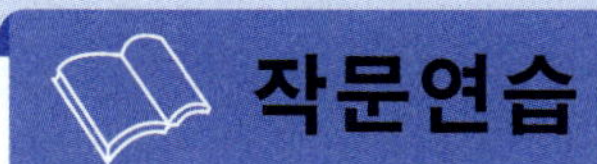

작문연습

1. 비가 오기만 하면 반드시 억수같이 퍼붓는다.

____

it/ never/ but/ pour

2. 그녀를 만나지 않는 날은 거의 하루도 없었다.

____

scarcely/ pass

3. 내가 안에 들어가지 않으면 아무것도 수습이 안되겠다.

____

nothing/ would/ do/ but/ should

4. 당신과 나 이외에 그를 도울 사람은 아무도 없다.

____

but/ is to help

5. 그들은 만나기만 하면 싸운다.

____

never/ without/ quarrel

6. 수개월 동안 그는 변호사만 보기만 하면 화가 치밀었다고 그는 고백했다.

____

confess/ scarcely/ be able to/ look at/ without/ become

7. 몸이 보이지 않게는 아무도 출입할 수 없다.

____

can/ pass/ in or out/ without/ see

8. 예외 없는 규칙은 없다.

____

rule/ without exception

9. 우리는 그가 그날 밤 돌아오지 않았다는 것 외에는 아무것도 모릅니다.

____

except that.

10. 기다리는 것 외엔 별 도리가 없었다.

____

little/ could/ do/ except/ wait

새로운 패턴으로
따라잡는 미국식 영작문

19. 비교급 및 최상급 패턴

– 두 개를 놓고 성질, 상태 따위를 비교하는 것이 비교급 문장 입니다.

– "Skiing is difficult."와 "Walking is difficult."에서 "Skiing is more difficult than walking."이라고 했을 때 이를 비교급 문장이라고 합니다.

– 비교급 문장은 비교하는 주체와 비교하는 대상이 내용적으로 "서로 연관" 이 있어야 하며, "문법구조"를 같이 해야 합니다.

– 위 예문에서 "skiing"이 비교주체이고, "walking"이 비교대상 입니다. "Skiing is more difficult than to walk."은 비교주체와 비교대상의 문법구조 가 맞지 않아 틀리는 문장이 됩니다.

– 여기서 "difficult"는 두 개를 비교한 "비교중점"이 됩니다.

– 비교의 대상이 되는 것 가운데 성질, 상태의 정도가 "가장 큰 것"을 나타 내는 것이 최상급 문장입니다.

– "She is the most beautiful girl in the class"와 같이 대개는 "the most, the best, the least"를 써서 최상급을 표현 합니다.

비교급 문장

a. Jane is beautiful. Susan is beautiful.
→ Jane is **as** beautiful **as** Susan (is beautiful).
   (제인은 수쟌 만큼 아름답다)

b. Jane is **more** <u>beautiful</u> **than** Susan (is beautiful).
   (제인은 수쟌 보다 더 아름답다)

c. Jane is **less** beautiful **than** Susan.
   (제인은 수쟌 보다 덜 아름답다)

d. Jane **not as** (so) beautiful **as** Susan.
   (제인은 수쟌 만큼 아름답지 않다)

e. Tom is tall. Andy is tall.
→ Tom is **as** tall **as** Andy (is tall).

f. Tom is <u>**taller**</u> **than** Andy.

g. Tom is **not as** (so) tall **as** Andy.

h. Tom is **less** cool **than** he was.
   (탐은 옛날 보다 덜 쿨하다)

 설명

- 〈비교급 기본문장〉 패턴입니다.
- 기본적으로 〈동등비교〉와 〈우월비교〉 그리고 〈열등비교〉가 있습니다.
- 비교중점으로 쓰이는 형용사나 부사의 경우, 음절에 따라 쓰이는 비교공식이 약간 다릅니다.
- 예문 〈a〉와 〈e〉 처럼 "동등비교"에는 음절에 관계없이 "as ~ as"가 쓰입니다.
- 우월비교에서 〈b〉 처럼 단음절 이상은 "more ~than"이 쓰이고, 예문 〈f〉와 같이 단음절에는 "~er than"이 쓰입니다.
- 열등비교에서 단음절 이상은 예문 〈c〉와 〈d〉와 같이 "less~ than"이나 "not as (so) ~ as"가 모두 쓰이고, 예문 〈g〉 처럼 단음절에는 "not as (so) ~ as" 만 쓰입니다.
- 한편, 예문 〈h〉와 같이 비교중점이 단음절이라도 비교대상과 비교주체가 같은 경우에는 우월비교에는 "more ~than"을 쓰고, 열등비교에는 "less~ than"을 씁니다.

1. 그녀는 그 사람만큼 친절하다.

____

as ~as

2. 네가 그녀를 알고 있는 만큼 나도 그녀를 잘 알고 있다.

____

as good mechanics as/ nowadays

3. 오늘날에는 여성도 남성만큼이나 기계를 잘 다룬다.

____

twice/ as ~ as

4. 이것은 저것의 2 배의 크기이다.

____

taller than

5. 나는 그보다 2 인치나 키가 크다.

____

more ~ than/ that one

6. 이 그림은 저 그림보다 더 아름답다.

____

more ~ than/ generous

7. 그는 관대하기보다는 친절하다.

____

not so ~ as

8. 그녀는 그 사람만큼 친절하지 못하다.

____

it/ not so ~ as/ the day before/ pleasant

9. 전날만큼 춥지도 않았으며, 그리고 공기는 싱그러웠다.

____

less ~ than/ fat

10. 그녀는 이전보다 말랐다.

____

비교급 관용어

a. I took **the larger of two** apples.
(나는 두 개의 사과 중 더 큰 것을 집었다)

b. He became **more and more** eloquent towards the end of his speech.
(그의 연설은 끝 부분에 달하자 더욱 더 웅변조로 변했다)

c. I like her **all the better for** her kindness.
(나는 그녀의 친절 때문에 오히려 더 그녀를 좋아한다)

d. This is **the same** watch **that** I lost.
(이것은 내가 분실한 바로 그 시계이다)

e. This is **the same** watch **as** I lost.
(이것은 내가 분실한 시계와 같은 종류의 시계이다)

f. It takes **more than** an hour.
(한 시간 이상 걸린다)

g. I **would rather** have died **than** refused.
(거절하느니 보다는 오히려 죽는게 나았었다)

h. It is a poem **rather than** a picture.
(그것은 한 장의 그림이라기 보다는 한 편의 시다)

 설명

• 〈비교급 관용어〉 패턴 입니다.
• 예문 〈 a 〉를 〈the+비교급+of+two~〉 (두개 가운데 … 한 것) 으로 "양자비교"라고 합니다.
• 예문 〈 b 〉 처럼 〈비교급+and+비교급〉을 "점진비교" 라고 합니다.
• 예문 〈 c 〉의 〈all the better for ~〉는 "~때문에 오히려 더~"의 뜻입니다.
• 예문 〈 d 〉의 〈the same ~ that~〉은 "똑같은 것"을 가리킵니다.
• 예문 〈 e 〉는 〈the same ~ as~〉는 "같은 종류"를 나타냅니다.
• 예문 〈 f 〉 처럼 〈more than + 수사〉에서 "more than"은 "~이상" (over)의 의미로 쓰입니다.
• 예문 〈 g 〉의 〈would rather ⓐ than ⓑ〉는 "ⓑ 하느니 오히려 ⓐ 하는 편이 낫다"를 뜻합니다.
• 예문 〈 h 〉의 《ⓐ rather than ⓑ》는 "ⓑ 라기 보다는 오히려 ⓐ 이다"라는 뜻입니다.

1. 나는 두 개의 사전 중 더 큰 것을 집었다.

____

the larger of

2. Dick 은 두 사람 중 더 공손하게 행동한다.

____

behave/ the more politely of

3. 아이들은 점점 더 흥분했다.

____

more and more

4. 사태는 점점 더 악화되어 가고 있었다.

____

matter/ get/ worse and worse

5. 나는 그 사람의 결점 때문에 오히려 더 그를 좋아한다.

____

all the better for

6. 그는 5 년 전에 내가 본 것과 같은 옷을 입고 있었다.

____

the same ∼ that

7. 그는 당신과 같은 언어로 말한다.

____

the same ∼ as

8. 그들은 여기서 10 년 이상을 살았다.

____

more than

9. 나는 그와 함께 가느니 오히려 집에 있는게 더 낫겠다.

____

would rather ∼ than

10. 그는 선생이라기보다는 오히려 학자이다.

____

rather than

"as"를 사용한 비교급 관용어

a. He ran **as** quickly **as he could**.
(그는 할 수 있는 한 빨리 뛰었다)

b. She is **as** happy **as** (happy) **can be**.
(그녀는 더할 나위 없이 행복하다)

c. She is **as** happy **as anything**.
(그녀는 더할 나위 없이 행복하다)

d. He is working **as** hard **as any**.
(그는 어느 누구 못지 않게 열심히 일한다)

e. He ran **as** quickly **as possible**.
(그는 가능한 한 빨리 뛰었다)

f. Mother is **as** busy **as ever** (before).
(어머니는 그 어느 때 보다 바쁘다)

g. He was **as** busy **as** <u>a bee</u>.
(그는 벌처럼 바빴다)

 설명

- 〈as 를 사용한 비교급 관용어〉 패턴 입니다.
- "as ~ as" 사이에는 〈형용사〉나 〈부사〉가 들어갈 수 있습니다.
- 예문 〈a〉에서 부터 〈g〉에 까지 보듯이 "as ~ as" 뒤에는 "〈주어+could be〉, 〈〈형용사〉+can be〉, 〈anything〉, 〈any〉, 〈possible〉, 〈ever (before)〉" 등의 말이 올 수가 있습니다.
- "as ~ as + 명사"는 "주어"를 "명사"에 비유한 것입니다.
- 예문 〈g〉는 주어 "He"를 명사 "a bee"에 비유하고 있습니다.

1. 이 도구는 대단히 쓸모가 있다.

    ____

    tool/ useful/ anything

2. 그는 귀머거리처럼 그렇게 귀가 먹었다.

    ____

    as ~ as/ deaf/ can be

3. 일을 되도록 빨리 끝내겠습니다.

    ____

    as ~ as possible

4. 그녀는 얼굴이 몹시 창백했다.

    ____

    pale/ as ~ as could be

5. 가을에 하늘은 더할 나위 없이 푸르다.

    ____

    blue/ as ~ as can be

6. 나는 내가 할 수 있는 한 열심히 일했다.

    ____

    as ~ as I could

7. 그는 여전히 원기가 왕성하다

    ____

    strong/ as ~ as ever

8. 그는 이제까지 살았던 그 어느 누구 못지 않게 현명한 사람이다.

    ____

    as ~ as ever

9. 그는 지금까지 내가 알고 지내 온 사람 중에 어느 누구 못지 않게 훌륭한 선생이다.

    ____

    as ~ as I ever

10. 이 빵은 돌처럼 딱딱하다.

    ____

    as ~ as/ stone

부정어를 사용한 비교급 관용어

a. He is **as tall as, if not taller than**, you.
(그는 당신보다는 아니더라도 그래도 당신만큼은 키가 크다)

b. She is **none the wiser because** she read many books.
(그녀가 책을 많이 읽는다고 그녀가 더 현명한 것은 아니다)

c. A whale is **no more** a fish **than** a horse is (a fish).
(말이 물고기가 아닌 것은 고래가 물고기가 아닌 것과 같다)

d. He is **not so much** a novelist **as** a poet.
(그는 소설가라기 보다는 시인이다)

e. He is **not more** kind **than** you are.
(그는 당신만큼은 친절하지 않다)

f. He is **not less** smart **than** his younger brother.
(그는 그의 동생과 마찬가지로 똑똑하다)

g. He is **no less** smart **than** his younger brother.
(그는 그의 동생 못지 않게 똑똑하다)

h. He has **not less than** ten dollars.
(그는 적어도 10 불은 가지고 있다)

i. I have **not more than** ten dollars.
(나는 기껏해야 10 불밖에는 없다)

j. He has **no less than** ten dollars.
(그는 단지 10 불만 가지고 있을 뿐이다)

k. He is **no more than** a puppet.
(그는 허수아비에 불과하다)

• 〈부정어가 들어가 있는 비교급 관용어〉 패턴 입니다.

---

a. (a) 비교급+if not+비교급 (b) → (a)는 (b)만큼은 아니더라도 그래도 그 만큼은

b. none the 비교급 because (for)~ → ~하기 때문에 반드시...하는 것은 아니다

c. (a) is no more (b) than (c) is (d) → (c)가 (d)가 아닌 것은 (a)가 (b)가 아닌 것과 같다

d. not so much (a) as (b) → (a) 라기 보다는 오히려 (b) 이다

e. not more (a) than (b) → (b) 만큼은 (a) 하지 못하다

f. not less (a) than (b) → (b) 와 마찬가지로 (a) 하다

g. no less (a) than (b) → (b) 못지 않게 (a) 하다

h. not less than → 적어도 (at least)

i. not more than → 기껏해야 (at most)

j. no less than → 단지 (only)

k. no more than → ...에 불과한 (just)

1. 옷의 스타일은 색깔보다는 아니더라도 그래도 색깔만큼은 다양하다.

____

____

style/ vary/ as much as/ if not/ more than

2. 그녀가 예쁘다고 해서 그녀가 더 행복한 것은 아니다.

____

____

none the happier for

3. 내가 위대한 작가가 아닌 것은 그가 유명한 배우가 아닌 것과 같다.

____

____

no more ～ than

4. 그녀는 나를 싫어 했다기 보다는 오히려 미워했다.

____

____

not so much ～ as

5. 나는 자네만큼은 미치지 않았다.

____

____

not more ～ than

6. 그는 그의 형과 마찬가지로 미남이다.

____

____

not less ～ than

7. 그는 그의 형 못지 않게 미남이다.

____

____

no less ～ than

 **작문연습**

8. 그는 적어도 5 불은 가지고 있다.

____

____

not less than

9. 나는 기껏해야 5 불밖에는 없다.

____

____

not more than

10. 그는 5 불만 가지고 있을 뿐이다.

____

____

no less than

11. 그는 거짓말쟁이에 불과하다.

____

____

no more than

119 주의해야 할 비교급

a. I **prefer** <u>spring</u> **to** <u>fall</u>.
(나는 가을 보다 봄이 더 좋다)

b. I much **prefer** <u>playing</u> in the open air **to** <u>reading</u> indoors.
(나는 집에서 독서하기 보다 밖에서 놀기가 훨씬 좋다)

c. I much **prefer** <u>to play</u> in the open air **rather than** <u>(to) read</u> indoors.

d. He is **senior to** her.
(그는 그녀 보다 손위다)

 **설명**

- 〈주의해야 할 비교급〉 패턴 입니다.
- 〈prefer〉나 〈~ior〉로 끝나는 단어는 "than" 대신에 "to"를 씁니다.
- "prefer~to~" 뒤에는 〈명사〉나 〈동명사〉가 올 수 있습니다.
- "prefer~rather than~" 뒤에는 〈명사〉나 〈부정사〉 또는 〈동명사〉가 모두 올 수 있습니다.
- 예문 〈 a 〉는 "prefer+명사+to+명사" 형태입니다.
- 예문 〈 b 〉는 "prefer+동명사+to+동명사" 형태입니다.
- 예문 〈 c 〉는 "prefer+부정사+rather than+부정사" 형태입니다.
- 예문 〈 d 〉와 같이 "~ior"로 끝나는 단어 "anterior, posterior, junior, senior, superior, inferior, interior, exterior" 등은 "than" 대신에 "to"를 씁니다.

---

a. prefer spring to fall → "prefer+명사+to+명사"

b. prefer playing ~ to reading → "prefer+동명사+to+동명사"

c. prefer to play~ rather than (to) read~ → "prefer+부정사+rather than+부정사"

d. superior to~ → "~ior+to~"

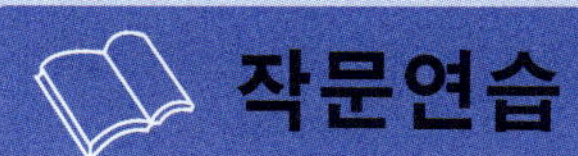 **작문연습**

1. 그녀는 고기보다 생선을 좋아한다.

____

prefers ～ to

2. 나는 중고차보다 새 차를 선호한다.

____

prefer ～ to

3. 나는 타는것보다 걷는 것이 좋다.

____

prefer ～ to/ prefer to ～ rather than

4. 그는 아무 일도 하지 않는 것보다는 일하는 것을 좋아한다.

____

prefers ～ to/ prefers to ～ rather than

5. 사람들은 모르는 사람보다는 그들이 아는 사람과 놀기를 더 선호한다.

____

prefer to ～ rather than

6. 나는 고양이보다 개를 더 좋아한다.

____

prefer ～ rather than

7. 외국산 차는 풍미 면에서 국산 것보다 떨어진다.

____

inferior/ home—grown/ in flavor

8. 그는 나보다 세 살 손위이다.

____

senior

9. 그는 1 년 나보다 아래다.

____

junior/ by

10. 이것이 그것보다 훨씬 뛰어나다.

____

much/ superior

최상급

a. This is **the hardiest** of all.
(이것이 모든 것 중에서 가장 어렵다)

b. She is **the tallest** (girl) <u>among</u> other girls.
(그녀는 다른 소녀들 가운데 가장 키가 크다)

c. She is **the most beautiful** (girl) in the class.
(그녀가 반에서 가장 아름답다)

d. This is **the least expensive method** <u>that I know</u>.
(이것이 내가 아는 가장 비용이 싸게 드는 방법이다)

e. I like tennis **best (most)**.
(나는 테니스를 가장 좋아한다)

f. Mary is **kinder than any other** girl (the other girls) in the class.
(메리는 반에 있는 그 어느 소녀 보다 친절한 소녀이다)

g. **Nothing** is **as** important **as** trade.
(아무것도 무역만큼 중요한 것은 없다)

h. In Korea, **no** city is **more** populous **than** Seoul.
(한국에서 서울보다 인구가 많은 도시는 없다)

 설명

- 〈최상급〉 패턴입니다.
- 최상급 표현은 단음절에는 〈~est〉를 붙이고, 단음절 이상에는 〈the most, the best, the least, the worst〉 등이 원급 앞에 붙습니다.
- 최상급은 "…가운데" 가장 최고를 나타내기 때문에, 최상급은 "…가운데"를 나타내는 전치사 〈of~, among~, in~〉 혹은 〈that-절〉과 같이 쓰이는 경우가 많습니다.
- 예문 〈a〉와 〈b〉는 단음절 "hard"와 "tall"을 최상급 "hardiest"와 "tallest"로 쓴 경우입니다.
- 예문 〈c〉와 〈d〉는 원급 앞에 "the most"와 "the least"를 붙여 최상급을 표현한 것입니다.
- 예문 〈e〉와 같이 "best"나 "most"는 부사로써 최상급을 나타낼 수 있습니다.
- "…가운데"를 나타내기 위해 예문 〈a〉, 〈b〉, 〈c〉에는 전치사 〈of~, among~, in~〉이 쓰였습니다.
- 예문 〈d〉는 "…가운데"를 나타내기 의해 〈that-절〉이 쓰였습니다.
- 비교급 형태로도 최상급을 나타낼 수 있습니다.
- 예문 ⓕ와 같이 〈~er than+any other+단수명사〉 또는 〈the other+복수명사〉는 "최상급"의 의미를 나타냅니다.
- 예문 〈g〉와 같이 〈부정어~ +as~as~〉 는 "최상급"의 의미를 나타냅니다.
- 예문 〈h〉와 같이 〈부정어~ +more~than~〉 은 "최상급"의 의미를 나타냅니다.

1. 이 호수가 세계에서 가장 큰 호수이다.

____

large

2. 부산은 한국내 도시 중 두 번째로 큰 도시이다.

____

second

3. 그는 반에서 가장 총명하다.

____

the most/ intelligent

4. 그녀는 사무실에서 가장 중요하지 않은 사람이다.

____

the least/ person

5. 축구는 한국에서 가장 인기 있는 스포츠 가운데 하나다.

____

soccer/ the most/ popular

6. 최고의 자부심은 자신의 일에 대해서 갖는 자부심이다.

____

the best/ kind of/ pride

7. 나는 야구를 가장 좋아한다.

____

best

8. 생각을 많이 하지 않는 사람이 가장 좋은 판단을 내린다.

____

he/ judge/ best/ least

9. 메리는 반에 있는 모든 소녀보다 친절한 소녀이다.

____

kinder than

10. 그 어떠한 것도 건강보다 중요한 것은 없다.

____

nothing/ more ~ than

새로운 패턴으로
따라잡는 미국식 영작문

20. 가정법 패턴

– 〈가정, 욕망, 원망〉 등을 나타내는 문장을 가정법 문장이라고 합니다.

– 가정법 문장의 핵심은 〈조동사〉와 〈동사시제〉에 있습니다. 조동사와 동사
  시제의 변화를 꾀하여 가정법 표현을 만들기 때문입니다.

가정법

---

a. He **should pass** the exam.
　(그는 시험에 합격해야 했다)

b. He **should have passed** the exam.
　(그는 시험에 합격했어야 했다)

c. <u>But for water</u>, nothing **could exist**.
　(물이 없었더라면, 아무것도 존재할 수가 없다)

d. <u>Without your help</u>, I **could have failed**.
　(너의 도움이 없었더라면, 나는 실패했었을 것이다)

e. We **should be** better <u>to accompany you</u>.
　(우리가 너와 함께 했더라면 더 잘 할 수 있을 텐데)

f. We **should have been** better <u>to accompany you</u>.
　(우리가 너와 함께 했더라면 더 잘 할 수 있었을 텐데)

g. They **could see** me, <u>but</u> they **doesn't come** to the meeting.
　(그들은 나를 만날 수 있었는데, 그러나 그들은 회의에 참석하지 않았다)

h. They **could have seen** me, <u>but</u> they **didn't come** to the meeting.
　(그들은 나를 만날 수 있었는데, 그러나 그들은 회의에 참석하지 않았었다)

 설명

- 〈가정법〉 패턴입니다.
- 가정법은 〈조동사〉와 〈동사시제〉로 표현합니다.
- 예문 〈a〉와 같이 〈조동사 과거형+동사원형〉 (should pass)은 "현재사실에 반대"를 나타냅니다.
- 예문 〈b〉 처럼 〈조동사 과거형+have+~pp〉 (should have passed)는 "과거사실에 반대"를 나타냅니다.
- 가정법 문장에는 수식어(구)(절)이 붙을 수 있습니다.
- 예문 〈c〉와 〈d〉는 가정법 문장이 "but for"나 "without"로 오는 전치사구와 함께 쓰인 문장입니다.
- 예문 〈e〉와 〈f〉는 가정법 문장이 "부정사구"와 함께 쓰인 문장입니다
- 예문 〈g〉와 〈h〉는 가정법 문장이 "but s+v~"와 함께 쓰인 문장입니다
- 예문 〈g〉에서와 같이 주절이 "현재사실에 반대"를 나타낼 때 "but s+동사~"의 동사는 "현재동사"를 씁니다.
- 예문 〈h〉에서와 같이 주절이 "과거사실에 반대"를 나타낼 때 "but s+동사~"의 동사는 "과거동사"를 씁니다.

1. 분별 있는 사람이라면 그런 짓을 하지 않을 것이다.

---

sense/ would/ do/ such a thing

2. 진정한 친구라면 우리를 배반하지 않았었을 것이다.

---

true/ would/ betray

3. 물이 없었으면, 우리는 살수가 없다.

---

but for/ could

4. 두 개 이상의 지레가 없었으면, 우리는 그것을 옮기지 못했었을 것이다.

---

without/ lever/ could/ remove

5. 내가 당신에게 도움이 되었다면 기뻤을 것이다.

---

should/ to be of service

6. 당신이 그것을 말하지 않는 편이 좋았었을 것이다.

---

it/ would/ better/ leave/ unsaid

7. 그가 살이 좀 찔텐데, 그는 많이 먹지 않는다.

---

would/ gain/ but

8. 회사가 번영을 했었을 텐데, 그들은 자본이 부족 했었었다.

---

would/ prosper/ but/ lack/ capital

9. 나는 빨간 드레스를 입었을 텐데, 드레스 앞면에 얼룩이 묻었었다.

---

would/ except/ have/ stain/ in the front

10. 그녀는 떠났었을 텐데, 시간이 없었었다.

---

would/ go/ except

122

if-가정법

a. If you **cook** dinner, I will **wash** the dishes.
(당신이 저녁식사를 준비하면, 나는 설겆지를 할 것이다)

b. If it **rains** tomorrow, I will **stay** home.
(내일 비가 온다면, 나는 집에 있을 것이다)

c. If you **passed** the exam, I **would buy** you a car.
(네가 시험에 합격 했더라면, 나는 너에게 차를 사 주었을 것이다)

d. If it **had** not **been** for your help, I **could** not **have succeeded.**
(너의 도움이 없었더라면, 나는 성공하지 못했을 것이다)

e. If it **should rain** tomorrow, I **would stay** home.
(내일 비가 오지 않을 것 같지만 온다면, 나는 떠나지 않을 것이다)

f. If I **were to be** young again, I **would be** a teacher.
(틀림없이 아니겠지만 내가 다시 젊어진다면, 나는 교사가 될 것이다)

g. If you **had listened** to me <u>then</u>, we **wouldn't be** in trouble <u>now</u>.
(당신이 그때 내 말을 들었더라면, 우리는 지금 이처럼 문제에 부딪치지는 않았을 것이다)

 설명

- 〈if-조건절이 오는 가정법〉 패턴입니다.
- 가정법 현재에는 "가능성 있는 가정"과 "가능성 없는 가정"의 두 가지 경우가 있습니다.
- 예문 〈a〉와 같이 if-조건절의 시제를 "동사원형" (cook)으로 쓰고, 주절의 시제를 "will, shall, may, can+동사원형" (will wash)로 쓰면, 현재를 기준으로 〈가능성 있는 가정〉을 표현하게 됩니다.
- 예문 〈b〉는 예문 〈a〉와 같이 동사시제가 같습니다. 다만 예문 〈b〉에는 if-조건절에 미래를 나타내는 부사 "tomorrow"가 있습니다. 역시 현재를 기준으로 "가능성 있는 가정"을 표현합니다.
- 예문 〈c〉 처럼 if-조건절의 시제를 "과거" (passed)로 쓰고, 주절의 시제를 "would, should, might, could+동사원형" (would buy)로 쓰는 경우, 현재를 기준으로 〈가능성 없는 가정〉을 표현하게 됩니다.
- 예문 〈d〉는 〈가정법 과거〉 입니다. if-조건절의 시제를 "had + p.p."로 쓰고, 주절의 시제를 "would, should,

might, could+have+p.p."로 쓰면, "과거에 일어난 일"을 가정법 문장으로 표현하게 됩니다.

- 가정법 미래에도 "가능성 있는 가정"과 "가능성 없는 가정"의 두 가지가 있습니다.
- 예문 〈 e 〉와 같이, If-조건절이나 주절의 시제를 모두 "would, should, might, could+동사원형"으로 쓰면, 미래에 대해 "가능성 있는 가정"을 표현합니다.
- 예문 〈 f 〉 처럼, If-조건절의 시제를 "were to + 동사원형"을 쓰고, 주절의 시제를 "would, should, might, could+동사원형"으로 쓰면, 미래에 대해 "가능성 없는 가정"을 표현하게 됩니다.
- 예문 〈 g 〉와 같이, if-조건절에 과거를 나타내는 부사와 시제를 "had+p.p."로 쓰고, 주절에 현재를 나타내는 부사와 시제를 "would, should, might, could+동사원형"으로 쓰면, if-조건절은 "과거의 원인"이 되고, 주절은 "현재의 결과"를 나타냅니다. 이를 "가정법 혼합시제"라고 말하기도 합니다.

1. 그가 정직하다는 평가를 받는다면, 그는 승진하는 데 문제에 직면하지 않을 것이다.

____

____

be acclaimed to/ will/ face/ promote

2. 만약 내일 날씨가 좋다면, 우리는 쇼핑을 하러 외출을 할 것이다.

____

____

fine/ will

3. 만약 내가 당신의 입장이었다면, 나는 그 사람 곁을 떠났을 것이다.

____

____

position/ would/ walk out on

4. 만약 당신이 한 달 밖에 살 수 없다면, 당신은 무엇을 하고 싶습니까?

____

____

only/ live/ what/ would

5. 네가 여기서 일을 했었더라면, 너는 나를 이해했었을 것이다.

____

____

Work/ would

6. 내가 부자 였더라면, 나는 새집을 살 수 있었을 것이다.

____

____

could

7. 내일 날씨가 좋을 것 같지는 않지만 좋다면, 나는 낚시를 하러 갈 것이다.

____

____

should/ fine/would

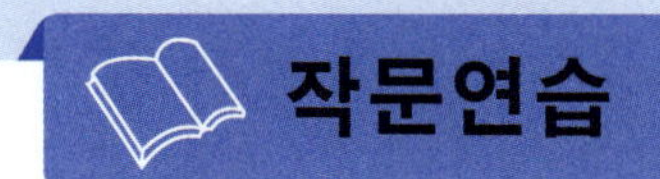 작문연습

8. 틀림없이 아니겠지만 John 이 사직을 하고 그리고 Henry 가 John 의 자리를 맡도록 선출이 된다면,
   우리는 좀 더 활발한 리더십을 가지게 될 것이다.

   ____

   ____

   were to/ resign/ elect/ take/ place/ would/ vigorous

9. 우리의 노력이 없었더라면, 우리는 훨씬 더 어려운 위치에 머물렀을 것이다.

   ____

   ____

   it/ effort/ would/ even more/ position

10. 만약 그때 내가 당신의 충고를 따랐더라면, 나의 형편이 지금 나았을 것이다.

   ____

   ____

   follow/ advice/ then/ should/ better off/ now

PATTERN 123 — 주의해야 할 가정법

a. **Should** you change your mind, let us know.
(만약에 마음이 바뀌면, 우리에게 알려주세요)

b. **It's time (that)** he went to bed.
(이제 그는 잠자리에 들 시간이다)

c. **I'd rather (that)** you went home now.
(나는 네가 이제 가주면 좋겠다)

d. **I'd rather (that)** she had stayed at home.
(나는 그녀가 있어 주기를 바랬었다)

e. **I wish (that)** he would join us.
(나는 그가 우리와 합석하기를 바랬다)

f. **I wish (that)** he had joined us.
(나는 그가 우리와 합석해 주었을 것을 바랬다)

g. He looks **as if (as though)** he saw a ghost.
(그는 마치 유령이라도 본 것 같은 얼굴을 하고 있다)

h. He looked **as if (as though)** he had seen a ghost.
(그는 마치 예전에 유령이라도 본 것 같은 얼굴을 하고 있다)

 설명

- 〈기타 다른 문장에서 나타나는 가정법〉 문장 패턴 입니다.
- 예문 〈 a 〉와 같이 "if-가정법"에서"if"가 생략되면, "If+주어+were~"는 〈Were+주어〉로 "If+주어+had+~pp"는 〈Had+주어+~pp〉로 "If+주어+should~"는〈Should+주어+~〉로 도치됩니다.
- 예문 〈 b 〉의 "It's time that s+과거시제~"는 〈현재사실에 반대〉를 나타냅니다.
- 예문 〈 c 〉와 〈 d 〉의 "I'd rather (that) s+과거시제~"는 〈현재사실에 반대〉를 "I'd rather (that) s+had+~pp~" 는 〈과거사실에 반대〉를 나타냅니다.
- 예문 〈 e 〉와 〈 f 〉의 "I wish (that)+s+과거시제~"는 〈현재사실에 반대〉를, "I wish (that)+s+had+~pp~"는 〈과거사실에 반대〉를 나타냅니다.
- 예문 〈 g 〉와 〈 h 〉의 "S+현재시제~+as if (as though)+S+과거시제+~"는 〈현재사실에 반대〉를, "S+과거시제 ~+as if (as though)+S+had+~pp~"는 〈과거사실에 반대〉를 나타냅니다.

1. 내가 부자라면, 나는 너를 도와줄 수 있을 텐데. (if 생략)

were/ would

2. 네가 나를 돕지 않았다면, 나는 실패를 했었을 것이다. (if 생략)

had helped/ would

3. 만약에 그가 그곳에 있지 않으면, 나는 실망하게 될 것이다. (if 생략)

should/ would be

4. 이제 우리가 중대한 조처를 강구해야 할 때이다.

It's about time/ take/ serious step

5. 내가 보기에는 당신이 여기에 오늘 보다는 내일 오는 편이 나았다.

I'd rather that

6. 나는 그가 그것에 대해서 나에게 말하지 않은 편이 나았었다고 생각한다.

I'd rather that/ had told

7. 내가 다시 젊어졌으면 한다.

I wish that/ were

8. 내가 어렸을 적에 좀 더 부지런 했었으면 한다.

I wish that/ had been/ while

9. 마치 그는 모든 것을 아는 것처럼 언제나 얘기한다.

as if

10. 마치 그는 이상한 곳에 있다가 온 사람처럼 보였다.

as if/ had been

새로운 패턴으로
따라잡는 미국식 영작문

21. 긍정·부정 동의문 패턴

– 어떤 서술의 내용에 대해 "긍적적인 의사"를 표시하던가, "부정적으로 의사"를 표시하는 패턴을 말합니다.

– 영어에서는 긍정문에 대해서 긍정의사를 표시하고, 부정문에 대해서는 부정의사를 표현합니다.

긍정·부정 동의문

a. She is happy, and he is happy, too.
→ She <u>is</u> happy, and **so is he**.
(그녀는 행복하다, 그리고 그 역시 그렇다)

b. We <u>went</u> shopping yesterday, and **so did she**.
(우리는 어제 샤핑을 하러 갔다, 그리고 그녀 역시 그렇다)

c. He <u>has</u> a sense of humor, **so does she**.
(그는 유머가 있다, 그리고 그녀 역시 그렇다)

d. He <u>has</u> seen her, and **so have you**.
(그는 그녀를 만났었다, 그리고 너 역시 그렇다)

e. You <u>managed</u> to quit smoking, and **so will I**.
(당신이 담배를 끊었다, 그리고 나도 그럴 것이다.

f. She <u>isn't</u> happy, and he isn't happy, either.
→ She <u>isn't</u> happy, and **neither is he**.
(그녀는 행복하지 않다, 그리고 그 역시 그렇지 못하다)

g. We <u>didn't go</u> shopping yesterday, and **neither did she**.
(우리는 어제 쇼핑을 가지 않았다, 그리고 그녀 역시 가지 않았다)

h. He <u>hasn't</u> a sense of humor, and **neither does she**.
(그는 유머가 없다, 그리고 그녀 역시 그렇지 않다)

i. He <u>has not seen</u> her yet, and **neither have you**.
(그는 그녀를 아직 만나 보지 못했다, 그리고 너 역시 그렇지 못하다)

- 〈긍정·부정 동의문〉 패턴 입니다.
- 어떤 긍정적인 서술에 대해 긍정의 동의를 나타낼 때 〈so+동사+주어〉로 표현하는 경우가 있습니다. 이를 〈긍정 동의문〉 이라고 합니다.
- "주어+동사+~, too"를 "so+동사+주어"로 바꾸어 쓴 것입니다.
- 예문 〈a〉와 같이 "he is happy, too"를 "so is he"로 표현한 것 입니다. 주절의 동사가 "be 동사"이면 〈so+be 동사+주어〉로 받습니다.
- 예문 〈b〉 처럼 주절의 동사가 "일반동사"인 경우는 〈so+do 동사+주어〉로 받습니다. 주절의 동사가 과거 (went) 이기 때문에 "did"를 썼습니다.
- 예문 〈c〉 처럼 "have" 동사도 일반동사이기 때문에 〈so+do 동사+주어〉로 받습니다.
- 예문 〈d〉와 같이 주절동사에 조동사 (has seen)가 있다면, 〈so+조동사+주어〉로 받습니다.
- 예문 〈e〉와 같이 주절의 "동사시제"와는 관계없이 "so+동사+주어"가 미래를 나타내는 내용이라면, 〈so+will+ 주어〉로 표현합니다.
- 어떤 부정적인 서술에 대해 부정의 동의를 나타낼 때 〈neither+동사+주어〉로 표현하는 경우가 있습니다. 이를 〈 부정 동의문〉 이라고 합니다
- "주어+부정부사+동사+~, either"를 "neither+동사+주어"로 바꾸어 쓴 것입니다.
- 예문 〈f〉 같이 "he isn't happy, either"를 "Neither is he"로 바꾸어 쓴 것입니다. 긍정 동의문에서와 같이 주절 의 동사가 "be 동사"이면 〈neither+be 동사+주어〉로 받습니다.
- 예문 〈b〉 처럼 주절의 동사가 "일반동사"인 경우는 〈neither+do 동사+주어〉로 받습니다. 주절의 동사가 과거 (went)이기 때문에 "did"를 썼습니다.
- 예문 〈c〉 처럼 "have" 동사도 일반동사이기 때문에 〈neither+do 동사+주어〉로 받습니다.
- 예문 〈d〉와 같이 주절동사에 조동사 (has not seen)가 있다면, 〈so+조동사+주어〉로 받습니다.

---

a. She is happy → so is he

b. We went shopping yesterday → so did she

c. He has a sense of humor → so does she

d. He has seen her → so have you

e. You managed to quit smoking→ so will I.

f. She isn't happy → neither is he

g. We didn't go shopping → neither did she

h. He hasn't a sense of humor → neither does she

i. He hasn't seen her → neither have you

1. Alice 는 학생이다. 나 역시 그렇다.

____

so

2. 그녀의 남편은 의사이다. 그녀 역시 그렇다.

____

so

3. 그들은 내일 낚시하러 갈 예정이다. 나 역시 그렇다.

____

so

4. 그녀는 오렌지를 좋아한다. 그 역시 그렇다.

____

so

5. 존은 극장에 갔다, 그리고 그의 형 역시 그랬다.

____

John/ so/ elder brother

6. Jimmy 는 어제 친구들과 축구를 했다. 우리 역시 축구를 했다.

____

so

7. 나는 당신과 같이 갈 수 있다. 그녀 역시 그렇다.

____

can/ so

8. 나는 전에 여러 차례 Philip 을 만났다. 그 역시 그랬다.

____

so

9. 만약 메리가 가기를 원하면, 나도 갈 것이다.

____

if/ Mary/ so

10. 만약 그가 여기에 남기로 결심을 한다면, 그녀 역시 그럴 것이다.

____

if/ so

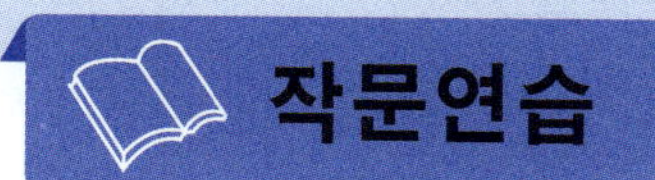 작문연습

11. 그는 대학원생이 아니다. 그녀 역시 그렇지 않다.

____

neither

12. Frank 는 어제 여기에 없었다. 나 역시 그렇지 않았다.

____

neither

13. 나는 노래 부르기를 좋아하지 않는다. 그녀 역시 그렇지 않다.

____

neither

14. 당신은 우리들과 합석할 필요가 없다. 나 역시 그렇지 않다.

____

have to/ neither

15. 그녀는 그런 긴 줄에서 기다리기를 원한다고 생각하지 않는다. 나 역시 그렇지 않다.

____

in/ such/ neither

16. 그들은 내일까지는 떠나지 못할 것이다. 나 역시 그렇지 못할 것이다.

____

can/ until/ neither

17. 아버지는 나를 이해하지 못한다. 나 역시 그렇지 않다.

____

can/ neither

18. 그의 누이는 요리를 할 줄 모른다. 나의 누이 역시 그렇지 않다.

____

can/ neither

19. 그는 내일 회의에 오지 않을 것이다. 나 역시 참석하지 않을 것이다.

____

will/ show up/ in/ neither

20. Jamie 는 오늘 오후에 영화 구경을 가지 않을 것이다. 그녀의 오빠 역시 그렇지 않다.

____

will/ neither

새로운 패턴으로
따라잡는 미국식 영작문

22. 부가 의문문 패턴

- "상대방에게 어떤 사실을 확인하거나 동의를 구할 때 쓰는 의문문"을 〈부가 의문문〉이라고 합니다.
- 부가 의문문에는 "부정 부가 의문문"과 "긍정 부가 의문문"이 있습니다.

부가 의문문

a. It's raining outside, **isn't it?**
(밖에 비가 오고 있지, 그렇지 않나?)

b. She has two sons, **doesn't she?**
(그녀에게는 두 아들이 있습니다, 그렇지 않습니까?)

c. You won't be leaving soon, **will you?**
(당신은 곧 떠나지 않을 것이다, 그렇지요?)

d. Be quite, **will you?**
(조용히 해, 그래 줄래?)

e. Put off your hat, **won't you?**
(모자를 좀 벗어 주세요, 그렇게 하지 않겠습니까?)

f. Let's not talk about that now, **shall we?**
(그것에 대해서는 지금 얘기하지 맙시다, 그래 주실래요?)

 설명

- 〈부가 의문문〉 패턴입니다.
- "상대방에게 어떤 사실을 확인하거나 동의를 구할 때 쓰는 의문문"을 〈부가 의문문〉이라고 합니다.
- 부가 의문문에는 "부정 부가 의문문"과 "긍정 부가 의문문"이 있습니다.
- 긍정문에 대해서는 부정 부가 의문문을 쓰고, 부정문에 대해서는 긍정 부가 의문문을 쓰게 됩니다.
- 앞 문장의 동사에 따라 부가 의문문의 동사를 일치 시켜야 합니다.
- "be 동사"는 → "be 동사"로, "일반동사" (have 동사 포함)는 → "do"로, "조동사"가 있으면 → "조동사"를 써서 부가 의문문을 만듭니다.
- 명령문은 부가 의문문을 "will you?"로 표현하게 됩니다. 그러나, 권유를 나타낼 때에는 "won't you?"로 쓰게 됩니다.
- "Let's..."로 시작하는 간접 명령문에서는 부가 의문문을 "shall we?"로 씁니다.

---

a. It's raining outside, isn't it? → "be 동사"는 "be 동사"

b. She has two sons, doesn't she? → 일반동사 (have 동사 포함)는 "do" 동사

c. You won't be leaving soon, will you? → 조동사가 있으면 "조동사"

d. Be quite, will you? → 명령문은 "will you?"   e. Put off your hat, won't you? → 권유의 명령문은 "won't you?"

f. Let's not talk about that now, shall we? → 간접 명령문은 "shall we?"

1. 그건 좋은 생각입니다, 그렇지 않습니까?

____

that/ idea

2. 비가 온 다음에는 아주 눅눅하게 됩니다, 그렇지 않습니까?

____

it/ turn/ quite/ humid

3. 당신은 그 사건에 대해서 나의 부모에게 말할 것입니다, 당신은 그렇지 않습니까?

____

tell/ accident

4. 우리는 전체의 장을 읽어야 했습니다, 우리는 그렇지 않았나요?

____

had to/ whole/ chapter

5. 음식이 남아 있지 않습니다, 남아 있나요?

____

there/ any/ left

6. 그녀는 좀처럼 당신에게 전화를 하지 않습니다, 그녀가 전화를 하나요?

____

seldom/ give/ call

7. 그녀는 결코 정시에 오지 않는다, 그녀는 정시에 오는 가요?

____

never/ on time

8. 조심해, 그렇게 할래?

____

be

9. 커피 좀 들지, 그렇게 하지 않을래?

____

have/ a cup of

10. 기차로 가지요, 우리 그럴 까요?

____

Let's

모범답안

새로운 패턴으로
따라잡는 미국식 영작문

■ 작문연습 (pattern drill - 1)

1. They are over there.

2. Your friend is here with me.

3. The book that you're looking for is here.

4. They are nearby.

5. Violence is everywhere.

6. He is far away from home.

7. Santa Barbara is 90 miles north of Los Angeles.

8. Her chair is close to the wall.

9. He is ahead of schedule.

10. The constitution is prior to all other laws.

■ 작문연습 (pattern drill - 2)

1. He is in.

2. They are all out.

3. I'm on.

4. The race is on.

5. He is off today.

6. What's up?

7. The computer is down.

8. The team is three score down.

9. The show is over.

10. As an entertainer , she is through.

■ 작문연습 (pattern drill - 3)

1. My house is near the station.

2. The plan of the city is on page 23.

3. His girlfriend was by him.

4. I always will be with you.

5. I was at college at that time.

6. The issue is of no importance.

7. He is of learning.

8. She is in good shape.

9. The vending machine is out of service.

10. The work he has done is beneath his ability.

11. He is out of favor in the eyes of the boss.

12. Happiness is always up to you.

13. Hope is always just around the corner.

14. You're on time.

15. You're on the right track.

16. He is in trouble.

17. She's at risk.

18. They are in a hurry.

19. This item is for sale.

20. The odds are against you.

21. She is off duty today.

22. Telemarketing fraud has been on the increase in recent months.

23. She is in love with him.

24. Loan negotiations are now under way.

25. A bridge over the river is under construction.

26. My honor is at stake here.

27. I'm in debt to my friends.

28. I'm in charge of this project.

29. She is not for you.

30. Help is on the way.

■ 작문연습 (pattern drill – 4)

1. No one was there to help me out.

2. His friends were at the airport to see him off.

3. I'm in no position to discuss the matter.

4. He is in jail for stealing a car.

5. She was in the recreation room playing ping-pong.

6. I was at my office working on the computer that night.

7. I was at the CBS corporation before I came to this company.

8. Everything was there as he had left it.

9. No one was there when the house was on fire.

10. The whole family was in agreement on what they should do.

■ 작문연습 (pattern drill – 5)

1. There is too much idle gossip.

2. There was a large crowd of people.

3. There are many things worth fighting for.

4. There was a fire on last night.

5. There were all lights off in the house.

6. There is no place like home.

7. There are 31 days in January.

8. There is no doubt about it.

9. There will be a chance for you to go abroad.

10. There is no accounting for taste.

■ 작문연습 (pattern drill – 6)

1. There used to be a library here.

2. There stood a castle on the hill.

3. There followed a long period of peace and prosperity.

4. There might emerge a different issue.

5. There lived a pretty and good girl in the village.

6. There used to be a small creek along the road.

7. There may come time for us to get together again.

8. There lies a hidden problem that they have not understood.

9. There doesn't seem to be anyone that she's not close with.

10. There seems to be some evidence that music is helpful in treatment.

■ 작문연습 (pattern drill − 7)

1. Your time will come.

2. Honesty pays.

3. The unexpected always happen.

4. Don't drink and drive.

5. The truth often hurts.

6. Wisdom never ages.

7. Many serious challenges remain.

8. All the people stood and cheered loudly.

9. The full moon will soon emerge.

10. They fall, perish, and don't last long.

■ 작문연습 (pattern drill − 8)

1. I will remain here for a while.

2. She went upstairs.

3. I'll come again later.

4. I walked home.

5. The rest of you may go home.

6. The balloon rose gently into the air.

7. She hesitated slightly before answering the inspector's question.

8. The incidence of the illness differs greatly between men and women.

9. The team is lying third in the league.

10. Falling accidents of hikers occur frequently here.

11. I came home late from work.

12. The weather varies hourly here.

13. We talked face to face.

14. This cloth wrinkles easily.

15. That hat doesn't go well with the dress.

16. This medication works well for a cold.

17. All students did well on the test.

18. The airplane pilot must score well even on the psychological test.

19. The audience suddenly stood up.

20. Keep away from heat and sunlight.

21. The sheep ran away in fright.

22. We will get together on the weekend.

23. We have to go back.

24. We get back as much as we invest.

25. Please come forward.

26. He had already traveled thousands of miles.

27. I can run a mile in five minutes.

28. The meeting lasted two hours.

29. The thermometer went up ten degrees.

30. Stay this way for ten second without bending your knees.

■ 작문연습 (pattern drill − 9)

1. She came in.

2. I stayed in all day long.

3. The roof may fall in.

4. The light just went out.

5. They just stepped out.

6. This stain may not come out.

7. We must look out for pickpockets in the place crowded with people.

8. The water came up to the level of the windows.

9. Her birthday is coming up.

10. The meeting broke up at five.

11. I couldn't get up early in the morning.

12. He is buttering up on the boss.

13. My computer broke down.

14. The waves settled down.

15. I bent down to look under the bed.

16. Keep on until you get to the intersection.

17. Hold on for just a moment.

18. My hat blew off.

19. The fog cleared off.

20. The paint came off.

21. My alarm clock didn't go off this morning.

22. I could only stay over a week.

23. He tumbled over after loss of balance.

24. The wound healed over.

25. We couldn't get through.

26. The secret leaks through to the enemy.

27. How did the problem come about in the first place?

28. He stepped aside to give way to them.

29. Please remain a step behind.

30. A basic annual expenditure will not fall under.

1. He remained in office.

2. The scar will remain in my heart for life.

3. Get under the table when the earthquake occurs.

4. At present, almost all children go to preschool.

5. She won't come in time for the movie.

6. These candles come in many different colors and scents.

7. The two of them fall in love.

8. This food will keep till tomorrow.

9. The manufacture fell behind schedule because of the mechanical failure.

10. The trip will stay with us as a happy memory.

11. We learn by mistake.

12. Even monkeys fall out of trees.

13. Lighting rarely strikes twice in the same place.

14. Education begins at home.

15. He stands first in his class.

16. They stand on firm ground on the issue.

17. I dropped out of college.

18. Wisdom does not come by chance.

19. It has been raining for weeks.

20. Man does not live by bread only.

21. They went by foot.

22. Birds sing after a storm.

23. A dog and a cat were lying side by side in the shade.

24. Peter's school has already closed for the summer.

25. We simply can't stay indoors in such fine day.

26. They went upstairs after a meal.

27. Life changes in unpredictable ways.

28. Great friendship lasts until the grave.

29. The ship went out of sight.

30. The piano sounds up a tone.

■ 작문연습 (pattern drill − 11)

1. She stood up to see better.

2. Someone came to meet you.

3. He died without hearing her mother alive.

4. Women go too far in losing their weight.

5. Most learning occurs from making mistake.

6. We sat talking far into the night.

7. They stood in the yard saying he must be crazy.

8. The girl ran until she was out of breath.

9. I'll go even if it rains.

10. He acts as if he owned the place.

■ 작문연습 (pattern drill − 12)

1. Calmness is a great advantage.

2. Making friend is an art.

3. The first say "I'm sorry" is the winner.

4. A man's character is his fate.

5. The greatest result of education is tolerance.

6. Life is emotional journey.

7. Feeling good about yourself is a sign of success.

8. Every person is the architect of his own fortune.

9. Showing anger is a sign of weakness.

10. One must be something in order to do something.

■ 작문연습 (pattern drill − 13)

1. She has become a mere vegetable after he left.

2. Very few people actually become good sleepers with treatment.

3. The Internet has become an essential job search tool.

4. He will make an excellent educator.

5. She will make a good wife.

6. He remained a bachelor all his life.

7. We remained a mere spectator.

8. They remained the best of friends.

9. Donation should remain a philanthropic act.

10. After that time, he turned a different man.

■ 작문연습 (pattern drill − 14)

1. Bad people are usually not happy.

2. Nothing is hard if you understand.

3. Even a fool is right sometimes.

4. Doing is better than saying.

5. Be happy with who you are and what you have.

6. Everybody is unique in his own way.

7. A thing easy to get is easy to lose.

8. You are free to use my books.

9. He was angry in finding that he was out of the team.

10. I'm afraid that I must be going now.

■ 작문연습 (pattern drill − 15)

1. The night grows longer little by little.

2. My children must not go hungry.

3. Tuition at the top colleges doesn't come cheap.

4. Rivers and lakes turn green in hot weather.

5. She gets mad at her husband.

6. This year's exports fall short of last year's.

7. The engine doesn't sound right.

8. You don't look too shabby yourself.

9. I feel uneasy around him.

10. We can keep healthy by avoiding meats.

11. The company went bankrupt last year.

12. The weather becomes warmer.

13. The educational expenses get higher every year.

14. The food tastes better than it looked.

15. The future looks good.

16. Your comment appears rude.

17. His whole story sounded very odd.

18. This plant grows wild only in the tropical regions.

19. He went blind by her beauty.

20. She became more irritable with each passing day.

21. She looks young for her age.

22. The dress looks good on you.

23. He fell ill with flu.

24. We remain confident that the child is alive.

25. I feel happy that my dream has come true.

26. She felt sure that she made a right decision.

27. I cannot remain indifferent when so many people are suffering.

28. I fell asleep while listening to music.

29. Please don't get upset although things go wrong.

30. You can keep awake during the daytime hours if you get enough sleep on a regular basis.

1. Money was made to be shared.

2. People are designed to be able to do almost anything.

3. Friendship is gained by listening instead of talking.

4. Rome was not built in a day.

5. We are gifted for something.

6. Happiness is found in small and simple things that happen in life.

7. You will not be disappointed when you expect nothing.

8. What you do is limited by what you can dream.

9. What cannot be cured must be endured.

10. Unauthorized vehicles will be towed away at the owner's expense.

■ 작문연습 (pattern drill − 17)

1. The string came untied.

2. I feel relieved to hear that.

3. You really look rested and relaxed.

4. Revenues remain unchanged.

5. Don't get involved in such a group.

6. The truck got stuck in the snow.

7. You will keep informed about the progress.

8. Keep tuned to ten thirty five WWBM for traffic updates.

9. His great leadership did not go unnoticed by his staff.

10. Rivers became polluted and fish were poisoned.

■ 작문연습 (pattern drill − 18)

1. I'm not surprised (that) he didn't keep his promise.

2. The mosquitoes are so annoying that we can't sleep.

3. It is lacking in grace.

4. My name was missing in the list.

5. The new tasks at my work may be challenging.

6. The long journey was tiring.

7. Her shrill voice is irritating.

8. The song lyrics were pathetically touching.

9. His speech was exciting as well as encouraging.

10. The evidence was so compelling that he felt constrained to accept it.

■ 작문연습 (pattern drill − 19)

1. The prospects look encouraging.

2. He seems charming and fun to be with.

3. The system appears confusing.

4. The consumers are becoming increasingly demanding.

5. We'd better get moving.

6. I go driving to cool off.

7. Boats remain floating due to the force of water pushing on the hull.

8. The gas prices will keep going up.

9. I can't keep fighting you for every inch of everything.

10. The mother has kept looking for her lost son for years.

■ 작문연습 (pattern drill − 20)

1. The sofa also functions as a bed.

2. The new automatic teller machine did not function as expected.

3. He appeared as a guest star on a TV show.

4. She will appear in court tomorrow as a witness.

5. Madcap delusions don't count as evidence.

6. The work counts as a masterpiece.

7. This cup will serve as a sugar bowl.

8. She acted as our interpreter.

9. It certainly doesn't ranks as his greatest win.

10. Korea ranks as the world's leader in availability of high-speed internet services.

■ 작문연습 (pattern drill − 21)

1. It smells like roses.

2. He sounds like a nice guy.

3. I feel like myself.

4. It tastes like chicken.

5. You seem like being gained a lot of weight.

6. I don't feel like going out.

7. The rain looks like lasting.

8. I feel like I'm spinning my wheels.

9. It looks like that it will snow today.

10. You seem like you're avoiding me.

■ 작문연습 (pattern drill − 22)

1. I happened to be there.

2. She happened to be in the office.

3. He remained to be a cynic.

4. He proved to be a truthful friend.

5. Their attempt proved to be successful.

6. He remained to be faithful to the last.

7. Few people seem to be suffering from a cold this winter.

8. You seem to be enjoying the party.

9. You don't seem to be going anywhere.

10. She appeared to be depressed.

■ 작문연습 (pattern drill − 23)

1. He died a beggar.

2. He came back home a millionaire.

3. She lay sleepless.

4. She married young.

5. All of them sat quiet.

6. The children came running into the room.

7. He returned home broke.

8. He was born an orphan.

9. He was found not guilty by reason of insanity.

10. Men were created equal.

■ 작문연습 (pattern drill − 24)

1. The surest way is to do it yourself.

2. Seeing is believing.

3. Love is wanting to be loved.

4. Commerce is buying and selling, or exchanging goods.

5. All she cares for is listening to music all day long.

6. What I don't like most is being late for an appointment.

7. The train is to arrive soon.

8. He is to be blamed.

9. No one is to be seen in the park.

10. They were never to meet again.

■ 작문연습 (pattern drill − 25)

1. This is what I'm talking about.

2. The trouble is that all the stores are closed.

3. My suggestion is that we plant more trees on the street.

4. The problem is that there is no doctor in the village.

5. The question is when and how we carry it out.

6. The reason is that I live in a remote isolated area.

7. The only certain is that nothing is certain.

8. One of the issues is how much notice time should be given.

9. Monday is when I'm busiest.

10. The truth is that many of the theories we come up with are bogus.

■ 작문연습 (pattern drill – 26)

1. Learning has a snowball effect.

2. Reading makes a full man and writing an exact man.

3. You choose your life.

4. Wisdom influences attitudes and opinions.

5. Well–adjusted parents raise well–adjusted children.

6. Clearly define the person you want to be.

7. Small person do small things.

8. Forgive those who hurt you.

9. She disgraced herself.

10. He dreamed a strange dream last night.

■ 작문연습 (pattern drill – 27)

1. The things we worry about tend not to happen.

2. When you're right, you can afford to keep your temper.

3. We have to learn to cope with rejection.

4. Never agree to surrender your dreams.

5. All men wish to be happy.

6. He refused to be put down.

7. Try never to think negative thoughts about yourself.

8. She pretended not to hear him.

9. I barely manage to keep the pot boiling.

10. The house deserves to be renovated.

■ 작문연습 (pattern drill − 28)

1. If it's not working, stop doing it.

2. I only fear not being a good helper.

3. He narrowly escaped being killed in the accident.

4. She hates staying long in the same place.

5. Living successfully means pursuing your goals.

6. You will never regret doing extra work.

7. He did not even enjoy having her in his arms.

8. She could not help smiling.

9. He didn't excuse my being late.

10. My computer needs mending.

■ 작문연습 (pattern drill − 29)

1. We believe that all children are born with equal intelligence.

2. Having money does not mean she's happy.

3. Adult usually forgets how children think and feel.

4. Very few people know how important time is.

5. He has just learned what it is to be alone.

6. Do you know what movies she likes?

7. I did not know where the hell to go.

8. He confessed to me that he hadn't read it.

9. She said to me that she could not tolerate it.

10. I suggest that we follow his advice.

■ 작문연습 (pattern drill – 30)

1. We're respectful of his courage.

2. She was satisfied with the working hours.

3. He is well known as a political cartoonist.

4. When you're released from your contract, please contact us.

5. A dog is capable of hearing distance sounds.

6. We're often blind to our own defects.

7. His mother was hard on her children.

8. I am very concerned about my father's illness.

9. He has got married to her over ten years.

10. He became more aware of his personal limitations.

■ 작문연습 (pattern drill – 31)

1. He will stick to his original position.

2. The two writers collaborated on the script for the film.

3. I have not heard from her for a long time.

4. Many people applied for the position.

5. I failed in persuading him.

6. He complied with our request.

7. Her husband died of consumption a little while ago.

8. He called on his teacher.

9. He turned over his business to his son.

10. I'll see about the matter.

■ 작문연습 (pattern drill – 32)

1. Do not speak ill of others.

2. It is easy to make light of other people's problems.

3. I tried to keep clear of any situation in which I might possibly meet her.

4. I hate people who think little of foreigners.

5. I'm looking forward to meeting you soon.

6. She looked back on the past.

7. Don't turn away from your friend when he or she is in need.

8. I'm coming down with the flu.

9. We should do away with such bad habits.

10. Hiccups go away naturally with time.

■ 작문연습 (pattern drill - 33)

1. I don't like to make up to the boss.

2. The water came up to the floor.

3. He stood up to the gangsters.

4. His speech delivered in Congress did not live up to our expectations.

5. I'll catch up with you in a minute.

6. I couldn't put up with my headache.

7. You don't really keep up with the world news.

8. There is a matter I'd like to take up with you.

9. I'd like to make up with you, if you let me.

10. Nothing can make up for the lost time.

■ 작문연습 (pattern drill - 34)

1. He had great influence on her life.

2. You shouldn't find fault with your friends.

3. She is keeping company with him.

4. She gave birth to a son yesterday.

5. Don't pay attention to what he says.

6. She has an eye for fashion.

7. Our goal is to put an end to hunger around the world.

8. Will you keep your eye on my suitcase while I go to get the tickets?

9. He made an excuse for his fault by blaming his partner.

10. If you tell him the truth, you run the risk of hurting his feelings.

■ 작문연습 (pattern drill - 35)

1. He indulged himself in gambling.

2. He devoted himself to the study of English.

3. She prides herself on her skill in cooking.

4. He expressed himself in good English.

5. I confined myself to my home all through the week.

6. He applied himself to his new task.

7. They addicted themselves to drinking.

8. They committed themselves to the belief on God.

9. You can help yourself to the book on the shelf.

10. We did not accustom ourselves to our surroundings.

■ 작문연습 (pattern drill - 36)

1. You'd better take your overcoat off.

2. I cleaned the room out.

3. He went many hardships through.

4. This continual wet weather is getting me down.

5. The umpire called him out.

6. She has a new dress on.

7. We'll back you up if you need support.

8. Did you get her phone number down?

9. You should keep your children away from the lighter.

10. I can pay you back on the installment plan.

■ 작문연습 (pattern drill – 37)

1. Nature has endowed her with wit and intelligence.

2. She reminds me of my dead sister.

3. Mother scolded me for my carelessness.

4. He sent me for a doctor.

5. Jane informed me of the meeting held tomorrow.

6. The government deprived us of our freedom.

7. The news put him in a bit of a paddy.

8. The company keeps him on the pay-roll.

9. Please excuse me for being late.

10. The customs imposed taxes on my property.

11. Don't waste your energy on something unpractical.

12. He changed a five-dollar bill into five singles.

13. She kept all the letter in a box.

14. The predatory lender had taken all possessions from him.

15. She spends a lot of money on clothes.

16. This road will lead you to the subway station.

17. Can I connect my printer to your computer?

18. The doctors have attributed the cause of the illness to an unknown virus.

19. I can't blame him for getting angry.

20. Father prohibited me from driving a car.

21. Heavy snow prevented us from going out.

22. He described his problems to the counselor.

23. He proposed marriage to Sara.

24. The team manager explained the problem to the beginners.

25. He told all the fact of the case to me.

26. He gave an interview to a reporter.

27. He begged money of me.

28. Can I ask a favor of you?

29. She made coffee for all of us.

30. He called a taxi for me.

■ 작문연습 (pattern drill − 38)

1. The teacher told them the answer to the question.

2. I wish you a happy birthday.

3. He offered her a job.

4. He sent her a box of sweets.

5. He won't show you a thing.

6. I'm willing to lend you the money.

7. Father bought me a new computer.

8. Could you pass me the salt?

9. He made me up a parcel of books.

10. They gave the people back their freedom.

■ 작문연습 (pattern drill − 39)

1. We asked the secretary whether the director would be back before Five o'clock.

2. I told you that I would come today.

3. I must warn you that the turmoil has only begun.

4. Please tell me what this is.

5. Show me what you have in your bag.

6. I asked him when the train was leaving.

7. I showed them how to operate it.

8. I'll tell you how to find them.

9. A policeman informed me where to get the admission ticket to the ballpark.

10. He advised me where to invest my money.

■ 작문연습 (pattern drill – 40)

1. We call him a genius.

2. We appointed him manager.

3. I made aviation my profession

4. Make happiness a habit.

5. I'll have him a good teacher before long.

6. We chose him chairman of our club.

7. I think him a great musician.

8. He is elected President.

9. The baby was named John.

10. The ship was named 'Mayflower.'

■ 작문연습 (pattern drill – 41)

1. Please get the coffee ready.

2. It makes everything clear.

3. We saw the house ablaze.

4. I like my coffee weak.

5. This coat will keep you warm.

6. Love makes all things possible.

7. They made ready the table for the refreshments.

8. She made possible our success.

9. The police shot the murder suspect dead.

10. I kicked the gate open.

■ 작문연습 (pattern drill – 42)

1. Passion drives people to accomplish great goals.

2. Allow yourself to feel rich without money.

3. Knowledge enables man to work more intelligently and effectively.

4. Do not expect money to bring you happiness.

5. He forced himself to speak.

6. Let your heart inspire your life.

7. You can't have them believe your story.

8. He heard a door open.

9. I felt my cheeks grow red with sudden anger.

10. Staff dinner sometimes help foster better working relationships.

■ 작문연습 (pattern drill − 43)

1. Are you going to keep me waiting all day long?

2. I saw a man strolling along.

3. He was seen holding her.

4. He wanted his report typed.

5. I got my right leg hurt in the accident.

6. I must have my hair cut.

7. I had my blood pressure taken in the hospital yesterday.

8. She has had her handbag stolen.

9. I couldn't make myself heard by the crowd without the microphone.

10. I heard my name called at last.

■ 작문연습 (pattern drill − 44)

1. I consider him to be a scholar.

2. He is acknowledged to be one of the greatest artists in Korea.

3. All the executives of the company reported him to be a best man for the job.

4. She considered me to be odd.

5. I believe him to be worthy of confidence.

6. Do you think him to be innocent?

7. He felt his position to be unsafe.

8. I find many people to be getting into debt.

9. He acknowledged himself to be beaten.

10. I think him to be in the laboratory.

■ 작문연습 (pattern drill − 45)

1. We described him as the best poet.

2. Don't treat me as a child.

3. You'd better treat his words a joke.

4. We think him as a man of promise.

5. He is looked on as an up−and−coming lawyer.

6. We regard his argument as quite logic.

7. I shall characterize him as energetic rather than intelligent.

8. We accept it as quite natural.

9. He thought of all authors as struggling with poverty.

10. We think of the matter as unsolved yet.

■ 작문연습 (pattern drill − 46)

1. It is a pity that you have missed such a golden opportunity.

2. It is possible to master English within two or three years.

3. Sometimes it is good to be alone.

4. It is important to understand that college is not continuation of high school.

5. It is a bad habit to read a newspaper while eating.

6. It is difficult for the children to live up to the expectation of parents.

7. It's kind of you to help me.

8. It is unwise your taking chance under any circumstance.

9. It will not be in your best interest to develop bad habits now.

10. It is no use talking about something unpractical.

■ 작문연습 (pattern drill − 47)

1. It is said that stress causes headaches.

2. It is officially announced that he is leaving the company.

3. It is anticipated that inflation will stabilize.

4. It is alleged that her death was not a suicide but a homicide.

5. It is thought that yogurt developed naturally when the milk was fermented.

6. It is required that you have 150 credit hours to be able to sit for CPA exam.

7. It is confidently believed that she is going out for a date.

8. It is predicted that his wounds can be healed within a week.

9. It is reported that President is ill.

10. It is written in the warranty that any items can be refunded.

■ 작문연습 (pattern drill − 48)

1. It doesn't hurt to try.

2. It never hurt to be polite after all.

3. It pays to be honest.

4. It does not pay to be nice to people.

5. It only remains to wish both of you happiness.

6. It seems to me that there are several opinions on the matter.

7. It matters not how long we live, but how to we live.

8. It does not follow that he is to blame.

9. It appears that he is guilty from evidence.

10. It happened that I was not at home when she came to see me.

■ 작문연습 (pattern drill − 49)

1. It hurts my eyes to look at it.

2. It will take you a day at most to complete the project.

3. It takes several years for you to distinguish cultured pearls with genuine ones.

4. It took days for him to assort the agglomeration of miscellaneous items.

5. It surprised me to hear that Bill had won the race.

6. It shocked me to learn that he had been in prison.

7. It makes me happy to see her smiles.

8. It hurts me that you think you need to say that.

9. It makes little difference whether I go or tomorrow.

10. It surprised me so much that my perception of him changed.

■ 작문연습 (pattern drill − 50)

1. I don't like it when he's yelling at me.

2. They couldn't agree about it who should do the work.

3. We will leave it to your conscience to decide which to choose.

4. I owe it to my wife that I'm still alive.

5. No one considers it wise for you to buy the land.

6. He didn't think it honorable to ask me to marry him.

7. I should deem it a great honor to be present at this grand meeting.

8. He'll find it difficult to pay the high rent with so small income.

9. We think it dangerous your going there alone.

10. We took it for granted that you would join us in our fishing trip yesterday.

■ 작문연습 (pattern drill − 51)

1. The rain is expected to stop about 10 O'clock in the morning.

2. The water is about boiling.

3. There were about 10 unwanted guests at the party.

4. The demonstrators gathered about the main entrance.

5. I dropped my key somewhere about here.

6. They asked me about my trip.

7. There is not much that can be done about the past.

8. Having good manner is all about respecting others and yourself.

9. You just go about your business.

10. We talked about the new project.

■ 작문연습 (pattern drill — 52)

1. School begins at nine and ends at four.

2. I bought it at the store over there.

3. You can find the store you're looking for at 4723 Lincoln Avenue.

4. It is rude to point at a person.

5. The temperature usually stands at 10 centigrade in the shade.

6. The family honor is at stake.

7. It is against etiquette to smoke at table.

8. He got angry at our rudeness.

9. He is good at speaking English.

10. We are allowed to stay here one more night at no extra cost.

■ 작문연습 (pattern drill — 53)

1. I'll let you know the result by Monday.

2. We had a day by the sea.

3. He always keeps an English dictionary by him.

4. We walked by your house this morning.

5. This house is designed by a famous architect.

6. They commute from home to school by subway.

7. We are paid by the hour.

8. I missed a train by a minute.

9. When we drive, we must go by the traffic regulation.

10. He pulled me by the arm.

■ 작문연습 (pattern drill − 54)

1. They were against the plan from the beginning.

2. The train is heading west from Chicago.

3. I come from a small village in the country.

4. From the evidence, he is guilty.

5. My eyes are tired from too much working on the computer.

6. Much of the English language is derived from Latin.

7. Cheese is made from milk.

8. The rain prevented us from going on a picnic.

9. The library opens from 9 am to 10 pm.

10. We can often tell the meaning of a word from its context.

■ 작문연습 (pattern drill − 55)

1. He was rostered for Saturday.

2. He has been studying in the library every day for the last two months.

3. Every car was heading for the airport.

4. I bought a new desk for the office.

5. This knife is used for cutting bread.

6. I wrote a letter to him for advice.

7. I couldn't speak even a word for fear.

8. We couldn't get a room for $25 a day in New York.

9. Due to an accident, the traffic backed up for miles.

10. Nowadays, children are advanced for their age.

■ 작문연습 (pattern drill − 56)

1. She was born on the first of June in 1973.

2. The wound has completely healed in a month.

3. She will be about in twenty minutes later.

4. I haven't been to the movie theater in years.

5. Violets grow wild in most temperate regions of the world.

6. He is lacking in courage.

7. A lot of people are killed in a traffic accident.

8. She was always in slippers.

9. He speaks to others in a high-handed manner.

10. He is in his early 40s.

■ 작문연습 (pattern drill – 57)

1. She walked off into the night.

2. I'm going to move into a new apartment next week.

3. She gets into depression.

4. The fruit can be made into jam.

5. They drove into the north.

6. He studied late into the night.

7. The bus ran into a train.

8. I'm not that much into drinking.

9. Three into twenty four is eight.

10. The passengers are crowding onto the platform.

■ 작문연습 (pattern drill – 58)

1. On the morning of the next day, he went to Chicago.

2. I have blisters on the sole of my foot.

3. You'll see the building on the corner of Main Street.

4. Press the button on your right.

5. She was standing on one foot.

6. I caught him digging dirt on me.

7. He gave a lecture on Korean economy.

8. I booked a seat on a train.

9. He has been on medication in months to control blood pressure and cholesterol.

10. He's the best player on the team.

■ 작문연습 (pattern drill − 59)

1. She devoted herself to the study of music.

2. I persuaded him of the truth of the words.

3. He is a man of courage.

4. They are the pictures of his own painting.

5. This mixture is three parts of wine and two parts of water.

6. I only had a slice of toast for lunch.

7. A crowd of good ideas came to my mind when I wake up this morning.

8. This house is made of brick.

9. He is a graduate of Harvard Business School.

10. The shooting of birds is forbidden.

■ 작문연습 (pattern drill − 60)

1. He fell off the ladder.

2. The island is 30 miles off the land.

3. The top button of my overcoat came off.

4. I couldn't take my eyes off the screen.

5. Can you drop me off at the subway station?

6. I have to finish the work off before I go home.

7. We take 10% off the total price if you buy all three.

8. I'll be off duty tomorrow.

9. Please turn off your cell phone during the meeting.

10. I'll never buy the items off the Internet.

■ 작문연습 (pattern drill - 61)

1. The computer system will be shut down over the weekend.

2. You could lose over 10 pounds within a month.

3. The meeting was over a moment ago.

4. She put her hand over her mouth.

5. He made all his property over to his son.

6. There is a hotel right over the hill.

7. I traveled all over Europe for a month.

8. He is a manager over a staff of 15 workers.

9. We had a long discussion over what we should do about the new plan.

10. Most of the sales are now made over the Internet.

■ 작문연습 (pattern drill - 62)

1. We had been watching him all through the night.

2. I'm through with her.

3. The sun is peeking through the clouds.

4. He came in through the window.

5. His duty is to look at the stars through the telescope.

6. Children learn through play.

7. He got injured through his own negligence.

8. We are open throughout the year.

9. It is known that 1,000 languages are spoken throughout the country of India.

10. Throughout history, society is constantly changing.

■ 작문연습 (pattern drill - 63)

1. We're planning a trip to Europe.

2. You are so precious to me.

3. She is too kind to a fault.

4. He opened the door to a bedroom.

5. They nailed a sign to the post.

6. I sent a letter to the effect that he was wrong.

7. To my surprise, she is a single mother with a young girl.

8. He looked me over from head to toe.

9. France lost to Brazil with a score of one to nothing after extra time.

10. They came here with a view to filming a movie.

■ 작문연습 (pattern drill − 64)

1. He went out on a date with Jennifer.

2. I'll have some coffee with milk.

3. Coffee isn't good for a woman with child.

4. He smashed the lock with a hammer.

5. She said so with a funny look on her face.

6. She was upset with his curt reply.

7. I'll talk to you on Friday with the details.

8. With the development of science, the pace of life grows swift.

9. With all his diligence, he still does not make a very good school record.

10. How long have you been with this company?

■ 작문연습 (pattern drill − 65)

1. The sun came out after heavy rain.

2. I'll give you a call in a week.

3. This bus line has been operating since the beginning of May.

4. She died in the hospital following the traffic accident.

5. He was blind from birth.

6. We left for the airport before sunrise.

7. Prior to training, the instructor will do a demonstration.

8. He will arrive here within an hour.

9. We worked on the project from March till July.

10. He has phoned four times during the last half hour.

■ 작문연습 (pattern drill − 66)

1. I know nothing about him except that he lives next door.

2. I like her except for the fact that she nags a lot.

3. Everyone must obey the law, not excepting the President.

4. With the exception of Jim, we all got up early in the morning and had breakfast.

5. He eats nothing but vegetable.

6. Everything was good save my tight schedule.

7. She seems to have no friend besides me.

8. Aside from my hypertension, I'm in good health.

9. Apart from him, there's no one who can do it.

10. He absented himself from school without any particular reason.

■ 작문연습 (pattern drill − 67)

1. The party was cancelled because of the rain.

2. I couldn't get to sleep last night because of the baby.

3. She has been absent from work due to illness.

4. Economic depressions are due to uncontrolled inflation.

5. Owing to his bad temper, most people avoid him.

6. Owing to the rising cost of fuel, more people are using public transport.

7. I'm nervous on account of not having spoken before in public.

8. Thanks to your support, we could put the wheels in motion.

9. She lives in adversity as a result of losing her job.

10. He has missed a lot of training as a result of his knee injury.

■ 작문연습 (pattern drill - 68)

1. The sun was already up.

2. Go through the gate and then walk down the stairs.

3. All of the sudden, the cat just jumped onto the table.

4. We planted a row of roses around the statue.

5. They sat round the table.

6. The audience came out of theater.

7. We're getting towards winter and it's getting dark earlier.

8. We rowed across the river.

9. The sign along the highway tells drivers the distance to the next towns.

10. Don't leave the cap off the bottle.

■ 작문연습 (pattern drill - 69)

1. The castle stood on a hill above the valley.

2. She hid the letter beneath a pile of papers.

3. He has three secretaries under him.

4. There is a waterfall below the bridge.

5. There's no parking space in front of the apartment.

6. He hid himself behind the curtain.

7. The train runs between Seoul and Busan.

8. She is among the prize winners.

9. In golf, he is next to none.

10. My house stands opposite to hers.

■ 작문연습 (pattern drill - 70)

1. He delivered an eloquent speech concerning poverty.

2. We have several questions concerning the reports.

3. As for the hotel, it was very uncomfortable and miles from the sea.

4. There was a story in the newspaper today regarding tax cuts.

5. I have something to discuss with you with regard to my duties.

6. She doesn't speak her mind in regard to people she does not like.

7. There are no special rules as regards what clothes you should wear.

8. I'm writing to you in reference to the job opening in your company.

9. With respect to radiation, this power plant is very safe.

10. I have nothing to say in relation to his action.

■ 작문연습 (pattern drill − 71)

1. Despite a weather forecast of heavy rain, we decided to go camping.

2. Despite all his efforts, he failed.

3. The hotel didn't keep its premises clean in spite of being warned three times.

4. In spite of his injury, he will play in Saturday match.

5. Notwithstanding the high price, he bought the house.

6. Notwithstanding some member's objections, I think we must go ahead with the plan.

7. With all his faults, he is a great man.

8. With all those phone calls, I still managed to get my work done.

9. Are you for it or against it?

10. Passengers are warned against the pickpockets.

■ 작문연습 (pattern drill − 72)

1. He will be a critic at worst.

2. He took the money from me by force.

3. I wrote this composition for myself.

4. The news spread from mouth to mouth.

5. I wish to talk to you in private.

6. The ceremony is held in honor of Dr. Kim.

7. He did it so on purpose.

8. References will be provided upon request.

9. She passed the interview with difficulty.

10. I can't accept your statement without reserve.

■ 작문연습 (pattern drill − 73)

1. I have no family to look after me.

2. He is the last man to betray his friends.

3. I have lots of things to do today.

4. There was nothing left to buy.

5. He didn't have a leg to stand on.

6. Please give me a chair to sit in.

7. I have no money to buy it.

8. He made a promise to marry her.

9. I have never had a chance to learn the computer.

10. At the beginning of the month, our department holds a meeting to review the previous month's progress.

■ 작문연습 (pattern drill − 74)

1. English is not easy to learn.

2. He is difficult for us to deal with.

3. His questions are difficult to answer.

4. They are sure to come.

5. She is anxious to buy the house.

6. The water is good to drink.

7. What is good to eat is good for you.

8. She is easy to talk.

9. We are too apt to waste time.

10. He is rich enough to own the villa.

1. She sat face to face with her daughter to have a talk in secrecy.

2. We should make good use of time not to be pressed by work.

3. In order to meet their dear father, those little brother and sister made a long journey.

4. I'm going to take you to the baseball stadium tomorrow afternoon to see a baseball game.

5. He shouted at the top of his voice in order to make himself heard by everybody in the crowd.

6. I'll go on working till late tonight so as to be free tomorrow.

7. She grew up to be a great pianist.

8. Madame Curie had confined herself to her laboratory for several years to discover radium which was one of the most useful elements.

9. I opened my eyes to find myself lying on the bed of a hospital.

10. He had the misfortune to fail in the exam.

11. I should be glad to go with you.

12. I should be happy to get the position.

13. She would be pleased to be of any service to you.

14. To tell a lie again, you'll be punished.

15. To see it, you would not believe it.

16. To do his best, he couldn't make a good impression on the interviewer.

17. I'm sorry to have kept you waiting so long.

18. I was surprised to find that he was seriously injured.

19. I shall wait here for him to return to spare myself the trouble of coming again.

20. I consider it a great honor to be called upon by Mr. Chairman to say something on the subject.

■ 작문연습 (pattern drill – 76)

1. To do him justice, he is an honest man.

2. To make matters worse, it began to rain.

3. Strange to say, the door opened of itself.

4. He knows French and German, not to speak of English.

5. He is, so to speak, a walking dictionary.

6. To tell the truth, I didn't understand a word of what he was saying.

7. To begin with, the wage is too low.

8. To be sure, this movie is not worth seeing.

9. Needless to say, you should keep the secret.

10. To sum up, I don't know how far his story is true.

■ 작문연습 (pattern drill − 77)

1. He pleaded not guilty to the charge of driving while intoxicated.

2. He has regained his power of working.

3. Shorthand is a method of recording words rapidly.

4. I have no intention of ignoring your rights.

5. I have the pleasure of speaking to you.

6. She dreads the coming of winter.

7. The marketing of the product will continue for months.

8. They had difficulty in solving the matter.

9. I have a hard time getting to sleep at night.

10. Learning the language is the key to understanding the culture.

■ 작문연습 (pattern drill − 78)

1. She is busy in taking some exercise.

2. Practice is most important in learning a foreign language.

3. He was long in recovering from illness.

4. The coming general election is very important in determining the future of the party.

5. He has been really busy in getting new products in time for exhibition.

6. He is depressed from having failed to enter a college.

7. He was angry at not being invited to the party.

8. I was sorry for causing everyone so much trouble.

9. My daughter is excited about having got her first driver's license.

10. Such a trifling thing is not worth worrying about.

■ 작문연습 (pattern drill – 79)

1. They were put in prison for speaking out against the government.

2. The brave man was rewarded by the Mayor for having saved the child.

3. The computer solves problems by processing information.

4. We can get lots of information by surfing the Internet.

5. After dropping out of school, he went into business.

6. Nowadays, most people form a queue before boarding a bus or a train.

7. I must do something toward bringing it about.

8. On returning from Europe, he phoned me to ask about my mother in hospital.

9. They had to work extra hours without being paid.

10. I never saw him without becoming angry.

■ 작문연습 (pattern drill – 80)

1. There is no telling when the plane will arrive.

2. It's no point worrying about him.

3. It goes without saying that our plans depend on weather.

4. I'm in the habit of brushing my teeth twice a day.

5. I cannot stop loving her.

6. I was on the point of leaving the office when the telephone rang.

7. We went bicycling on the last Sunday.

8. He does not object to paying extra charge for delivery.

9. The government's new plan will contribute to easing overpopulation in the metropolitan
   area.

10. Whatever is worth doing at all, is worth doing well.

■ 작문연습 (pattern drill – 81)

1. The pen lying on the table belongs to me.

2. Do you know the lady standing over there?

3. I was looking at some bridegrooms giving their brides a bunch of roses.

4. I spotted a man throwing rocks at the passing cars.

5. The truck sliding out of control toward the building will likely hit the window.

6. Food frozen for over five years tastes icky.

7. This is the house being built in bricks.

8. This is the project done (having been done) by our division.

9. Most of the suggestions made at the meeting were good for nothing.

10. Half of the people invited to the party could not come due to heavy snow.

■ 작문연습 (pattern drill – 82)

1. She twisted her ankle coming down the stairs.

2. He finally married her spending a lot of money.

3. His greatest pleasure was to talk with his friends sitting in the pub.

4. We were sitting in the bus shelter waiting for the rain to stop.

5. We had great fun at the party playing silly games.

6. The nation's tax revenues have increased slightly compared to last year.

7. Glancing at the clouds, the farmer shook his head.

8. (Being) Compared with me, he is wiser.

9. Having examined the record, the lawyer prepared a new deed.

10. Shocked by the bad news, she burst into tears.

11. Admired by everyone, he began to grow arrogant.

12. Taken to the garage, my car was repaired within an hour.

13. Not having been tidied up yet, the room looked like a battlefield.

14. He chose the best scenes, leaving out everything that was unsuitable.

15. The ship, buffeted by the storms, struggled to safety.

16. While listening to music, I fell asleep.

17. With night coming on, we left the park for home.

18. With his arms folded, he sat silent.

19. Dinner being over, we went out for a stroll.

20. The job done, they are packing up to leave.

■ 작문연습 (pattern drill − 83)

1. Considering that he is young, he is very intelligent.

2. Seeing that life is short, time shouldn't be wasted.

3. Judging from what I hear, he is a man of high birth.

4. Strictly speaking, he isn't an artist at all.

5. Granting that I'm wrong, I have no mind to apologize to him.

6. Talking of him, I'm his cousin.

7. Given the number of people we invited, I'm surprised so few came.

8. Compared with early industrialization, workers today have far more leisure.

9. Other things being equal, I prefer the cheaper ones.

10. Frankly speaking, I lack professional knowledge about classical music.

■ 작문연습 (pattern drill − 84)

1. He sat and looked at the picture.

2. The program was sponsored by churches and funded by volunteer organizations.

3. Someone had broken a window−pane, and it had to be replaced.

4. She taught me how to read, but (she taught me) not how to write.

5. I had intended returning home by 7 in the evening, but I missed the train.

6. I prefer my vacations at the beach, but this summer I think I would prefer to go to the mountains.

7. I'm tired, yet I can't sleep.

8. She seems happy, yet she is troubled.

9. The work is good, yet it could be better.

10. I didn't understand where they were going or what they were looking for.

11. Shall I call you, or will you call me?

12. I don't know it, nor do I agree.

13. A sneeze cannot be performed voluntarily, nor can it be easily suppressed.

14. Some people write with a word processor; others write with a pen.

15. She is an amiable child; everybody likes her.

16. I enjoy reading: novels by Ernest Hemingway are among my favorites.

17. You will need to bring three things to the party: some food, something to drink, and a small gift.

18. There are three things I love in my life: my family, my friends, and my team.

19. He can't stop loving her, for he really loves her.

20. I was tired after my journey, for I had been forced to bike 20 miles.

■ 작문연습 (pattern drill − 85)

1. Where they went does not matter.

2. My greatest wish is that all my family may be happy.

3. Nobody knows how quickly the garbage can be removed.

4. He didn't tell me who was going with us.

5. This article enlightens me on how momentous a family is.

6. The liar is guilty of dishonesty in what he says and does.

7. She was noticeably upset by how indignantly he responded to her question.

8. Be careful which way you turn.

9. I'm sure that the train will arrive on time.

10. I'm pleased you decided to come.

■ 작문연습 (pattern drill − 86)

1. Helen is the inspector who is going to China next year.

2. Mr. Kim's wife, who is a professor, has written several papers on the issue of women.

3. Luck comes to those who look after it.

4. Teachers who don't spend enough time on class preparation have difficulty explaining lessons.

5. The director of the project, who graduated from Harvard University, is planning to retire next year.

6. Bryant is the man whom we are going to nominate for the office of treasurer.

7. I picked up a man whom I thought to be honest.

8. The dentist is with a child whose teeth are causing some problems.

9. The board was composed of citizens whose dedication was evident.

10. William, whose brother is a lawyer, wants to become a judge.

■ 작문연습 (pattern drill − 87)

1. The horse which won the triple crown in 1973 was named Secretariat.

2. The old building, which had long been abandoned, was destroyed by fire.

3. We have adopted a plan which can be easily carried out.

4. This rum, which I bought in the Virgin Islands, is very smooth.

5. This is the picture which I painted.

6. He gave me that part of his property which he had cherished most.

7. Look at the mountain of which the top (whose top) is covered with snow.

8. This is the bird of which the head is red.

9. She sang a song the title of which I didn't know.

10. He is no longer the timid fellow which he used to be.

■ 작문연습 (pattern drill − 88)

1. I saw a girl and her dog that were almost killed by a car.

2. We bought the stereo that had been advertized at a reduced price.

3. George is going to buy the house that we have been thinking of buying.

4. He was the only man that I can recognize at the party.

5. He reads the same books that we do.

6. That's the very thing that I wanted.

7. Newton was one of the greatest men that had ever lived.

8. She told me all that I know.

9. All that glitters is not gold.

10. Nothing should be done in a hurry that can be done slowly.

■ 작문연습 (pattern drill − 89)

1. He sold his businesses, which were unprofitable.

2. There were few passengers, who escaped without serious injury.

3. He had three sons, all of whom became educators.

4. I can lend you two dictionaries, both of which are very good.

5. I bought a dozen eggs, half of which were bad.

6. This is beyond us, which means that we need your help.

7. I asked him a question, which he answered in detail.

8. She looked very happy, which she really was not.

9. She said that she knew the fact, which was a lie.

10. I said nothing, which made her angrier.

■ 작문연습 (pattern drill − 90)

1. This is the person of whom I spoke.

2. She is my younger sister in whom you are interested.

3. I need something with which I can write.

4. The fog is a thing for which London is famous.

5. The biggest single hobby on which Americans spend most time, energy and money is

gardening.

6. He gave us a book from which we obtained valuable information.

7. The house (in which) where I live was built at the turn of the century.

8. This is the reason (for which) why we hesitate.

9. May is the month (on which) when we can see the richest variety of flowers.

10. There is only one way by which you can get over such a difficulty.

■ 작문연습 (pattern drill − 91)

1. It was dark when I arrived at the village.

2. Whenever I look at the piano, I'm reminded of my mother.

3. Every time I washed my car, it rains the next day.

4. Each time I wandered, I met an accident that renewed my faith in God.

5. The idea for the new machine came to him while driving to work.

6. The dog acted up as (=when) the postman came to the door.

7. He gets more attractive as (=while) he gets older.

8. The dementia only gets worse as time goes on.

9. By the time we get to the park, I hope that it will have stopped raining.

10. How long is it since we saw a movie together?

11. She has suffered from depression since she was seventeen.

12. He could not go out with her until allowed to do so.

13. The system will not change until we demand change.

14. I will go with you after I have finished my breakfast.

15. It was not long before he came.

16. I had not finished the work before they came.

17. Please have him call me as soon as he returns.

18. The moment I had my first shot, I completely blacked out.

19. Scarcely had he gone out when it began to snow.

20. No sooner had I got off the train than I saw her waving her hand at me.

■ 작문연습 (pattern drill - 92)

1. Stay where you are.

2. My girlfriend goes where I go.

3. Where there is a will, there is a way.

4. We camped where there was enough water.

5. Where money is concerned, she's as hard as nails.

6. We can go wherever you like.

7. He was liked wherever he went.

8. Wherever he is, he must be found.

9. Wherever I go, I always seem to bump into him.

10. Wherever possible, I use honey instead of sugar.

■ 작문연습 (pattern drill - 93)

1. Let the dog loose so that it may have a run.

2. I stepped aside so that she might go in.

3. Casinos calculate their odds so that they will always make a profit.

4. You had better not go out at night lest you should take cold.

5. She was anxious lest she should be late for school.

6. Shut the window lest the cold air should get in.

7. I took my umbrella for fear that it might rain.

8. The family couldn't leave the boy alone at home for fear that he would run away again.

9. She talked to me in whisper for fear that he should be heard.

10. Everybody helped me in order that I could finish the project on time.

■ 작문연습 (pattern drill - 94)

1. The roof had fallen in, so that the cottage was not habitable.

2. Please turn it, so that I can see it.

3. It was too late, so we went home.

4. She told me to go, so I went.

5. He was so homesick that he could hardly endure the misery of it.

6. The place was so noisy that I could not make myself heard by the audience.

7. His anger was such that he lost control of himself.

8. The wound was such that I had to have stitches.

9. The audience made such a noise that I could hardly hear what the speaker said.

10. He was such a strict teacher that all his students were afraid of him

■ 작문연습 (pattern drill − 95)

1. He succeeded because he worked hard.

2. Fingerprints are special because they are unique for every person.

3. As I was tired, I went to bed early.

4. As it is a national holiday today, all the banks are closed.

5. Since I have eaten nothing for hours, I'm very hungry.

6. I was mad since she tried to skate over the issue.

7. Now that you have graduated from the university, you should not depend on your parents.

8. Now that you mention it, I do remember.

9. I said so on the grounds that you were interested in this subject.

10. He was dismissed on the grounds that he was found unpunctual.

■ 작문연습 (pattern drill − 96)

1. If you are right, I'm wrong.

2. If he comes, what are we to do?

3. If you treat her kindly, she'll do anything for you.

4. Unless you work hard, you will fail.

5. Unless we win, all other things are futile.

6. Unless you read it again, you will not understand.

7. In case that I forgot, please remind me of my promise.

8. I will go providing my expenses are paid.

9. Provided the weather keeps up like this, the flowers will come out soon.

10. Supposing I accepted this offer, what would my friends think of me?

■ 작문연습 (pattern drill – 97)

1. She was slender, whereas he was stout.

2. He must be about sixty, whereas his wife looks about thirty.

3. He eats a massive plate of food for lunch, whereas I have just a sandwich.

4. Whereas I reported what happened, she told how she felt about it.

5. Whereas I wanted to eat a chicken, he insisted something else.

6. He's read fifty pages, while I've read only twenty.

7. The wife is very extrovert and confident, while the husband is shy and quiet.

8. While I like his personality, I doubt his ability.

9. While I accept that he's not perfect in many respects, I do actually quite like the man.

10. While I understand your point of view, I do also have some sympathy with his.

■ 작문연습 (pattern drill – 98)

1. Her first name was Rose, though (=but) no one called her that.

2. He's rather shy, although (=but) he's not as bad as he used to be.

3. He decided to go, although (despite the fact that) I begged him not to.

4. Even though (=despite the fact that) the building was destroyed, no one was hurt.

5. Even if you take a taxi, you'll still miss your train.

6. I wouldn't work for them, if they pay me twice my current salary.

7. There are few mistakes, if any.

8. Correct all errors in grammar or usage, if any.

9. Great scholar as he is, he is in lack of common sense.

10. Young as he is, he is an able lawyer.

■ 작문연습 (pattern drill – 99)

1. However old one grows, there is no peace.

2. No matter how humble it may be, there's no place like home.

3. Whoever may say so, you need not believe it.

4. No matter who is right or wrong, you shouldn't quarrel.

5. Whomever I quote, you will retain your opinion.

6. No matter whom you ask, he will say so.

7. It takes three hours, whichever route you take.

8. No matter which situation you are at, never say die.

9. Whatever it may be, you must do it right away.

10. No matter what happens, you know that I'll stand by you.

■ 작문연습 (pattern drill – 100)

1. Seoul is not as my grandfather knows it.

2. I will do as you wish.

3. Paint me as I am.

4. I will stay here as long as I like.

5. As long as you're going outside, take out the garbage.

6. As far as I know, they aren't coming tonight.

7. You did nothing wrong, as far as I'm concerned.

8. There were no cars on the road as far as I could see.

9. Whether or not he comes, the result will be the same.

10. (Whether) rich or poor, domestic violence is a problem in all countries

■ 작문연습 (pattern drill – 101)

1. Three necessities of life are food, shelter, and clothing.

2. The patient's symptoms were fever, dizziness, and headache.

3. On the hill, there was a castle swathed in gloom and fear and death.

4. I have never seen Larry angry or cross or depressed.

5. She is young, enthusiastic, and talented.

6. All that is good, decent, and respectable seems abhorrent to some anarchists.

7. Professor Kim enjoys studying, teaching, and writing.

8. Swimming, surfing, boating – these are Sally's favorite sports at the summer camp.

9. He yawned, closed his book, and put his head down on the table.

10. This government is of the people, by the people, and for the people.

■ 작문연습 (pattern drill – 102)

1. She is not only beautiful but also intelligent.

2. Not only he but also she is wrong.

3. There was a desk as well as a bed in the room.

4. Stars are being born as well as dying.

5. She was both my wife and my secretary.

6. Since infection can cause both fever and pain, it is a good idea to check his temperature.

7. I was advised either to telephone or to write the hotel for reservations.

8. Either you are lying, or I am dreaming.

9. She was neither in her room nor in the garden.

10. Some people went fishing; others went hunting.

■ 작문연습 (pattern drill – 103)

1. They care about not your character, but your background.

2. She is not rich, but happy.

3. He is not an actor, but a clown.

4. Meeting her was not a destiny, but a coincidence.

5. I object to war not because it drains the economy, but because it seems inhuman.

6. It was James who said that, not Andy.

7. This is his book, not mine.

8. I came to bury Caesar, not to praise him.

9. The statesman was said that it was the nation's welfare that mattered, not his (welfare).

10. A man's dignity depends upon his character, not upon his wealth or rank.

■ 작문연습 (pattern drill − 104)

1. The sooner, the better.

2. The fewer seeds, the fewer plants.

3. The harder we study, the more we learn.

4. The more we sleep, the more we want.

5. The more I meet him, the more distance I feel from him.

6. The more I think, the less I understand.

7. The more one has, the stingier one will be.

8. The colder and drier the air is, the more mucus you need.

9. The longer a person wears eyeglasses, the more dependent on them.

10. The more we attempted to explain our mistake, the worse our story sounded.

■ 작문연습 (pattern drill − 105)

1. Just as I have loved you, so you should love each other.

2. As you treat me, so will I treat you.

3. Just as people, societies and cultures evolve, so does fashion.

4. Just as the desert is like a sea, so is the camel like a ship.

5. Air is to us what water is to fish.

6. Reading is to the mind what exercise is to the body.

7. The desert is to a sea what the camel is to a ship.

8. What by policy, and (what by) force, he accomplished his desire.

9. What with the high prices, and what with the badness of the times, they find it hard to get along.

10. They had a lovely time together what by reading and listening to music.

■ 작문연습 (pattern drill — 106)

1. There are two types of people in the world: spectator and participants.

2. I have three sisters: Catherine, Sarah, and Mary.

3. The vase contains beautiful flowers: roses, tulips, and daffodils.

4. The woods have three separate qualities: they are lovely, they are dark, and they are deep.

5. Adjusting to a new job requires one quality: the ability to laugh at oneself.

6. Generally, two kinds of money are produced — metal coins and paper bills.

7. Skid—row inhabitants have one thing in common — a sense of defeat.

8. I would often get incredibly mad about something, usually something silly.

9. We have all kinds of useful things • things that people buy and use all the time.

10. They were greeted by a woman called Zenobia, a beautiful woman of wealth and position.

■ 작문연습 (pattern drill — 107)

1. The world's highest peak, Mount Everest, is in the Himalayas.

2. My son, Andrew, is a medical student.

3. Hypertension, one of the most common cardiovascular diseases, is a medical condition in which a person has very high blood pressure.

4. It is a sad fact that there is no one to take care of the children.

5. I like the fact that I'm assertive and enjoy competition.

6. There is possibility that I may not be with you on your birthday party.

7. Have you considered the possibility that it may be your mistake.

8. Drugs such as steroids are commonly used to increase an athlete's performance.

9. No machine can work without a fuel such as coal or oil.

10. We can't trust such a man as he.

1. Patiently, we waited for the show to begin.

2. Eventually, the right solution will appear.

3. Silently, the police surrounded the bank.

4. Fortunately, there were two gallons of ice cream in the freezer.

5. Below, the traffic looked like a necklace of ants.

6. Evidently, he has made a mistake.

8. Idly, he stared upon one of them at a nearby church steeple.

7. Idly, the message failed to arrive in time.

9. Very quickly, his teacher recognized that he had a special gift.

10. Continuously, he sets new goals for the future.

1. On fire, he hurried home.

2. Of the two apples, he took the larger.

3. With his eyes toward the ground, he listened in silence.

4. At the sound of the bell, the teacher collected the papers.

5. In Japan, blossoming cherry trees is one of the chief signs of Spring.

6. In better times, he would have been respected.

7. With great ease, he solved the problem. 385

8. After lunch, she usually swims for two hours in the pool.

9. From the start, there was no way this project could succeed.

10. Modern people, like their ancestors, are curious about the nature of the Universe.

1. Ugly−looking, the catfish is prized for its taste.

2. Strange, it was she who initiated divorce proceedings.

3. Enthusiastic, they make good students.

4. The man, nervous, opened the letter.

5. Thick and slim, the mud oozed from under the wheels.

6. That small car, inexpensive but some comfortable, is advertised in many current magazines.

7. Long and untidy, his hair played in the breeze.

8. Slow to speak, he was swift to act.

9. Famous for her novel Ramona, Helen Hunt Jackson also wrote poetry and travel sketches.

10. Anxious for a quick decision, the chairman called for a vote.

■ 작문연습 (pattern drill − 111)

1. To get well, he needs an operation.

2. To learn to swim better, we took lessons at the pool.

3. To succeed in difficult task, one needs to be persistent.

4. To find a piece of information, I can't read the whole book within a few hours.

5. In preparing for a test, a student should review thoroughly.

6. After putting a worm on my hook, I found that the fish began to bite.

7. About going ahead with the business, he still remains equivocal.

8. To his joining our social party, there is no objection.

9. (Being) Compared with me, he is more intelligent.

10. Taking a shower, I heard the telephone ring.

■ 작문연습 (pattern drill − 112)

1. It was only the two passengers who got hurt in the accident.

2. It was by force that Tom's kissing Janet upset her.

3. It will be tomorrow that the appointment will be announced.

4. It was dark green that we painted the kitchen.

5. It was when I phoned him for the project we're working with that he proposed marriage to me.

6. It was not until yesterday that I noticed it.

7. It was not until the dinner was half over that he arrived.

8. It was not until the meeting was over that he showed up.

9. It's a rare clock that does not have an alarm.

10. It's a rare company that gives employee bonuses.

■ 작문연습 (pattern drill − 113)

1. The destruction was so great that the South took decades to recover.

   (So great was the destruction that the South took decades to recover.)

2. My son is so involved in the computer game that he hardly goes out.

   (So involved in the computer game is my son that he hardly goes out.

3. His anger was such that he lost control of himself.

   (Such was his anger that he lost control of himself)

4. The influence of television is such that it makes a person famous overnight.

   (Such is the influence of television that it makes a person famous overnight.)

5. The beautiful views are seen along the coast of the Pacific Ocean.

   (Along coast of the Pacific Ocean are seen the beautiful views.)

6. There are many different kinds of fishes in this lake.

   (In this lake are there many different kinds of fishes.)

7. The rain came down with a clap of thunder.

   (Down came the rain with a clap of thunder.)

8. Three horses live in the barn.

   (In the barn live three horses.)

9. They fulfilled their tasks so well.

   (So well did they fulfill their tasks.)

10. I never dreamed of such a happy result.

   (Never did I dream of such a happy result.)

11. She did not say a word all day long.

   (Not a word did she say all day long.)

12. I will never break my appointment again.

   (Never again will I break my appointment.)

13. She little thought that her daughter would become a lawyer.

   (Little did she think that her daughter would become a lawyer.)

14. We can find real friendship only under difficult circumstances.

   (Only under difficult circumstances can we find real friendship)

15. Insurance covers hospitalization only after the third day.

   (Only after the third day does insurance cover hospitalization.)

16. I did not know the fact until yesterday.

   (Not until yesterday did I know the fact.)

17. I did not notice my mistake until he came back.

   (Not until he came back, did I notice my mistake.)

18. As soon as I walked in the door, the phone rang.

   (Scarcely had I walked in the door when the phone rang.)

   (No sooner had I walked in the door than the phone rang.)

19. As soon as the thought crossed his mind, the car stopped.

   (Scarcely had the thought crossed his mind when the car stopped.)

   (No sooner had the thought crossed his mind than the car stopped.)

20. Relaxation you call it.

■ 작문연습 (pattern drill − 114)

1. It never rains but it pours.

2. Scarcely a day passed but I met her.

3. Nothing would do but that I should come in.

4. No one but you and me is to help him.

5. They never meet without quarreling.

6. He confessed that for months he was scarcely able to look at the lawyer without becoming angry.

7. No one can pass in or out without being seen.

8. There is no rule without exception.

9. We know nothing except that he did not come home that night.

10. There was little I could do except wait.

■ 작문연습 (pattern drill − 115)

1. She is as kind as he.

2. I know her as well as you do.

3. Women are as good mechanics as men nowadays.

4. This is twice as large as that.

5. I'm taller than he by two inches.

6. This picture is more beautiful than that one.

7. He is more kind than generous.

8. She is not so (as) kind as he.

9. It was not so cold as the day before, and the air was pleasant.

10. She is less fat than she was.

■ 작문연습 (pattern drill − 116)

1. I took the larger of two dictionaries.

2. Dick behaves the more politely of the two.

3. The children became more and more excited.

4. The matter was getting worse and worse.

5. I like him all the better for his faults.

6. He wore the same suit that I had seen him five years before.

7. He speaks the same language as you (do).

8. They lived here more than ten years.

9. I would rather stay at home than go with him.

10. He is a scholar rather than a teacher.

■ 작문연습 (pattern drill – 117)

1. This tool is as useful as anything.

2. He was as deaf as (deaf) can be.

3. I will finish the work as soon as possible.

4. She was as pale as could be.

5. The sky is as blue as can be in the Fall.

6. I worked as hard as I could.

7. He is as strong as ever.

8. He is as wise a man as ever lived.

9. He is as good a teacher as I ever knew.

10. This bread is as hard as a stone.

■ 작문연습 (pattern drill – 118)

1. The styles vary as much as if not more than the colors.

2. She is none the happier for her beauty.

3. He is no more a great actor than I am a great writer.

4. She did not so much dislike me as hate me.

5. I'm not more mad than you are.

6. He is not less handsome than his elder brother.

7. He is no less than handsome than his elder brother.

8. He has not less than five dollars.

9. I have not more than five dollars.

10. He has no less than five dollars.

11. He is no more than a liar.

■ 작문연습 (pattern drill – 119)

1. She prefers fish to meat.

2. I prefer a brand new car to a used one.

3. I prefer walking to riding./ I prefer to walk rather than (to) ride.

4. He prefers working to doing nothing./ He prefers to work rather than (to) do nothing.

5. People prefer to play with people they know, rather than strangers.

6. I prefer dogs rather than cats.

7. Foreign tea is inferior to home–grown in flavor.

8. He is three years senior to me.

9. He is junior to me by a year.

10. This is much superior to that.

■ 작문연습 (pattern drill – 120)

1. This is the largest lake in the world.

2. Busan is the second largest city in Korea.

3. He is the most intelligent boy in the class.

4. She is the least important person in the office.

5. Soccer is one of the most popular sports in Korea.

6. The best kind of pride is pride in your work.

7. I like baseball best.

8. He judges best who think least.

9. Mary is kinder than all the other girls in the class.

10. Nothing is more important than health.

■ 작문연습 (pattern drill – 121)

1. A man of sense would not do such a thing.

2. A true friend would not have betrayed us.

3. But for water, we couldn't live.

4. Without two more levers, we could not have removed it.

5. I should be happy to be of service to you.

6. It would have been better for you to leave it unsaid.

7. He would gain weight, but he doesn't eat much.

8. The company would have prospered, but they lacked capital.

9. I would wear my red dress except it has a stain in the front.

10. She would have gone except she didn't have time.

■ 작문연습 (pattern drill − 122)

1. If he be acclaimed to be honest, he will not face a problem to be promoted.

2. If it keeps on raining at the present rate, the whole city will be flooded.

3. If it be fine tomorrow, we will go out for shopping.

4. If I were in your position, I would walk out on him.

5. If you had only one month to live, what would you like to do?

6. If it should be fine tomorrow, I would go fishing.

7. If john were to resign and if Henry were to be elected to take his place,

   we would have more vigorous leadership.

8. If it hadn't been for us, he wouldn't be here today.

9. If it hadn't been for our efforts, we would be in an even more difficult position.

10. If I had followed your advice then, I should be better off now.

■ 작문연습 (pattern drill − 123)

1. Were I rich, I would help you.

   (If were rich, I would help you.)

2. Had you not helped me, I would have failed.

   (If you had not helped me, I would have failed.)

3. Should he not be there, I would be disappointed.

   (If he should not be there, I would be disappointed.)

4. It's about time that we took serious step.

5. I'd rather that you came here tomorrow than today.

6. I'd rather that he hadn't told me about it.

7. I wish that I were young again.

8. I wish that I had been more diligent while young.

9. He always talks as if he knew everything.

10. He looked as if he had been to some strange place.

■ 작문연습 (pattern drill − 124)

1. Alice is a student. So am I.

2. Her husband is a doctor. So is she.

3. They are going fishing tomorrow. So am I.

4. She likes oranges. So does he.

5. John went to the movie, and so did his elder brother.

6. Jimmy played soccer with friends yesterday. So did we.

7. I can go with you. So can she.

8. I'd met Philip several times before. So had he.

9. If Mary wants to go, so will I.

10. If he decides to stay here, so will she.

11. He isn't a graduate student. Neither is she.

12. Frank wasn't here yesterday. Neither was I.

13. I don't like singing. Neither does she.

14. You don't have to join us. Neither do I.

15. She doesn't think I want to wait in such a long line. Neither do I.

16. They can't leave until tomorrow. Neither can I.

17. My father can't understand me. Neither can I.

18. His sister can't cook. Neither can my sister.

19. He will not show up in the meeting tomorrow. Neither will I.

20. Jamie won't go to see a movie this afternoon. Neither will her brother.

■ 작문연습 (pattern drill − 125)

1. That is a good idea, isn't it?

2. It turns quite humid after a rain, doesn't it?

3. You will tell my parents about the accident, won't you?

4. We had to read the whole chapter, didn't we?

5. There isn't any food left, is there?

6. She seldom gave you a call, did she?

7. She has never been on time, has she?

8. Be careful, will You?

9. Have a cup of coffee, won't you?

10. Let's go by train, shall we?